BONG

Tolv år som hemlig krogrecensent

BONG

Tolv år som hemlig krogrecensent

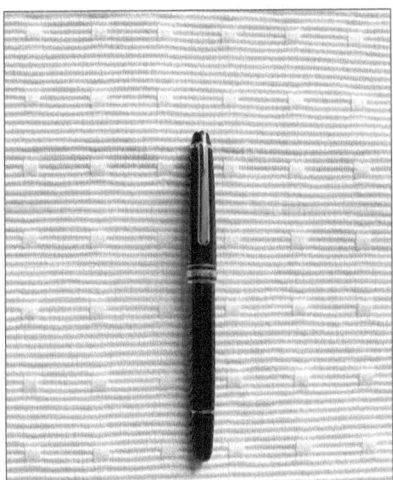

Stefan Stenudd

arriba.se

Stefan Stenudd är författare på svenska och engelska, frilansjournalist, idéhistoriker och instruktör i den fridsamma japanska kampkonsten aikido, som han tränat sedan 1972. Han är graderad till 7 dan i aikido. Som journalist har han bland annat recenserat böcker i Aftonbladet, musik och teater i DN, samt krogar i Sydsvenskan. Inom idéhistorien forskar han i skapelsemyters tankemönster och Aristoteles poetik. Han föddes 1954 i Stockholm men bor sedan 1991 i Malmö. Stefan har sin egen fylliga hemsida: www.stenudd.se

Facklitteratur:
Tao te ching, taoismens källa 1991, 1996, 2004, 2006, 2012
Aikido, den fredliga kampkonsten 1992, 1998, 2011
Qi – öva upp livskraften 2003, 2010, 2018
Miyamoto Musashi: Fem ringars bok 1995, 2003, 2006
Aikido handbok 1996, 1999, 2004
Iaido 1994
David Mitchell: Stora boken om kampkonst 1997
Ställ och tolka ditt horoskop 1979, 1982, 1991, 2006
Horoskop för nya millenniet 1999

Skönlitteratur:
Om Om 1979, 1985, 2011, 2018
Alltings slut 1980
Den siste (Evigheten väntar) 1982, 2011, 2018
Mord 1987, 2018
Ikaros över Brandbergen 1987, 2011, 2018
Drakar & demoner 1987
Tao Erikssons sexliv 1992, 2007
Tröst 1993, 1997, 2003
Zenit och Nadir, 2004

arriba.se

Bong. Tolv år som hemlig krogrecensent.
© Stefan Stenudd 2010, 2018.
Andra upplagan.
Text och grafisk form av Stefan Stenudd.
Arriba förlag, Malmö, info@arriba.se
Tryckt av Lightning Source.
ISBN 978-91-7894-073-8

Innehåll

Hemliga planer

I februari 1995 började Sydsvenskan, den ojämförligt största morgontidningen i Skåne, publicera krogrecensioner under signaturen Bong. Bakom denna signatur dolde sig en så ytterst hemlig skribent att det även på tidningens redaktion bara var några stycken som kände till dennes identitet. Ända från starten och fram till mitten på november 2006 var det jag.

Under dessa nästan tolv år hann det bli en väldig massa mat av väldigt skiftande kvalitet, och uppemot 700 krogrecensioner. Det satte sina spår på såväl matvanorna som magen.

Kulinariska rockskribenter

Uppdraget smög sig på så sakteliga, i och med att den driftige och kompetente tidningsmannen Jan Wifstrand tog över som chefredaktör för Sydsvenskan några år in på 1990-talet. Jag hade själv flyttat till Malmö 1991 men kände honom från tiden på Dagens Nyheter i Stockholm, där jag under flera år var rock- och teaterrecensent.

Jan hade varit biträdande redaktionschef på DN, i praktiken nummer två i hierarkin efter chefredaktören Christina Jutterström. En fartig man med massor av överskottsenergi och ett uppenbart engagemang för tidningsjobbet. Jag tyckte att han var en frisk fläkt på den annars ganska traditionstyngda stora draken, där de flesta aktade sig för att avvika från den sedan urminnes tid etablerade ordningen. Han löpte förstås risken att betraktas som ytlig men verkade inte oroa sig ett dugg för det − och det var sannerligen udda på DN.

Vi var vid den tiden, andra halvan av 1980-talet, tre rock-recensenter på DN: Per Mortensen, Nils Hansson och jag. Jan hade lagt märke till och fällt någon road kommentar om att alla tre var ena riktiga läckergommar. Vi spenderade hutlöst mycket av våra inkomster på krogen. Per och Nils är dessutom ekvilibrister vid spisen, medan jag själv har varit uteätare hela mitt vuxna liv och sällan lagat mer än frukost hemma.

De vanorna hade jag förstås med mig till Malmö, om än det plötsligt blev betydligt svårare att skämma bort sig. Staden hade i början på 1990-talet många restaurangen med överdådiga lunch-menyer, ofta ymniga bufféer till rena vrakpriserna. Kvällarna var dock bistrare. Det var ont om krogar som kunde lyfta det där nödvändiga snäppet på kvällarna, i synnerhet om man var ute efter att skämma bort sig kulinariskt. Sådan lyx fick man lämna staden för att finna bland Skånes många gästgiverier. Jag letade mig fram till några enstaka pärlor i Malmö och Lund, men fick annars mest nöja mig med sådant som enbart gladde plånboken.

Inte heller pressen på orten imponerade så särdeles på mig. Då fanns alltjämt Arbetet, som en nästan jämbördig konkurrent till Sydsvenskan, såväl till upplaga som innehåll. Men det var i båda fallen ganska slött hållna morgontidningar, med många stora bilder utan särskild mening och texter som mestadels bara skummade diverse slentrianmässigt funna ytor. Jag behöll därför min prenumeration på DN men blev inte särskilt lycklig av det. DN:s riksupplaga var den tidigaste till trycket, en ganska tunn sak med många brister – och av föga glädje för en Malmöbo.

Morgontidningar är till sin karaktär och funktion av nöd-vändighet lokalt förankrade. Så jag fick med tiden ge mig och växla till Sydsvenskan, trots allt. Dessutom var det ofta den jag fick i brevlådan även när jag prenumererade på DN, eftersom Malmös tidningsbud lätt missade min avvikelse från den över-väldigande majoriteten.

Jag tröstade mig med att Sydsvenskan i alla fall hade de danska kanalerna i sin TV-tablå.

Det ändrade sig raskt när Jan Wifstrand, bördig från trakten, flyttade ner för att ta över som chefredaktör, något år efter att jag landat i Malmö. På bara några veckor hade Sydsvenskan stramats upp. De tidigare talrika stora bilderna som inte sa särskilt mycket krymptes och gav plats åt fylligare texter skrivna med uppenbart större stramhet och ansträngning än dessförinnan. Det började bli en riktig morgontidning av Sydsvenskan.

På Jans initiativ sammanstrålade han och jag ett par gånger på krogar i Malmö. Först trodde jag att det mest var för att prata minnen, men efter ett tag förklarade han i förtäckta ordalag att han hade planer på att använda mig för ett speciellt uppdrag på tidningen – men ville till en början inte avslöja vad det gällde. Jan har alltid varit en omsorgsfull redaktör, så han passade nog först på att i smyg kontrollera hur jag betedde mig på krogen, vad jag hade att säga om maten vi åt, och så vidare.

Sedermera kläckte han ur sig frågan om jag ville bli Sydsvenskans krogrecensent. De saknade en sådan, trots tidningens storlek och den allom bekanta skånska matglädjen. Krogrecensionerna skulle placeras i den nöjesbilaga, *Dygnet Runt*, som de planerade att ge ut med fredagstidningen. Den skulle bli något i stil med DN:s klassiska *På Stan*, som hade sina hemliga krogrecensenter *Matpatrullen* ända sedan starten 1975 – numera kallad *Krogkommissionen*.

Faktiskt hade jag själv funderat på den sortens skrivande en tid dessförinnan – mest bara sådär som man fantiserar. Det vore kul att pröva på, hade jag tänkt. Musikrecenserandet, som hade klingat ut, kände jag ingen lust att återgå till. Det blev med åren en smula enahanda – vilket kan verka konstigt för en utomstående, men betänk att det verkligen inte är alla artister som är njutbara. Skivbolagen tenderar att mest ge ut sorgligt själlös bråte, som gömmer de få guldkornen.

Notan och Bong

När starten för Dygnet Runt och därmed dess krogrecensioner närmade sig bad Jan Wifstrand mig om en lista på tio förslag till vinjett för recensionerna och lika många förslag på signatur för recensenten. Jag visade upp en sådan lista vid vår nästa träff. Han ögnade snabbt igenom den och sa att jag skulle komma med tio nya förslag till vårt nästa möte.

Det var både fräckt och kul av honom, tyckte jag, och gnuggade geniknölarna på nytt. Dock var det två namn från första listan som jag själv blivit rätt förtjust i och därför petade in även på den nya listan: vinjettnamnet Notan och signaturen Bong. Jag tyckte att det var fyndigt och passande – notan är vad kunden får och bong är motsvarigheten för krogen internt.

Jag tror inte att Jan märkte min lilla kupp. Vid vårt nästa möte slog han till på mina favoriter.

Här är några av de övriga namnförslag jag hade. Det var lättare att hitta på vinjettnamn än signaturer.

Vinjetter:

Avec	*Krogrundan*	*Serverat*
Bespisning	*Middagsmålet*	*Skänk och taffel*
Bordsskick	*Munskänken*	*Smakbiten*
Förplägnad	*Mål & skål*	*Taffeltest*
Inmundigat	*Nota Bene*	*Till bords*
Krogguide	*På menyn*	*Uteätaren*
Krogkoll	*På lokal*	*Utskänkning*
Krograpport	*Saklig spis*	*Äta ute*

Signaturer:

N.N.	*Ngn*	*N.B.*
Gom	*Avec*	

Vi hade massor av idéer om det hela – och det ska villigt erkännas att Jan nog stod för åtminstone hälften av dem.

Jag tyckte att vi inte bara skulle recensera flådiga middagar på guldkrog, utan även enklare ställen – ett potpurri från högt till lågt, där omdömena skulle vara sådana att även en enklare restaurang som fick till sin kalops kunde få högsta betyg. De flesta krogrecensenterna runtom i Sverige – och världen, för den delen – tenderade att hålla sig för goda för det.

Jag ville också att vi regelbundet skulle recensera även luncher, som ju är de krogbesök de flesta av oss gör allra oftast. Även de som ytterst sällan kostar på sig en trerätters middag på någon av stadens finare krogar hinner under ett år peta i sig ganska många dagens rätt.

Jag underströk att jag inte ville stirra mig blind på vad som kom in på tallrikarna, utan också se mig om och ta in helheten – service, inredning, atmosfär, vad för musik som eventuellt strömmade ur restaurangens högtalare, och så vidare. På ett liknande sätt hade jag skrivit om konserter under tiden som rockrecensent på DN, med uppmärksamhet även på vad det var för publik och hur de tog emot uppträdandet, hur konsertlokalen fungerade, och vilken stämning som rådde när bandet slutat, ljusen tänts och publiken strömmade ut.

Min vidgade syn på vad recensionerna skulle omfatta delades helt av Jan, som menade att det också behövdes kritik av hur toaletterna såg ut och sköttes, under vinjetten *På muggen*.

Vad vi skulle basera betygsättningen på var prisvärde, det var vi rörande överens om. Då skulle en enkel krog med billig mat kunna få högre betyg än en lyxrestaurang som inte levde upp till sina saftiga priser. Som betyg tyckte jag att vi skulle använda oss av det mest kända i krogsammanhang: en till tre stjärnor, såsom i Guide Michelin, de världsberömda guideböckerna som verkat ända sedan år 1900. Dess stjärnor har en lyskraft som inget annat betygssystem når upp till. Då borde toaletterna få toarullar i stället för stjärnor, tyckte Jan.

Så här skrev jag till Jan om betygssättningen:

Beträffande poängsättning hänger jag kvar vid stjär-
norna, på enkelt vis. Vi blir då alldeles självklara i
vår poängsättning, med auktoritet från början. Fem-
uddad, kontur eller fylld. En till tre stjärnor, eller
överkorsad stjärna för bottennappen. Jag tvekar om
betyget ingen stjärna – det är svårt att göra grafiskt
tydligt, tror du inte?

Prisvärde är grundvillkoret, specifika egenskaper
premieras – en charmig grillbar kan få tre stjärnor
och en guldkrog överkorsad, även om maten på det
senare stället är aldrig så mycket bättre.

Överkorsad stjärna är ett matställe som läsaren
rekommenderas att undvika. En stjärna är Ok men
inget man gör sig omak för att besöka. Två stjärnor
är varm rekommendation. Dit bör läsaren söka sig.
Tre stjärnor är pärlan, den stora upplevelsen, som
läsaren måste unna sig. Ytterst få restauranger når
dit, kanske en knapp handfull i Malmö/Lund. Beträf-
fande "På muggen": Överkorsad toarulle är under all
kritik. Tre rullar är så toppen att läsaren bör göra ett
besök även om det inte är av nöden. Restaurang som
saknar toarulle på toaletten – ack så vanligt – kan
naturligtvis inte få annat än överkorsad rulle.

Eftersom vinjettnamnet var Notan kom vi på att ha bild på
notan från varje krogbesök jämte artikeln. Det fick vi i och för sig
ge upp så gott som omedelbart, när det visade sig hur angelägna
krögarna blev om att försöka spåra upp krogrecensenten. Den
avbildade notan gav dem för många ledtrådar, såsom datumet för
besöket och mitt bordsnummer.

Över huvud taget överskattade vi vinjettnamnet Notan, som
Jan och jag trodde skulle bli det begrepp Sydsvenskans läsare

noterade. Vi tänkte inte särskilt mycket på signaturen Bong. Den såg vi snarast blott som ett sätt att markera att skribenten var anonym. Men det var namnet Bong som kvickt skulle fastna så till den grad i Malmö- och Lundamedvetandet att det är få som ens kan dra sig till minnes det där med Notan.

"Akvarieartiklar"

Det var bara några få personer på tidningen som fick veta vem som skulle bli deras krogrecensent. Jan var väldigt medveten om svårigheten att i lilla Malmö bevara en sådan hemlighet. Han räknade med att det skulle hålla i kanske ett och ett halvt år, knappast längre. Vi slog praktiskt taget knut på oss själva i ansträngningarna att förborga hemligheten.

Jag skulle leverera mina texter per post direkt till Jan själv, vilket jag i början gjorde på disketter, för detta var strax innan internet brakade loss. Jan vidarebefordrade dem till Dygnet Runts redaktör, Martin Andersson – en av de få som fick veta vem jag var. Mina räkningar skulle jag skicka direkt till ekonomichefen, och på dessa kallade jag det för "akvarieartiklar", bara utifall någon annan skulle råka se dem. Betalningarna till mig gjordes ur det konto som tidningen hade för tipspengar och som därför var skyddat från insyn i själva grundlagen.

I kontakter med de få förtrogna på tidningen kallade jag mig Åke, för att andra inte skulle råka snappa upp någon ledtråd till min identitet. Jag fick ibland säga namnet med teatraliskt eftertryck för att polletten skulle trilla ner för de inblandade. Vi kunde så gott som aldrig träffas, så korrespondensen fick ske via brev och telefon, sedermera epost när den tekniken var igång ordentligt. Jag skaffade mig en vilseledande epostadress blott för detta hemliga ändamål, också baserad på mitt alias Åke.

För Martin Andersson, Dygnet Runts redaktör, var mitt alias ett bekymmer, bekände han för mig långt senare, eftersom det var namnet på en kollega som också skrev en del om mat här och där. Martin var i tolv år livrädd för att blanda ihop oss och därmed råka försäga sig.

Lustigt nog var det sedan just denna Åke, med efternamn Högman, som tog vid direkt efter mig under ett par år som den nya Bong, när jag lagt det åt sidan. Han har också hunnit sluta med det och gör inte någon hemlighet av saken, varför jag kan nämna det här.

Chefer på undermålig lunch

Hemlighetsmakeriet gick ibland till överdrift. När jag varit Bong i ett par år blev Maria G. Francke ny chef för nöjesredaktionen, som mina skriverier sorterade under. Ändå fick hon till en början inte veta vem jag var, vilket måste ha frustrerat henne.

Det höll på att gå riktigt illa när Nöjesguiden, hennes föregående arbetsplats, publicerade en gissning om Bongs identitet – strax efter att Maria hade börjat sitt jobb på Sydsvenskan.

Turligt nog gissade de helt fel, dessutom rätt korkat. De trodde att Sydsvenskan använde sin matskribent Eja Nilsson, men hon skulle i så fall ha blivit avslöjad på ett ögonblick. Om de inte gissat så galet hade många misstänkt att Maria skvallrat för sina gamla arbetskamrater. Ingen kunde tro att hon inte fått veta, när hon blev nöjeschef på Sydsvenskan.

Det var därför tur i oturen att hon ännu inte hade informerats om min identitet. Skulle Nöjesguiden gissa rätt så visste ju Jan Wifstrand med flera att de inte fått uppgiften från Maria.

Snart hade dock Maria fått nog, med all rätt. Hon skrev ett brev med många hårda ord till Jan, där hon klagade på att lämnas utanför och dessutom menade att jag av flera skäl var en dålig Bong. Det handlade väl ungefär om att jag skrev för högtravande, som en åldring, och knappast kunde ha koll på vad som rörde sig på den moderna och framåt krogscenen. Hon trodde nog att jag var allraminst i den ålder jag nu har nått. I själva verket var jag

40 när jag började som Bong, vilket knappast kan betraktas som lastgammalt ens i vår ungdomsfixerade kultur.

Dagstidningarna har de senaste decennierna en tilltagande neuros när det gäller ålder, i alla fall inom nöjesredaktionerna. De vill locka unga läsare och tror att det kräver såväl unga skribenter som en ungdomlig ton, hur krystad den än kan vara – och det är den ofta. Jag tvivlar, men så är jag också långt ifrån ung längre.

Maria fick i alla fall svar på tal av Jan Wifstrand, som inte alls höll med henne. Men han förstod att det var rätt och riktigt att hon blev invigd i hemligheten om min identitet. Han föreslog mig att jag skulle ringa henne och säga:

"Hej, det är Bong! Vad sägs om en lunch?"

När jag ringde Maria och kläckte ur mig detta blev det tyst i luren. Efter en stunds tystnad undrade Maria lite purket om det var någon av hennes medarbetare som skojade med henne. Jag skyndade mig att avslöja mitt namn och förklara hur det förhöll sig.

Sedan var det min tur att bli förvånad. Hon hade ingen enda invändning eller något som helst tvivel, fast jag dittills bara var en röst i hennes telefon. Det visade sig att hon kom ihåg mig från den tid då jag skrev om rockmusik i DN. Vi hade även setts på någon konsert med Creeps i Uppsala. Så Maria lade ihop ett och ett, och fick det till att gå ihop – praktiskt taget i samma stund jag yttrade mitt namn.

Sedan sammanstrålade vi över en lunch. Det fick bli på en kinakrog, Shanghai på Östra Förstadsgatan. Det hade varit alldeles för riskabelt att träffas på något mer centralt ställe, eller ett som var mitt i krogsvängen.

Så fick det bli varje gång jag hade möte med någon från redaktionen, fast det var föga tillfredsställande för gommen. När jag träffade Hans Månsson, som blev Jan Wifstrands efterträdare på chefredaktörsposten, skedde det på India vid Konserthuset. Jag föreslog den restaurangen för att den hade varit riktigt djärv och profilerad med sin indiska mat – vissa rätter var så välkryddade att alla gäster i krogen blev snuviga, oavsett vem maten serverades till. Tyvärr visade sig deras lunch rätt trist.

Och när jag träffade nästa chefredaktör, Peter Melin, skedde det på en kinakrog vid Värnhem, som hade en knappt uthärdlig lunchbuffé – märkligt nog även med pizza bland de slentriankinesiska inslagen.

Månsson tog några år på sig innan han var nyfiken på att träffa mig, medan Melin ville ha ett möte kort efter att han tillträtt. Han hade en fråga som han var angelägen om: huruvida jag hade några som helst knytningar till krogbranschen. När han försäkrat sig om att så inte var fallet var han nöjd, och vi fortsatte den mediokra lunchen med allmänt småprat.

Peter Melin mötte några år därefter det sällsynta ödet att dö på sin post. Han kollapsade på Sydsvenskans redaktion och var redan död när medarbetarna hittade honom. Det var en stor förlust för tidningen. Peter Melin hade ett driv som påminde om Jan Wifstrands och var inte rädd för att riva omkring i redaktionen, som hade blivit tämligen dåsig under Månssons ledarskap. Melin hade också ett visst publicistiskt mod, vilket märkligt nog är en sällsynthet på svenska morgontidningar.

Aldrig gott

Jag hade förstås från första början en bestämd uppfattning om hur jag ville skriva mina krogrecensioner. Det mesta jag läst i den vägen var föga mer än ett staplande av exklusiva ingredienser – tryffel, pilgrimsmussla, kronärtskocka, hummer och så vidare – som om det i sig garanterade en stor kulinarisk upplevelse. Någon skildring av hur ingredienserna hade hanterats och hur helheten smakade saknades mestadels.

Inte heller brukade krogrecensenter bry sig om att säga något om vad som fanns utanför tallrikarna. Miljön, servicen, stämningen, vinlistan, inredningen, stolarnas bekvämlighet, belysningen, utsikten, ljudnivån och akustiken, vad för gäster krogen lockade – sådant behandlades ytterst kortfattat eller inte alls. Men ett krogbesök är en helhetsupplevelse, där maten är blott en – om än viktig – ingrediens. Det bör framgå i en recension.

Jag gjorde detsamma under min tid som rockrecensent – skrev även om vad som hände utanför scenen. I min musikkritik hade jag också bestämt mig för att totalt bannlysa två ord: "bra" och "dåligt". De säger ingenting alls. Samma sak med ordet "gott" i en matrecension. Man måste hitta ord som tydliggör upplevelsen och ger läsaren en förståelse för hur det känns. Musik är konst – det är mat också. De behöver skildras levande och inlevelsefullt, inte blott med kalla omdömen och betyg.

Så jag ville arbeta på ett språkligt uttryck för vad som kan göra en krogupplevelse märkligt lustfylld – eller för den delen vedervärdig. Mestadels är det förstås någonstans däremellan, vilket är ännu svårare att ge ord för på ett intressant och inspirerat vis. Man måste ändå försöka.

Name dropping

Det förekommer en väldig massa "name dropping" i alla sorters recensioner. I krogskriverier dräller det av namn på i branschen kända kockar. Det gillar jag inte. Dels brukar sådana texter slå läsarna på fingrarna med att det minsann är en massa saker de inte vet, och dels är det faktiskt alldeles irrelevant för den enskilda krogupplevelsen, som inte handlar om vad som sker bakom kulisserna, utan om vad man som gäst får på fatet och har omkring sig. Dessutom är en stjärnkock ingen garanti för något alls och kanske inte ens närvarande i köket när man gästar krogen.

Sammalunda med alla dessa främmande låneord som kokkonsten är indränkt i. Det kan vara väldigt svårt för en normal kroggäst att alls förstå vad det står i somliga snofsiga menyer. Många krogrecensenter ger föga hjälp åt sina läsare att dekryptera dylikt. Snarare verkar de finna en stolthet i att själva frossa i krånglig terminologi, för att demonstrera sitt kunnande.

Men – och detta är viktigast av allt: En krogrecensent ska inte vara en expert på krögarnas värld, utan på att vara gäst.

Jag läste för ett antal år sedan att Göteborgs-Postens ansvariga redaktör med stolthet slog fast att på deras tidning fick bara folk med gedigen yrkesvana från restaurangbranschen bli krogrecensenter. Det är galet tänkt. De skriver för krögare och utifrån krögares perspektiv, men hur många av tidningens läsare är det?

Recensionerna är inte till för krogarna, utan för de läsare som funderar på att besöka dem. Då är det självklart att inte skriva kryptiska texter som blott kockar förstår, utan rättframt på ett sätt som de allra flesta läsare kan ta till sig och ha nytta av.

Det innebär inte alls någon banalisering av recenserandet. Tvärtom är det en utmärkt metod att se förbi alla "kejsarens nya kläder" man stöter på i krogsvängen. I synnerhet de dyrare krogarna är ofta så att säga stylade för att gästerna ska känna sig skyldiga att hänföras. Det är förstås ett snobberi, som långt ifrån alltid håller vad det lovar.

Därför var det även viktigt för mig att inte bara besöka lyxrestauranger, utan också enkla kvarterskrogar – ja, även kebabställen och hamburgerhak då och då. Man kan må olika bra av mat på alla nivåer. I längden är det ju så att nästan bara husmanskost och liknande vardagsmat förmår man stoppa i sig med hög regelbundenhet. En elvarätters avsmakningsmeny får man inte i sig mer än på sin höjd en gång i månaden, innan det börjar kännas tjockt i svalget och kärvt i buken.

Det var lika viktigt att basera bedömningen på prisvärde. Maten är förstås oftast bättre på dyra krogar, men inte alltid så mycket bättre att det motiverar prisskillnaden. Och det händer att man får en ljuvlig pannbiff för bara lite över femtiolappen på ett charmigt ställe där man sitter hur bra som helst, fast stolarna saknar dynor.

Ett språk för upplevelsen

Den största utmaningen jag såg framför mig var ändå att hitta ett språk, ett sätt att formulera krogupplevelserna så att de blev både levande och adekvata. Det var lätt när krogbesöket inspirerade och gladde, även när det var en förfärlig besvikelse – men det kunde bli både ansträngt och lite uddlöst när jag varit på en krog som var varken eller.

De allra flesta recensenter, alla kategorier, finner att de skriver mycket mer inspirerat när de sågar något, och kan därför vara lite väl ivriga att göra just det. Märkligt nog har de också ofta svårigheter med att prisa den stora upplevelsen, när det är vad de försöker sig på.

De hittar inte till orden och uttrycken som förmedlar den sköna upplevelsen. Det beror nog på att det är för lite av poet i dem, för lite konstnär. De har ofta en rädsla för att låta sig ryckas med av upplevelsen, eftersom de tror att de därmed förlorar den distans och kontroll de behöver för att kunna granska kritiskt.

Det är inte sant. Om man inte kan berusas av en konstupplevelse är man inte lämpad att skildra den.

Som recensent måste man gå till krogen förutsättningslöst och låta sig ryckas med av vad som där bjuds. Då hittar man ett språk som kan måla upp såväl det överväldigande som de stora besvikelserna. Man får förstås svårare att flöda av välvalda ord inför sådant som inte inspirerade särdeles, och så är det ärligt talat på de flesta krogarna – men hellre det än att inte kunna glänsa när krogupplevelsen kräver det.

Det vanligaste felet jag tycker att recensenter av alla kategorier gör är att de har en lathund för sina bedömningar. De har en bestämd uppfattning om vad som är bra eller dåligt, fint eller fult, och mäter varje upplevelse mot denna mall.

Sålunda tycker de flesta filmrecensenter att äventyrsfilm är strunt, medan drama är fint – om det inte är från Hollywood. Och de förklarar sig med argument som egentligen är helt irrelevanta för den genre de skriver ner. Rockrecensenter mäter allt efter Lou Reed och 1960-talets Velvet Underground, och kan aldrig gå med på att pojkband skulle kunna göra något bra. Litteraturrecensenter skriver över huvud taget så gott som aldrig om populärlitteratur, vilket kanske är lika så gott. Få av dem har ett uns av förståelse för genren.

Det är förfärligt okänsligt, tecken på inget annat än osjälvständighet och inkompetens. En recensent får inte göra sin bedömning utifrån hur han eller hon tycker att det borde vara, utan ifrån hur det faktiskt är.

Ett pojkband är inte Lou Reed, en actionrulle är inte Ingmar Bergman, och en pizzeria är ingen guldkrog. Det går inte ens att säga bestämt att det ena är angelägnare än det andra, eftersom vi i våra liv behöver båda – högt och lågt, sofistikerat och enkelt, samt alla nyanser däremellan. Och det som är konstens essens är oavhängigt form och genre. Hur minnesvärd en upplevelse blir avgörs inte alls av dess sort, utan av dess innehåll – och det måste man vara förutsättningslös för att ta till sig.

Skynda långsamt

Jag var alltså ordentligt lysten inför uppgiften, men det skulle dröja innan det var dags. Om jag minns rätt tog det uppemot ett år mellan Jan Wifstrands bekännelse av hur han ämnade använda mig och datumet när det väl blev av. Vi sågs då och då under dessa väntans tider, varvid han lovade att det var på gång men att det tog sin tid.

Komplikationen var säkert inte att få igång krogrecensionerna, utan hela den nöjesbilaga, *Dygnet Runt*, där de skulle ta plats. Så här i efterhand kan man bara undra varför det dröjde så länge innan Sydsvenskan kom loss med den saken, som var en självklarhet i så många andra dagstidningar.

Tidningar måste av nödvändighet leva i nuet, från dag till dag, ofta från timme till timme. Det innebär inte så sällan att de löper på i samma invanda spår. Förnyelse är ingen självklar lekkamrat på dagstidningarnas redaktioner. Speciellt inte på morgontidningarna, som dessutom känner att de måste ha sina prenumeranter med sig, och de är ofta rätt motsträviga när det gäller förändring av husorganet.

Man måste förstå att morgontidningen är en bruksartikel, som läsarna använder för att ta sig igenom sin vardag. Detta var särdeles sant före internets genombrott. Prenumeranterna, som är varje morgontidnings breda bas, använder den vid frukostbordet för att planera sin dag, från väderrapporten för att få en föraning om väglaget, till kvällens TV-program för att få aftonen utstakad för sig. Till och med annonserna är bruksmaterial, såtillvida att de informerar läsarna om var det är rea, vilka säsongsvaror som man kan behöva komplettera med, och så vidare.

I en sådan situation är varje förändring vansklig och måste förankras noga både på redaktionen och sedan framför allt hos läsarna – även när den känns så självklar som en nöjesbilaga och en krogrecension däri.

Notan

Se upp, Skånekrögare! I dag är det premiär för Bong. Dygnet Runts anonyme krogtestare. Under vinjetten "Notan" blir det varannan vecka en rejäl middag och varannan vecka dagens rätt för vår recensent, som lägger tyngdpunkten på Malmö och Lund.

Krogarna betygsätts efter vårt hemliga besök. Från tre stjärnor, vilket betyder en "pärla" bland krogar, till bottenbetyget överkorsad stjärna = undvik detta ställe! Och kom ihåg - grundfrågan är alltid om det är prisvärt, alltså klass i förhållande till pris. För säkerhets skull blir det också en toalettbedömning.

Hipp – teaterrestaurangen i Malmö som bjuder på god service men medelmåttig mat i präligt dekorerade lokaler.

FOTO: SIMON FINTZELL

SVÅRT LYFTA PÅ HATTEN FÖR HIPP

HIPP
Kalendegatan 12, Malmö

Teaterrestaurangen Hipp lovar festligheter redan i sin logotype, där det skrivs med sin prick i form av hatt på sniskan. Och visst borde det kunna bli en lokal som fylldes av muntra skådespelare, vimlare och beundrare, ungefär som Café Opera i Stockholm.

Väggarnas och takets präliga dekorationer, och de ståtliga pelarna med sina förgyllningar, är på sin plats, eftersom det så kallade vackra folket plägar uppskatta en praktfull inramning åt sig. Samtidigt är de rutiga borddukarna just den vardagliga detalj, som likt Caesars slav ska viska: kom ihåg att du bara är människa.

Dock är serveterna av papper, vilket kan tyckas lite väl profant.

Salongens storlek och nakna väggar ger en akustik som förstärker och surglöst blandar sorlet från alla bord till en kakofonisk tjocka, där tyvärr enskilda samtal från grannborden inte låter sig urskiljas men en härlig stämning av pladder infinner sig.

Ändå fattas något för att Hipp ska bli en ras för festligt folk. En ofullbordad ambition åt det luxuösa gör att atmosfären liksom stelnar en smula. Det kan nästan bli pinsamt när servitriserna omsorgsfullt värdar sina gäster och den ivrigt skrivna menyn talar om såväl östron som tryffel, medan maträtterna faktiskt inte leds hela vägen i mål.

Förväntningarna som skapas av de ytterst tjänstvilliga servitriserna och de exklusivt sammansatta rätterna, infrias inte av det som kommer på tallriken.

Den ugnsbakade hälleflundrafilén för 160 kronor är en smula torr och dess kött faller inte för gaffeln lika lätt och villigt som det borde. Det är ont om tryffel (tryffelskyn och den kokta potatisen är en aning vattnig.

Det ugnsgrillade ankbröstet för 144 kronor har delvis blivit grått i köttet och saknar ett tydligt rosigt innanmäte, den tillhörande jordärtskocks- och äppelkompotten smakar varken det ena eller andra. Kombinationen är över huvud taget svår att förstå, likaså spenatbädden som köttet ligger på.

Endast potatisgratängen som serveras till ankan är en uteslutande positiv upplevelse - grädelig len i smaken och utan den rasp som annars brukar vara obligatorisk.

Förrätterna på menyn verkar alltihop väl kraftiga för att lämna behaglig plats åt varmrätterna, detsamma kan sägas om desserterna. Det är klart att man inte går på en sådan krog för att banta, men megyn ger inte mycket chans att kombinera ihop tre rimliga åtaganden för en normalt funtad buk.

Å andra sidan är det märkligt att restaurangens Grand Meny för 270 kronor endast innehåller tre rätter.

Nå, det är desserterna som imponerar mest. Kanelparfaiten är helt acceptabel, om än mer kanel än parfait, och assietten med blandade chokladanrättningar är minst lika läcker som den är mastig. Båda desserterna kostar strax över femtio kronor, vilket är helt acceptabelt - ett rent fynd för chokladklassieten.

Vinlistan är kort, med åtta vita och tolv röda viner. Barn ett av dem har en årgång före 90-talet, vilket är alldeles obegripligt. Vitvinet serveras med den sorts plastbunke som sägs hålla kylan, men in te alls är så festlig som en riktig ishink. Och rafn av lait serveras i de utjitade reklamkoppar som finns på minst varannat fik.

Hipps hatt på sned är nog mera en följd av en äkta snubblat, än äkta gale). Vore inte priserna relativt behärskade och miljön lika charmerande som servicen, skulle det vara svårt att glädjas.

PÅ MUGGEN

Toaletter finns både på bottenvåningen och en trappa upp, fastän bara fem inalles. Damernas nedre toa är också handikapptoalet. De har kakel på väggar och golv, men inga dekorationer trots att miljön i övrigt påfordrar det. Papperarhanddukar och flytande tvål. Inget extra als, så man kan lika gärna hålla sig.

Bong

Första Bongtexten, publicerad den 17 februari 1995 i Sydsvenskans fredagsbilaga Dygnet Runt.

Massor av måltider

Den 17 februari 1995 skulle min första krogrecension i Syd-
svenskans fredagsbilaga *Dygnet Runt* äntligen publiceras. Jag
hade besökt en handfull krogar i förväg, så att vi skulle ha lite på
lager när det brakade loss.

Jag ville starta med en finare krog, för att så att säga sätta
ner foten – men inte en av de allra finaste, för att inte ge ett elitis-
tiskt intryck, som annars vore lätt hänt i denna bransch. Därefter
ämnade jag göra ett enklare lunchställe för att visa spännvidden.
Den tredje krogen skulle vara en i Lund, så att läsarna förstod att
vi också bevakade kroglivet där, och då skulle det vara dags för
en av de stora elefanterna.

Man kan lika gärna hålla sig

Först ut var en recension av Hipp i Malmö, som var ganska ny-
öppnad i och med att Stadsteatern renoverat och installerat sig i
huset. Inredningen var pampig, för att inte säga glittrig, och kro-
gen påminde en hel del om sådana majestäter som Operakällaren
i Stockholm och Cosmos i Helsingfors. En kulturkrog.

Jag gav såväl ris som ros, och betyget en stjärna av tre möj-
liga, vilket skulle motsvara 3 i en femgradig skala. Alltså godkänd
men inte särdeles imponerande. Toaletten fick en rulle (också
av tre möjliga), och en spydig kommentar om att "man kan lika
gärna hålla sig".

När jag ser på det såhär i efterhand var omdömet lite väl
strängt – i synnerhet om toaletterna, som var riktigt eleganta och
trivsamma. Jag hade nog trillat i den typiska recensentfällan att
inte vilja avstå från den lilla lustigheten jag kommit på.

Så här skrev jag om krogens inredning:

*Väggarnas och takets pråliga dekorationer, och de
ståtliga pelarna med sina förgyllningar, är på sin
plats, eftersom det så kallade vackra folket plägar
uppskatta en praktfull inramning åt sig. Samtidigt
är de rutiga borddukarna just den vardagliga detalj,
som likt Caesars slav ska viska: kom ihåg att du bara
är människa. Dock är servetterna av papper, vilket
kan tyckas lite väl profant.*

Deras ankbröst kostade 144 kronor och var lite grådaskigt
i färgen, och de hade en "Grand Meny" för 270 kronor som blott
innehöll tre rätter. Desserterna för strax över femtiolappen im-
ponerade mest.

Den andra recensionen, som publicerades veckan efter,
var en lunch på Le Mirage, ett charmigt ställe som förr fanns
på Saluhallen i Malmö. Den fick också en stjärna, men var nog
egentligen förtjänt av två. Jag hade hoppats att de skulle göra
större intryck, eftersom jag ätit där med förtjusning flera gånger
innan jag blev krogrecensent. Men vid mitt besök presterade de
halvdant och jag tänkte att det vore så att säga fusk om jag gav
dem en ny chans bara för att jag hoppades på mer.

Le Mirage hade en märklig liten toalett med tre dörrar
som förbryllade besökarna. Blott en av dem var gästernas entré.
Vart de övriga ledde var ett mysterium. Den trevlige och skick-
lige kyparen hade mängder av piercing i ansiktet, något som jag
underlät att berätta i recensionen för att det kändes plumpt och
kunde avskräcka en del gäster.

Tyvärr gav krögaren upp inte alltför länge därefter. Jag
hoppas verkligen att jag inte var medskyldig till det. När vi satte
igång med Bong hade vi ingen aning om hur betydande dessa
recensioner skulle bli för krogarna och deras gäster. Så fort det
stod klart för mig såg jag till att "förlåta" krogar en dålig dag om

jag anade att de kunde bättre, och gjorde ett nytt besök vid något senare tillfälle för att skriva om det.

Däremot såg jag aldrig någon anledning att göra flera besök på varje krog jag skrev om. Det skulle bara ge en illusion av ofelbarhet – dessutom vore det i de allra flesta fall rent slöseri med både tid och pengar. Det är ofta inte svårt alls att upptäcka och med rimlig visshet kunna avgöra en krogs nivå. Man får bara se till att pussla ihop bitarna.

Le Mirage bytte ägare och därmed namn till Cornelias, men de hade insikten att bevara det charmerande möblemanget intakt. Först när Saluhallen blev lyxhotell 2009 försvann krogen genom att ätas upp av fiskrestaurangen Johan P:s utvidgning. Därmed försvann också den besynnerliga toaletten.

Pumpan på pumpen

Tredje krogen var Petri Pumpa i Lund, som jag sågade och gav bottenbetyget överkorsad stjärna. Den och dess berömde krögare Thomas Dreijing var väldigt hyllade av såväl mången gäst som andra krogrecensenter i landet, så reaktionerna uteblev inte. Bland annat hade den nyligen fått en ytterst hedersam tredjeplats i Gourmets årsskrift *199 bord*, nuvarande *White Guide*.

Jag tyckte att priserna var på tok för höga. Billigast på menyn var en dessert för 85, och deras femrätters kostade 535, vilket var en väldig massa pengar 1995. Så här uttryckte jag det:

> *Det finns förstås dyrare restauranger i vårt land, men de är svårfunna. Alltså har gästen rätt att förvänta sig en ypperlig middag, med smakupplevelser som räcker längre än den höga kostnadens bittra eftersmak. Dit når inte Petri Pumpa.*

Jag var också minst sagt tveksam till en del av deras smakkombinationer, och minns fortfarande den sura och skarpa för-

SYDSVENSKAN ● Fredag 3 mars 1995

FOTO: LEIF Å ANDERSSON

INTE VÄRT PENGARNA

PETRI PUMPA

S:t Petri Kyrkogata 7, Lund

Varje krog signalerar på många sätt vad gästerna har att förvänta sig av den. En av de betydelsefullaste signalerna är förstås prisnivån. Att döma av den måste Petri Pumpa i Lund ligga mycket nära de himmelska ängderna. Restaurangen har också fått mycket beröm.

Inredningen är långt ifrån prålig, snarare stram med de gråmålade väggarna, te mörka träpanelerna och parkettgolvet. Stolarna är bekväma. Bordet vickar men kyparen ordnar det ögonblickligen med en tråkil.

Menyn erbjuder ingen mångfald, tre specialkomponerade menyer och lika många fristående rätter. Billigast, om ordet alls hör hemma här, är en dessert för 85 kronor, dyrast är den största menyn om fem rätter för 535 kronor. Ostbrickan kostar 120 och kaffet 33 kronor. Vinlistan är omfattande, med flaskor från två hundralappar upp till 3 200 kronor.

Det finns förstås dyrare restauranger i vårt land, men de är svårfunna. Alltså har gästen rätt att förvänta sig en ypperlig middag, och smakupplevelser som räcker längre än den höga kostnadens bittra eftersmak. Dit når inte Petri Pumpa.

Redan den lilla aptitretare som bjuds, en tartar på tonfisk, paprika och fänkål,

väcker oro. Ingredienserna slår omkull varandra, smaken är inte precis oangenäm men ett stort frågetecken.

Vinet väcker också förvåning. Vi följer kyparens varma rekommendation av en Bordeaux för 520 kronor, den prisklass där de flesta vinerna på listan ligger. Årgången är god men inte excellent, inte heller vinet. Faktiskt är det ganska fattigt på karaktär, trots dekantering. Man har rätt att begära mer av såväl slanten som av kyparens rekommendation.

Vi prövar rätter från två av de komponerade menyerna, man får pussla efter behag mellan dem. Den exklusivaste förrätten är ett dragonglaserat ostron- och sellerifarm för 115 kronor. Konsistensen liknar en potatisbulles, smaken är sur och skarp av all selleri. Visst känns också ostronet tydligt, men precis som med aptitretaren är smakkombinationen mindre lyckad. Det är i alla fall mycket att tugga på.

Mellanmenyn för 405 kronor har en intressantare förrätt, stenbitssoppa med ljummen sallad på spenat, där ingredienserna serveras på fat bredvid sopptallriken. Det är en fyndig presentation, som ger chans att njuta av själva soppan på fiskspad och grädde.

Också vad gäller varmrätten är mellanprismenyn ett snäpp angenämare än den dyraste. Vildsvinssteken med bakelse på svartrötter, sparrispotatis och persilja är en behaglig komposition och ste-

På MUGGEN
BONG WAS HERE!

Toaletterna är eleganta, men tyghandduken är slut i rullen och flera behållare tomma på flytande tvål. Alldeles rent är det inte heller. Ventilationen är dock mycket god, luften är frisk som på högfjället.

ken örnt hanterad.

Med samma omsorg har paradrätten kotlett och filé av dovhjort stekts. Till denna serveras citrusinkokta majrovor och rosmarin. Både vildsvin och hjort är stekta med sådan försiktighet att de fått perfekt avgränsade färgskikt. Det får dem att se ut som vaxmodeller, vilket är intressantare för ögat än för gommen. Borta är både dovhjortens viltsmak och den lätt bestialiska touche som bör höra kötträtter till.

Servitören presenterar varje anrättning med en smått lyrisk liten föreläsning, och är på alla sätt förfaren i att skämma bort sina gäster. Märkligt nog är han försvunnen när vi väl fått in notan och vill betala.

Kanske är det samvetet som håller honom borta; notan landar på 1 456 kronor för två personer. Även om både mat och miljö höjer sig en bra bit över det ordinära, återstår en hel del för att motivera den kostnaden. Det ger nog bättre valuta för slantarna att slå sig ner i Petri Pumpas anspråkslösare baravdelning.

Bong

Första recensionen av Petri Pumpa i Lund, den 3 mars 1995.

rätten dragonglacerat ostron- och selleriflarn för 115 kronor, som förstärkte det olustigaste i såväl ostron som selleri. De hade även en dovhjort som de i princip hade steriliserat.

Jag fick senare höra skvallras att Petri Pumpa blivit så oroade av den barska recensionen att de under lunchen samma dag bjudit flera av sina stammisar på ett glas vin. En och annan professor återvände på inte helt stadiga ben till sin institution, med ett särdeles leende på läpparna.

Krogen ringde till tidningen och utgöt sin ilska över Bongs sågning. Jag tror att det var Jan Wifstrand som tog det samtalet. De hade noga letat upp vår nota, som var i bild bredvid artikeln, och därmed även listat ut i vilket namn vi bokat bord – men varken det eller vårt angivna telefonnummer var äkta, lyckligtvis. Också det var krogen mäkta indignerad över. Någon mer nota kom aldrig på bild i tidningen.

Den varningsklockan blev nog döden för vinjetten Notan, som inte längre hade sin illustrerade poäng och därför tynade bort så sakteliga. Det dröjde ändå halvannat år innan vinjetten försvann helt, men fram tills dess var den blott en enkel standardiserad illustration, ungefär som ikonerna på en datorskärm.

Det var många som reagerade på min sågning av Petri Pumpa. Krögaren skällde på tidningen, vilket var att vänta, men det knorrades också från Sydsvenskans egen Lundaredaktion. Bo Idar skrev en hämndlysten vers där han tyckte att "Bong borde ha sig en gaffel i baken". Det var nog flera på tidningen som tyckte att Bong måste vara inkompetent, som kunde skriva ner en så erkänd och prisad krog.

Jag fick ett slags upprättelse en tid senare, när den utmärkta krogrecensent som skrev i Dagens Industri framförde flera likartade invändningar mot Petri Pumpa i sin recension av krogen. Jag hörde i alla fall inte fler gånger att jag skulle ha varit oduglig för att jag inte deltog i hyllningskören.

Veckan därpå kom den första tvåstjärniga restaurangen, på Konsthallen i Malmö, som jag ansåg både läcker och prisvärd.

De har hållit stilen genom åren och ägarbytena. Numera heter Konsthallens restaurang Smak, medan dess krögare vid min första recension, Björn Stenbeck, sedan många år driver den ekologiskt närmast fanatiska krogen Salt & Brygga i Västra Hamnen.

Stenbecks nyttoiver går ibland långt utöver det rimliga. Jag tröttnade på Salt & Brygga när han – mot tidigare försäkringar – förbjöd rökning även vid matborden utomhus. Och på utomhusserveringens rökavdelning vägrade han att servera någon mat. Ett kroggästers moment 22. Den svenska mentaliteten kan bli rätt odräglig när den förespråkar nyttan. Vi ska lida om vi inte vet vad som är bäst för oss.

Petri Pumpa recenserade jag flera gånger. Första återbesöket var två år senare, med samma låga betyg som resultat. Nästa besök blev 1999 och då var jag betydligt mer tilltalad – framför allt för att jag då gästade krogens Bakficka, med trevligare priser. De fick näst högsta betyg (4 av 5, som vi då hade gått över till). Samma år flyttade krogen till Savoy hotell i Malmö och blev därför recenserad en gång till på den nya adressen, med samma goda resultat.

År 2002 hade krogen delats upp i en finare matsal och ett enklare brasseri, varav jag recenserade sistnämnda och inte var särskilt nöjd. Inte så långt därefter stängde Petri Pumpa, men knappast till följd av mina skriverier. Malmöpubliken är betydligt mer svårflörtad med kulinariskt skimmer än de lundensiska krogbesökarna, som tenderar att förföras av attityd, oavsett innehåll. I Malmö ska det, oavsett utsmyckningen och stilen, vara gott – och ordentliga portioner.

Lokalen är numera tillhåll för Le Fil du Rasoir, ett brasseri i fransk stil som har blivit väldigt populärt. Jag är inte övertygad om varför.

Rara tre stjärnor

Numera tycker jag att jag nog var lite väl sträng i början. Jag hade under mina första år i Malmö, på 1990-talets tidigare hälft, konstaterat att det var si och så med krogkulturen. Det fanns ymniga dagens rätt-bufféer på flera håll, med både råvaror och kokkonst som vida överträffade vad man kunde begära för deras låga priser. Men det var tunt med kvällsmat av högre kulinarisk ordning. Få kök förmådde det storslagna, och ännu färre var det minsta innovativa med menyerna. Det var ganska stelt och dammigt på många Malmö- och Lundakrogar då. Rätt gubbigt.

Så jag räknade med att inte strö särskilt många stjärnor omkring mig.

Ett halvår gick utan att jag hade delat ut tre stjärnor, som då var högsta betyg, till någon enda krog. Jag pratade om det med Nils Hansson, kollegan från min tid på DN, som var en av mina ytterst få förtrogna. Han konstaterade med eftertryck: "Då får du ändra på kraven."

Han hade förstås rätt. Man kan inte i längden ha ett betygssystem där några nivåer förblir alldeles obrukade. Men ganska snart därefter var det dags att skriva om Anno 1900, som på den tiden enbart serverade luncher – med den äran. De var först med att få tre stjärnor, i oktober 1995, och detta för en kalops. Den beskrev jag så här:

Denna dag är den billiga lunchrätten kalops, och varken på menyn eller tallriken görs några särskilda tillägg. Köket har i stället valt att skapa själva arketypen kalops, med rejäla bitar nötkött, morots- och rödbetsskivor, samt den typiska såsen. Köttbitarna har det relativa motstånd som ska höra en kalops till, rödbetorna är delikata utan att vara det minsta märkvärdigt kryddade, till och med den kokta potatisen är perfekt till såväl konsistens som smak. Detta är

husmanskost, vardagsmat, som får ståta utan regalier
i form av några exotiska tillägg – helt enkelt: kalops.

Så här när det är gott och väl preskriberat får jag bekänna att Anno 1900 gynnades av ungefär det omvända mot vad som drabbade Le Mirage. Redan på vägen till krogen var jag tämligen bestämd om att de skulle bli min första fullpottare. Under mina första år i Malmö var Anno 1900 min absoluta favorit bland stadens restauranger – rentav den enda att imponera stort på mig. Den oerhört pittoreska familjekrogen med sin frispråkigt burduse krögare vid disken hade ett kök som kunde konsten att laga rejäl mat med distinkt artisteri. De tog betalt för det också. Luncherna sprang lätt iväg med hundralappar. På kvällarna hade de öppet endast undantagsvis.

Men när jag gjorde mitt nedslag där var kalopsen det enda rimliga som återstod på menyn. Den var i och för sig oklanderlig men jag tror inte att jag på någon annan krog hade låtit det räcka för högsta betyg.

Nästa trestjärniga restaurang kom redan en månad därefter – den kombinerade krogen, baren och biljardhallen Interpool, hör och häpna, även denna gång för en lunch. Sedan dröjde det nästan ett år till samma toppbetyg, som då gick till Casa Mia för deras lunch. Ja, det var så på den tiden – många krogar hade generösa och yppiga luncher, men levde ändå inte upp till vad man väntar sig av en vass krog på kvällen.

Det fanns i och för sig även en fälla i betygssättningens koncentration på prisvärdet. De flesta restauranger tar alldeles för lite betalt för sina luncher. De behöver en väldig mängd lunchgäster för att kunna tjäna en hacka på det. Och inte lyckas de sälja någon alkohol vid den tiden på dygnet. Det är på kvällarna som de kan börja ta betalt på riktigt, men det är inte lika självklart att de förmår höja nivån på vad de serverar i motsvarande grad.

Det skulle dröja ända till slutet på 1996 innan jag gav tre stjärnor till en skånsk middagskrog. Den äran gick till La Couronne, som då drevs av ett gäng resursrika unga musikproducenter. De hade råd med de kostnader som krävdes för att erbjuda en lysande krogkväll, men de höll inte ut särskilt länge. Sedan deras avtåg har kroglokalen haft ytterligare ljusa stunder i annan regi.

Jag var ständigt snål med toppbetyget. Under de tolv årens cirka 700 restaurangbesök delade jag bara ut det 56 gånger, varav sex i Köpenhamn (det hade definitivt blivit fler om jag varit där oftare), nio runtom i Skåne, åtta i Lund och resterande 33 i Malmö. Krogen Brogatan hann få toppbetyget fyra gånger, 1 r.o.k. tre gånger och ingen av de övriga mer än två gånger.

Dansk pärla

Förutom de ovan nämnda Malmökrogarna hade under våren 1996 en dansk krog tagit toppbetyg – och detta med fenomenal marginal. Om jag haft fler stjärnor till mitt förfogande skulle jag gladeligen ha öst dem över Kommandanten, som var den bästa krog jag dittills över huvud taget ätit på i hela Norden – såväl före som under min tid som Bong.

Där jobbade den franske kocken Francis Cardenau inspirerat och lyckligt tillsammans med sina lärlingar, och med full insyn från matsalen. Han var uppenbart väldigt engagerad i att förmedla sina insikter till de unga lärjungarna. Det var en ståtlig föreställning, och det som kom på tallrikarna kunde vem som helst bli poet av. Jag avslutade min förtjusta text så här:

> Det går inte att hävda annat än att sådant kök som
> Kommandantens är svårt att hitta mången like till,
> även utanför vår region. De måste ha alla stjärnor
> vi kan erbjuda.

Vad jag menade var att jag kände mig ganska säker på att Kommandanten var den allra förnämsta krogen i hela Norden – men sådant kan man inte hävda i en text utan att verkligen ha prövat alla krogar. Och så tycker jag genuint illa om journalisters slösaktiga användning av ord som bäst, störst och vackrast. Just ordet bäst är superlativ på bra, som borde vara tabu för varje recensent.

Vid den tiden var Kommandanten en av blott fyra krogar i Köpenhamn som fått en stjärna i den världsberömda krogguiden *Guide Michelin.* I nästa upplaga av boken, som kom en tid efter min recension, fick Kommandanten som första krog i Norden en andra stjärna. Jag mös över att ha förekommit *Guide Michelin* med att markera krogens särställning.

Inte för att den gamla guideboken är idel gudsord. De har förstås en väldig kompetens, men man måste förstå att de har mycket klara syften bakom sina bedömningar. Denna guide var i begynnelsen ämnad för fransoser på bilsemester – där de förväntades ha Michelindäck på sina bilar, förstås. Enkelt uttryckt ges en stjärna till krogar man bör passa på att besöka om man ändå är i staden, två stjärnor till dem som förtjänar en omväg på semesterresan och tre stjärnor till krogar man bör planera sin semester för att komma till.

Därför ska krogar som får höga betyg ha en för fransmän attraktiv och ganska omfattande meny, samt en hel del annan service och komfort. Detta är inte nödvändigtvis de krogar som ger den mest minnesvärda upplevelsen – eller bästa valutan för pengarna, vilket denna guide är tämligen likgiltig för.

Vidare är det långt ifrån alla städer som besöks av krogtestarna från *Guide Michelin,* ej ens alla krogar i de städer de bevakar. En restaurang måste ha gjort sig ett visst namn innan guidens recensenter besvärar sig. Malmös krogar har ännu aldrig fått någon som helst uppmärksamhet i *Guide Michelin,* men det kan ske vilken årgång som helst nu – vilket i och för sig har viskats bland branschfolk i flera år.

Hur som helst – Kommandanten var en av de skönaste krogupplevelser jag haft i Norden, såväl innan som efter 1996. Jag var tillbaka där några gånger, men blev inte fullt ut lika hän-

Restaurant Wiinblad

Sorgenfri

Peder Oxe

Café and Bar

Wiinblads toaletter är rymliga och ödsliga med sina vita kakelväggar, dessutom är luften lite unken. På Sorgenfri ligger toaletterna som i ett krypin, men är snyggare än man kunde vänta sig, om än inga boudoirer. På Peder Oxe är det snyggt och gott om plats, med frisk och sval luft. På Café and Bar kostar de måttligt roande toaletterna 2 kronor, om man inte nöjer sig med herrarnas pissoar som smyckats med pinuppor från seklets barndom.

Bedömningen av toaletterna på några Köpenhamnskrogar vid en Bongrecension av dem 1995.

förd som vid första besöket. Tiden tär på alla krogar. Dock var Kommandanten alltid god nog för Bongs toppbetyg, åtminstone fram till Francis Cardenau lämnade dess kök för att öppna en egen krog i Köpenhamn, Le Sommelier. Ganska snart därefter stängde Kommandanten.

Det har med åren blivit allt bättre i Köpenhamn. När jag då och då var där under 1970- och 80-talet var det stört omöjligt att hitta en riktigt prima krog. Det var bara att hålla tillgodo med de i och för sig läckra smörrebröden. Under 1990-talet hände saker i Köpenhamn, som snart visade upp en rad strålande restauranger. Det var bra timing för mig, som också hade till uppdrag att med viss regelbundenhet göra nedslag i Köpenhamns krogliv.

Några av de Köpenhamnskrogar jag blev mest förtjust i under mina år som Bong var de europeiska klassikerna l'Alsace och Era Ora, den kinesiska pärlan Fu Hao med sitt rika sortiment av sköna *dim sum*, lustigkurren TyvenKockenHansKoneogHendesElsker, samt franskt raffinerade Grønnegade.

Landsbygdens tjusning

Det dök med tiden upp allt fler skånska glädjeämnen. Bland de många gästgiverierna på landsbygden, som kunde vara riktigt svåra att hitta fram till, var det gott om njutningsfulla upplevelser. När jag snirklade mig fram på småvägarna undrade jag ofta hur de alls kunde dra till sig gäster, men maten och atmosfären gav tydliga svar. Under de första åren som krogrecensent fann jag fler pärlor på den skånska landsbygden än i städerna.

Gästgiverierna är en välsignelse. Det är ofta där man hittar den riktigt innerliga skånska matglädjen, de bästa råvarorna från näraliggande gårdar tillagade med den nödvändiga förtjusningen. Flera av dem har dessutom imponerande vinlistor med föråldrade priser som de glömt att höja i takt med tiden. Man kan göra sköna fynd vad gäller något så sällsynt i krogsverige numera som fina slottsviner av lämpligt ålderstigen årgång.

Och så är det miljön, förstås. Fager landsbygd, vackra gamla hus som proppats likt antikbodar med allehanda sevärda föremål. Möblemangen är i regel lika inbjudande som personalen. Det finns förstås undantag med ibland förfärande tillkortakomman- den – men generellt är det fortfarande värt att slingra sig fram på småvägarna för att slå sig ner på skånska gästgiverier.

Jag var ändå tidvis rätt snål med betygen, vilket framför allt berodde på att gästgiverierna alltid har förstått att ta stöddigt betalt. Det kan nagga prisvärdet i kanten.

Även de förnämsta gästgiverierna nöts av tiden och kan ha bättre och sämre stunder, men några stora ögonblick är värda att nämna.

Konungslig nivå på slottet

Sofiero slottsrestaurang är inte precis något gästgiveri, men har många av dessas kännetecken. När jag första gången besökte dem, inför Konstrundan 1998, blev jag alldeles betagen. Vi var de enda gästerna på krogen och beställde varsin av de två olika avsmak- ningsmenyerna – bara det en utmaning mot köket som få krogar alls tillåter. Det vanliga villkoret för flerrättersmenyer är att alla vid bordet måste beställa exakt detsamma.

Kyparen visade inte med en min hur besvärligt det var, utan ringde bara efter en ledig kock att skynda dit och hjälpa till i köket. Vi fann allting perfekt, utsökt och dessutom superbt kombinerat. Sistnämnda är den punkt de flesta krogar brister på vad gäller flerrättersmenyer. De må ha tänkt noga på varje tallrik för sig men glömt att begrunda hur de verkar i sin långa rad – såväl hur smaker följer på varandra som vilken figur de beskriver i sin helhet, från den inledande amusen till den avslutande söta desserten. Men Sofiero kunde den konsten – båda menyerna var lika väl sammansatta som orkesterverk av Mozart eller Haydn.

Så här skrev jag om saken i recensionen 1998:

Nu är det så med omfattande menyer att de först och främst ska utgöra en genomtänkt helhet, en komposition som ger förtäringen av dem en känsla av äventyrsresa, startandes i ett smakrike och landandes i ett helt annat – med varje etapp på resan i skön harmoni eller kontrast till den föregående. Därför är det vanskligt att göra avsteg från en sådan meny – om den är begåvat sammansatt. Det är båda förslagen på Sofiero. Här syns sanna insikter i det kulinariska tydligt redan vid läsningen.

Sofiero slottsrestaurang var då den allra bästa krog jag stött på i Skåne – med bred marginal.

Den tjänstvillige kyparen på Sofiero var förmodligen först med att koppla Bong till min nuna. Han mindes mycket väl vårt besök och vår ovanliga beställning av olika avsmakningsmenyer. Det kom fram när Jan Wifstrand gästade krogen några månader senare och hade samma kypare. Han kunde beskriva mig så att det inte rådde något tvivel om saken. Inte för att Jan skulle drömma om att medge det för honom.

Lyckligtvis hade kyparen uppfattat ett ansikte men visste inte vad för namn han skulle fästa på det, så hans minne ledde inte till något avslöjande. Annars hade min karriär som Bong blivit betydligt kortare.

Jag var de första åren väldigt försiktig och omständlig för att bevara anonymiteten när jag besökte och skrev om krogar i Malmö och Lund, men långt ifrån lika noga när jag gjorde besök annorstädes i Skåne eller Köpenhamn. Det var nog en underskattning av risken, med tanke på att krogbranschens folk flyttar lite hur som helst mellan arbetsplatserna. Vartefter det gick upp för mig blev jag försiktigare även utanför Malmö och Lund.

Sofiero har inte lyckats hålla exakt samma höjd genom åren, men så här i efterhand tycker jag att betyget 3 som de fick vid ett återbesök 2004 var för snålt. Det berodde på att vi som en ytterligare försiktighetsåtgärd lät även ett annat par äta middag där, och blandade ihop korten vid recensionen så att krogen inte skulle kunna peka ut mitt besök. Så gjorde vi då och då när det med tiden blev allt svårare att försäkra sig om min anonymitet.

Vi kallade det "decoy" och jag tror nog att det bidrog till att jag förblev hemlig så pass länge.

Vår "decoy" på Sofiero år 2004 var inte alls lika imponerade som jag och mitt sällskap. Själv tänkte jag mig nog en fyra på den då femgradiga skalan, men lät mig förledas till en trea, som jag sedan alltmer ångrade. Jag har ingen att skylla på, för det var alltid jag som bestämde betyget. Man ska nog hålla fast vid sin makt och därmed sitt ansvar i sådana stunder, för att betygssättningen ska bli konsekvent.

Krögarparet som drev Sofiero slottsrestaurang, Lars Fogelklou och Carin Rappe, hade dessförinnan skött den prisade krogen Lilla Fiskaregatan i Lund, som de lämnade samma år jag började vara Bong, så det hanns inte med att recensera deras verk där. Den lilla Lundakrogen har spelat en mycket stor roll i det skånska matriket. Flera ytterst framstående kockar och krögare har gått i lära på Lilla Fiskaregatan. Samma torde gälla slottsrestaurangen på Sofiero, där en av deras lärlingar tog över för några år sedan.

Skånerundor

Brösarps gästgifveri, som jag besökte första gången 1995, har också gjort intryck på mig – om än långt ifrån så storslaget som Sofiero, ej heller som magnifika hotell Kullaberg i Mölle, som jag besökte 1999. Jag glömmer aldrig den rikedom av viner, till snälla priser, som de hade hos Rut på Skäret redan vid mitt första besök 1997, och sedan till och med ökat på vid min nästa visit 2007. Albinslunds krog var något av en grå eminens 2001, en doldis som det var en fröjd att upptäcka.

Mötesplats Österlen imponerade ordentligt på mig vid mitt

första besök 2003, men när jag återkom bara två år senare hade en hel del av lystern mattats. Framgång är farlig när den leder till överdriven självtillit och att man slår sig till ro. Krögaren driver numera även den präktigt dyra Vendel at Sturehof i Malmö, som jag aldrig hann besöka som Bong. Där har jag i stället varit senare, privat för egna pengar, av ren nyfikenhet. Jag stördes av den sorts snobberi som är något av det värsta en guldkrog kan halka in i, och diverse brister i servicen som lätt blir en följd därav.

Häckeberga slott, som jag kom till 2007, var en upplevelse redan på färden dit, genom ett frodigt landskap – och sedan det vackra slottet och den piggt inspirerade matlagningen.

Det var förstås fler krogar som gjorde intryck. Även sådana som landade strax under högsta betyg var ofta ytterst behagliga att besöka.

Jag brukade beta av krogar utanför Malmö och Lund i små sjok, exempelvis alltid inför Konstrundan på påskhelgen, när så gott som hela Skånes befolkning var ute på vägarna för att titta på tavlor. För att ge ytterligare bilder av kroglivet utanför Malmö och Lund skrev jag några gånger om året en längre artikel med recension av tre eller fyra krogar på en gång. Det var mest gästgiverier men också till exempel krogar i Helsingborg eller Vellinge. Vi kallade det för Skånerundor.

Fast jag slutade vara Bong i november 2006 gjorde jag ett par Skånerundor även 2007 på önskemål från Martin Andersson på redaktionen. Så min allra sista insats som Bong var i själva verket Sommarrundan 2007, publicerad i en Skånebilaga i Sydsvenskan den 19 juni, strax före midsommar.

Skolkök

I Malmö var det som sagt glest med verkliga glädjeämnen i mitten på 1990-talet, när jag började som Bong. Visst kunde man sitta och trivas på somliga krogar, men det gnistrade sällan till. Mest var det prisvärda luncher som fick höga betyg. Toppbetyg var det riktigt ont om.

Ovan nämnda Anno 1900 höll stilen – fram till ägarbytet – med sina vällustigt tillredda luncher i den patinastinna stugan. Sammalunda med Konsthallens snitsiga och markant hälsosamma luncher.

Än mer pålitlig med såväl lunch som middag var Brogatan, det främsta tillhållet för stadens kulturetablissemang och andra som ville både se och ses. Jag recenserade Brogatan sex gånger genom åren, varav de fick högsta betyg fyra gånger och näst högsta de återstående.

La Couronne hade väckts till nytt glansfullt liv 1996 och leddes av ett entusiastiskt team med kapital från popmusikens värld. Det var ingen god affär, men allt annat var strålande. Tyvärr var det en kortlivad historia. Krogen finns kvar i annan regi, med uttalat franskt koncept men en vacklande nivå.

Annars var det ganska blekt på Malmös krogkarta.

Ett slags tröst var gymnasieskolan vid Värnhem, vars elever på kock- och servitörslinjerna kokade ihop väldigt billiga luncher som det var mycket kärlek i – till elevernas träning och gästernas förtjusning. De var till och med billiga på vinet. Man behövde dock passa in den korta öppettiden och dessutom ha tur för att få plats.

Jag skulle aldrig ha gjort en recension av skolans restaurang om den inte varit så lyckad. Skolungdom ska helst besparas de hårda ord som vuxenvärlden förväntas ta med ett leende. Men på Värnhemsskolan var det ingen fara. Det var också intressant att se nästa generations krogfolk i blivande. De fick turas om i köket och matsalen, men var och en jag pratade med ville helst bli kock. Så är det nog fortfarande. Kockyrket har varit mäkta inne i ett par decennier nu, som om avigsidorna med stressen och den kvalmigt varma köksmiljön vore helt ovidkommande.

Delikatesser och rock'n'roll

Strax före millennieskiftet var det tid för en sensation i Malmös krogliv – den största jag fick vara med om under min tid som Bong. Den viktigaste också, för den gjorde ett tydligt avtryck även bland krogar långt utanför Malmö. Den stora och rustikt genuina rockklubben KB hade i hörnet en liten restaurang, föga mer än en bar, som helt rättvisande kallades 1 rum och kök. Där serverades sushi som det inte var något särskilt med när jag skrev om stället 1998. Året därpå var det ändring.

Namnet förkortades med punkter till 1 r.o.k., men framför allt: Tre unga kockar, Petter och David Fredriksson samt Torbjörn Lillius, som jobbat utomlands och sugit i sig idéer, bland annat på Kommandanten när den var som bäst, fick göra precis vad de ville. Det blev små fantastiska avsmakningsrätter som de blygsamt kallade tapas och sålde för blott några tior styck.

Jag föll i beundran från första början. Maken till förmåga och kreativitet i salig förening fick man leta länge efter – vilken stad på jorden man än besökte. Malmö hade äntligen fått en krog som det sprakade om, så liten den var. Min lystna beskrivning av deras tapastallrik visar hur gripen jag var:

> *Tapas med fem olika assietter för det obegripligt låga priset om 110 kronor borde hellre kallas prov-smakningsmeny, för här tävlar fem kreationer om att vara den som kröner gommens smått orgiastiska upplevelse. Även ögonen får festa inför de smäckra små keramikfaten på en rustik långsmal träbricka.*
>
> *En mustig soppa på ostronskivling innehåller även rejäla bitar av svampen och några droppar tryffelolja som skänker både djup och balans åt soppans sälta. Nästa fat har en delikat liten bit av perfekt tillredd torsk med den självklart spartanska inramningen av skirat smör – fisken är imponerande*

bong

Krogguiden för dig som betalar själv.

ILLUSTRATION HELENA ÖSTERGREN

BETYG 5

1 r.o.k.

KB, Bergsgatan 1B, Malmö

☐ Middag

▲ Prisvärdhet
▲ Mat
● Dryckutbud
▲ Service
● Miljö
▼ Toaletter

Förklaring till pilarna:
▲ Stark
● Godkänd
▼ Svag

Priser

Förrätter.................ca 40 kr
Varmrätter...............ca 100 kr
Desserter................ca 40 kr

En etta mitt i prick

Den minimala krogen på hörnan av KB:s nöjespalats har genomgått en remarkabel metamorfos. Förr serverades sushi med ganska tillkortakommen ambition – nu bjuds raffinerade maträtter med europeiska förtecken, läckra nog att få även de mest kulinariskt kinkiga att dregla. Och detta till småpengar!

Miljön har också genomgått en viss förändring, om än betydligt diskretare än motsvarande förvandling av kökskonsten. Nu täcks väggarna av ett slags enkla paneler - de ser ut li-te som plywood och bidrar en hel del till att göra den akustiska atmosfären behagligare. Bardisken, med sidor av tjocka små glasrutor, breder ut sig närmast ogenerat i jämförelse med den övriga inredningens lågmäldhet. Armaturen är små lampor på kabel, löpande från ena änden av taket till den andra. Dekorationerna är få.

Ej heller borden är många - knappt fler än fem vid vårt besök, trots att golvytan har plats för fler. Möblemanget är enkelt, stolarna med säten och ryggar av plast kanske lustiga på sitt oestetiska vis men också rent förfärligt obekväma. Kyparen med sitt sällskapligt lediga sätt kompenserar mer än väl för obehaget – han sköter servicen

med en förtjusning som verkar outtröttlig.

Menyn har några välvalda rätter av varje sort. Priserna är rena allmosorna – förrätter och varmrätter för lite över hundra. Det som serveras här kunde utan tvekan kosta det dubbla, och ändå vara prisvärt (vi får dock hoppas att krögaren inte tar oss på orden). Vinlistan är mättlig den med, både i priser och sortiment. Flaskorna är en ganska udda samling – årgångarna tyvärr oftast de mindre lyckade. Vi skulle gärna se en och annan pärla bland flaskorna, att möta anrättningarna någorlunda jämbördigt.

Maten är överväldigande. Bland förrätterna prövar vi en halstrad sill med sparris och potatisblini för 35 – djärvt kompo-

"Det finns bara ett betyg som kan komma på fråga för sådan förtäring."

nerad och presenterad på elegant japansk assiett, som hänger kvar sedan förra konceptet. Det finns en japansk touche över smaken också, speciellt med den marinadliknande skyn, men i sin helhet är rätten europeisk, och synnerligen delikat – sillen skön, blinin ljuv. Tapas med fem olika assietter för det obegripligt låga priset om 110 kronor borde hellre kallas provsmakningsmeny, för här tävlar fem kreationer om att vara den som kröner gommens smått orgiastiska upplevelse. Även ögonen får festa i-för de smäckra små keramikfa-ten på en rustik långsmal träbricka.

En mustig soppa på ostronskivling innehåller även rejäla bitar av svampen och några droppar tryffelolja som skänker både djup och balans åt soppans sälta. Nästa fat har en delikat liten bit av perfekt tillredd torsk med den självklart spartanska inramningen av skirat smör – fisken är imponerande välsmakande och lagom fast i konsistensen. Några blåmusslor i sina skal är stora och ståliga, med en färskhet som om de just ryckts ur havet, och de får bada i en traditionell sky som inte alls försöker överrösta dem. En vaktel som trätts upp på litet träspett är den mest iogonenfallande av de fem små-rätterna, kanske inte en rakt igenom aptitlig syn för var och en – men en hjälp i att göra dess kött såväl aningsligare tillrett som lättare att förtära. Dess grillyta är mycket försiktig, köttet fast men inte alls torrt, den mörka skyn förhöjer pricksäkert kännbar av grillning, och de små frukttärningarna kontrasterar med en lagom och frisk sötma. Lammkotletten med paprikasalsa är den sista och mest kryddiga av rätterna. Köttet är möjligen något torrt – om man

ska vara förfärligt kinkig – men det lilla tuggmotståndet är välkommet. Salsan har både markerad kryddstyrka och sötma.

Bland efterrätterna ger vi oss i kast med kompositionen av fem olika desserter på rabarber, för ynkliga 41 kronor – tapas på rabarber, om man så vill. Vilket överdåd! Varje litet fat har sin genomtänkta skapelse, där rabarbern är ett ibland självklart, ibland lekfullt tema. En liten raffinerad bakelse, en skön kompott, en vidunderligt frisk sorbet – ja, det är för många och för intrikata upplevelser för att fånga i denna korta text.

Det finns bara ett betyg som kan komma på fråga för sådan förtäring. Ingen Malmöbo bör bedra sig själv en hedestund på 1 r.o.k.- gommen kan inte få det så mycket bättre. Däremot är toaletten i trapphuset en minst sagt profan upplevelse i jämförelse - och musikens volym höjs allteftersom aftonen fortskrider.

BONG

betygsättningen

⑤ Absolut! ④ Gärna ③ Okej ② Knappast ① Aldrig

● Betyget utgår från ett helhetsintryck och om krogen är värd ett besök. Dessutom görs en speciell dömning om prisvärdhet, mat, m m ligger på en förväntad medelnivå eller är bättre respektive sämre.

Första recensionen av 1 r.o.k. i sin nya, öveväldigande gestalt, den 4 juni 1999.

välsmakande och lagom fast i konsistensen. Några blåmusslor i sina skal är stora och ståtliga, med en färskhet som om de just ryckts ur havet, och de får bada i en traditionell sky som inte alls försöker överrösta dem. En vaktel som trätts upp på litet träspett är den mest iögonenfallande av de fem smårätterna, kanske inte en rakt igenom aptitlig syn för var och en – men en hjälp i att göra dess kött såväl snitsigare tillrett som lättare att förtära. Dess grillyta är mycket försiktig, köttet fast men inte alls torrt, den mörka skyn förhöjer pricksäkert känslan av grillning, och de små frukttärningarna kontrasterar med en lagom och frisk sötma. Lammkotletten med paprikasalsa är den sista och mest kryddiga av rätterna. Köttet är möjligen något torrt – om man ska vara förfärligt kinkig – men det lilla tuggmotståndet är välkommet. Salsan har både markerad kryddstyrka och sötma.

Det var svårt att hålla sig borta från rockklubbens lilla matsal någon längre tid – fast man fick äta till öronbedövande buller från konsertsalen intill. Kockarna experimenterade av hjärtans lust, och tog så lite betalt att varje gäst med smaklökar måste skämmas. Jag kunde inte vänta längre än bara lite drygt ett år innan jag skrev om dem igen, i början på 2001. Jag var precis lika imponerad den gången. Det gick inte att klaga på annat än den primitiva toaletten, som fanns i farstun.

Nästa recension skedde 2003. Då hade de accepterat sin egen storhet och öppnat i en riktig restauranglokal invid Kungsgatan – med en liten gourmetmatsal till vänster och en större bistro till höger. Jag bänkade mig förstås vid förstnämnda, och var om möjligt än mer imponerad än förr. Först vid mitt sista Bongbesök, som var 2004, fick de steget under högsta betyg. Tid sliter. Det var fortfarande förträffligt, men inte fullt ut lika inspirerat och artistiskt som dittills.

Sommaren 2007 stängde de, för att finna nya lustar i andra projekt. Sydsvenskan hann recensera dem en sista gång strax innan dess, men det var efter min tid, med en annan Bong.

Malmös krogliv blev därmed betydligt fattigare, och det är risk att stadens övriga krögare blir slappare. När 1 r.o.k. var som bäst tvingades andra krogar till storverk för att över huvud taget kunna jämföra sig. Jag märkte ett tydligt uppsving, såväl runtom i staden som utanför den, där en hel del av både energin och idéerna påminde om vad som hände på 1 r.o.k.

I efterhand har jag fått veta att det var ynglingarna på den krogen som nog först anade vem som dolde sig bakom signaturen Bong. Det är möjligt att jag i min förtjusning glömde att hålla masken helt och fullt. Ändå var vi försiktiga vid mina många återbesök där och trixade bland annat med "decoy", ett extra besök av andra personer, vilkas förtäring blandades med min i recensionerna. Det såg de nog igenom med tiden.

Jag kunde inte heller hålla mig borta därifrån särskilt länge. Annars brukade jag vara sporadisk med privata besök på krogar jag bedömde med någon regelbundenhet, för att de inte skulle lägga mig för mycket på minnet. Dock förmådde jag inte avstå från 1 r.o.k. mellan Bongnedslagen, så de blev med åren ganska väl bekanta med min nuna – och min entusiasm. Det finns gränser för vilka uppoffringar man klarar av att göra för att bevara sin hemlighet.

En gång är ingen gång

Som märks i det ovanstående besökte jag vissa krogar betydligt oftare än andra. Det gjorde inte ont, eftersom det var de intressantaste och mest berömda krogarna som jag återkom till med tätast intervall. Så gör med självklarhet varje krogrecensent.

Något förenklat uttryckt tillämpade jag en tregradig skala. Krogar som var tämligen anonyma och av ringa intresse fick blott ett besök. Det skulle väl kunna bli ett till med tiden, men förmodligen inte. Pinnen upp låg de krogar som inte var alldeles okända i staden, och som hade vissa ambitioner i köket. Dem besökte jag med sådär tre till fem års intervall, beroende på om de ändrade profil, bytte ägare eller så. Även om inget så omstörtande hände gjorde jag ett återbesök åtminstone efter sådär fem år. Det fick gå lite på magkänsla och impuls.

Toppligan bestod av de krogar som verkligen hade ritat sig på kartan och var vida kända i staden, ofta även utanför den. Dessa var de mest respekterade – oavsett om det var för matens kvalitet eller något annat. Dem försökte jag besöka ungefär vart-annat år. Det kunde variera något år hit eller dit, beroende på vad som hände på dessa ställen. Denna korta VIP-lista bestod av uppemot tjugo krogar i Malmö och cirka fem i Lund. Men listan varierade genom åren, eftersom många krogar slog igen, andra dök upp ur intet och några dalade i kvalitet. Det motsatta, att krogar tog sig i kragen och plötsligt blev mycket bättre, kan jag på rak arm inte minnas något exempel på – annat än genom ägarbyte, som då oftast även innebar byte av såväl inredning som namn.

Här är de krogar jag skrev mest om, i bokstavsordning. Siffran inom parentes visar hur många gånger jag recenserade dem under mina tolv år som Bong:

Malmö: 1 r.o.k. (5), Atmosfär (5), Le Beau Monde (4), Bloom (3), Brogatan (6), La Couronne (5), Hipp (6), Interpool (4 – de var bättre förr), Izakaya Koi (3 – de borde ha recenserats lite oftare), Johan P (3 – borde också ha skett oftare), Konsthallen (5), Kramer (5), La Roche (3), Lemongrass (3), Louisiana (4) – numera Bastard, Mello Yello (3), Moosehead (3), Möllan (4), Normans (4), Petri Pumpa (2 – den tid de fanns i Malmö), Retro (4 – mest i deras gamla lokal som numera är Metro), Rådhuskällaren (3), Siesta (4), Skeppsbron 2 (5), Spot (3), Sturehof (5), Tempo (5), Thotts (4), Times (3), Trappaner (4), Victors (3), Årstiderna (6). Det är fler Malmökrogar som jag varit tre gånger på, men de är av mindre intresse.

Lund: &bar (4), Bantorget 9 (4), Godset (4), Grand (6), Gräddhyllan (4), Kulturen (6), Lundia (5), Petri Pumpa (3 – tills de flyttade till Malmö), Spot (3), Stortorget (4), Stäket (3), Tabemono (4), Tegnérs (4).

Det var inte alla krogar ovan som hörde till toppskiktet, så slump och annat spelade in. I Lund var det så få riktigt vassa krogar att en del andra har blivit besökta lite oftare än de helt och hållet förtjänade. Såväl i Malmö som Lund har det förstås funnits några pärlor som var för kortlivade för att jag skulle hinna skriva flera gånger om dem. Och så finns det krogar som idag är synnerligen omtalade och viktiga, men som öppnade så pass nyligen att jag inte hann besöka dem mer än någon gång.

Inte bara vad krögarna gör avgör hur viktiga vissa krogar är. Läget är också av betydelse. Exempelvis höll jag i Malmö noga reda på vad som hände på Lilla Torg och Möllevångstorget, sedermera också Davidshall och Västra Hamnen.

Vidare är det vissa kroglokaler som får en så gedigen historia att de i sig är magneter, nästan oavsett vilken krögare som huserar där för stunden. Hotell Temperance är ett sådant exempel. Där har en rad intressanta krogar funnits, sist i raden exklusiva Bloom, som nyligen flyttat vidare. En laddad lokal på gamla Väster är den där Kronström nu serverar smörrebröd. Den har tidigare varit säte för bland andra den sofistikerade belgiska Le Beau Monde och Gazpacho med läckra tapas. Före min tid som Bong rymde lokalen Jims bar, där diverse kulturpersoner högläste ur sina böcker – det har jag faktiskt själv gjort i min egenskap av författare.

På Möllevången var Retro, där en gång Lukas Moodysson stod i baren, själva navet. Sedan fick krogen ny ledning och döptes om till Metro, men all karma i lokalen gjorde det omöjligt för den nya krogen att tappa sin centrala roll i området.

Möllevången har dock ett viktigare kulinariskt centrum i ett kvarter några hundra meter från torget, där klassikerna Möllan och Tempo ligger så gott som vägg i vägg.

Tempo är en krog och bar som inte verkar kunna göra fel, vare sig med trenderna eller maten. Personalen är avspänd men ändå proffsig och gästerna är en brokig samling. Den turist som bara hinner med en middag i Malmö bör nog spendera den på Tempo.

Grannen Möllan är legendarisk för sina billiga köttbitar och sin väldigt lediga stil. Det är förvisso inte mat på samma nivå som hos Tempo, men priserna lovar inget annat. Det blev en del buller när den här om året fick högsta betyg av Bong – efter min tid, så det var jag oskyldig till. Inte ens när prisvärdet var avgörande för betyget hade det varit rimligt. Än mindre så med nuvarande betygssättning som ska ange kvaliteten överlag. Jag misstänker att den Bong som halkade till där gjorde det av nostalgiska skäl och med en hel del rödvin i blodomloppet.

Andra guldkorn

Den största glädjen i att vara Bong låg i upptäckten av krogar som verkligen sken. Det var fler än 1 r.o.k., om än den nog bräckte dem alla när den var som bäst – möjligen undantaget Sofiero i sin glans dagar, som jag har nämnt ovan. Och en till: Smak vid havet, som hade ett alldeles för kort liv i Västra Hamnen.

Jag förstår inte varför Smak vid havet bytte ägare så fort, efter blott ett år, fast den var en ren och skär fröjd från starten. Krogen öppnades av kompetenta krafter från Konsthallens förträffliga lunchrestaurang Smak och förmådde vad som sannerligen snuddade vid perfektion. Första gången jag besökte dem fick jag samma lyckliga kittling i kroppen som jag förnam hos Kommandanten, 1 r.o.k. och Sofiero. Läget var också härligt med utsikt över havet och Öresundsbron från den upphöjda terrassen. Priserna var höga men berättigade, så vi var många som nästan ruinerade oss på åtskilliga återbesök där under den första strålande säsongen.

Så här skrev jag om en av deras förrätter:

BB med kantarellpuré och spröd parmesan för 135
visar sig med bokstavskoden avse den djärva kombi-
nationen av bräss och bläckfisk. Det låter tokigt men
visar sig vara mitt i prick – framför allt genom att
bläckfisken är så ovanligt mör och behaglig, vilket
gör dess svamppuréfyllning överflödig. Kalvbrässen
är ganska burdust stekt, men det fungerar och den
har en skönt mörk, tung smak. De försiktigt stekta
parmesanflarnen passar särskilt väl till brässen.

Och så här om en av varmrätterna:

Varmrätten helgeflundra i brynt fisksky med färskpo-
tatis, anklever och stenmurklor är dyrast på menyn
med sina 255 kronor, och värd allihop. Det är en
stor bit fisk, oklanderligt tillredd, ackompanjerad av
den brynta skyn, svampen och den stekta anklevern
så att det minner om en kötträtt. Helgeflundran är
förstås ändå mjäll som vispgrädde, vilket skapar en
lustig kontrast till den liksom köttiga inramningen.

Smak vid havet öppnade sommaren 2006, alltså under mitt sista år som Bong, men hade sålt krogen redan sommaren därpå. Men det finns tröst. Flera krogar i regionen är sannerligen tillräckligt snitsiga för att ge en upplevelse stor nog att åtminstone under middagens gång lägga alla andra matminnen i glömska. Jag har redan nämnt några gästgiverier som är värda den krångliga resan till dem. Här är diverse glädjeämnen i Malmö och Lund:

I Malmö är det flera av de krogar jag recenserat oftast, som mäter sig med månget gästgiveri. Jag tänker särskilt på Tempo, som lyckas vara något så svårt som cool, trendriktig och kulinarisk på en gång. Ett väldigt vänskapligt ställe är det också, som om all dess personal vore där blott för skojs skull. Min första recension av Tempo var 1996 och den sista 2006. Jag gav dem näst högsta betyg fram till sista gången, då de äntligen fick full pott.

Trappaner var en krog som blev bara bättre och bättre. Den flyttade från lokalen som gav dess namn till ett utsökt kulturhus, också i Gamla Väster, och förhöjde sitt kök på motsvarande sätt – utan att göra detsamma med priserna. Jag fick förresten nyss höra från någon i krogbranschen att Trappaner hade rätt svåra år i början och var på vippen att lägga ner. Men då kom en positiv recension från mig och gäster flödade till. Om det är sant så sträcker jag stolt på mig. Trappaner var en krog värd att bevara.

Den finns ännu kvar i samma eleganta lilla hus men nu under namnet Trio, med en kompetent förstärkning i ägargruppen. Trio har gjort sig känd långt utanför Malmö som en mycket gedigen kulinarisk skattkista. Denna krogens skepnad såg dagens ljus efter att jag slutat som Bong. Det har slumpat sig så att jag ännu inte har besökt den, fast jag ser fram emot det. Men nu får jag betala ur egen kassa, så det får bli när jag känner mig slösaktig.

Brogatan, redan nämnd, är ett säkert kort, särskilt vad gäller atmosfär och rekorderlig mat till bussiga priser. Även Atmosfär, på tal om trollen, är att lita på, om än de konstrar sig med menyerna ibland – och atmosfären är faktiskt lite stel. Här kan man få fin fisk och hur fina viner som helst till. De har på sistone ändrat stil, från lyxkrog till något rimligare men definitivt inte slappt. Krögaren tröttnade på ansträngningen och hetsjakten i att spela i toppskiktet. Han ville slappna av och ha lite skoj. Men snitsen sitter i.

Bloom är en ytterst kompetent krog – och vet att ta betalt för det. De gör allt med kirurgisk precision, vilket är fascinerande men i längden också ungefär så roligt som det låter. Jag hann recensera dem tre gånger under min tid som Bong, med två år mellan varje nedslag. Första gången gav jag dem en fyra, därefter femmor som kändes alldeles självklara.

De hade en väldigt exklusiv elvarättersmeny för nästan 1500 kronor, som jag tyckte måste testas men däremot inte kunde

Krogen Trio på Gamla Väster i Malmö. Foto av författaren.

göra själv. Det skulle vara en alltför smal sak för Blooms personal att räkna ut vem Bong var, eftersom de inte serverade särskilt många sådana menyer, vilka dessutom måste beställas ett par dagar i förväg. Så vi skickade en annan person för att glufsa i sig den. Jag gick på Bloom en annan dag, åt från vanliga menyn och försökte att inte vara avundsjuk.

Bloom har därefter flyttat från den anrika lokalen i Temperance hotell till den minst lika anrika Olga vid Pildammsparken. Strax därefter sprack den stormiga relationen mellan dess två ägare – den stöddigt egensinnige Igi Vidal som skötte gästerna med måttlig tolerans och den lika egensinnige kocken Ebbe Vollmer, som skötte köket på ungefär samma sätt. Vidal driver krogen vidare, mot alla odds, under namnet Bloom in the Park.

Bloom hör egentligen till en sorts pretentiösa krogar som jag tycker att krogrecensenter är alltför svaga för. Den förnäma attityden och de exklusiva råvarorna är ingen garanti för kvalitet och njutning, men det verkar vara ett säkert sätt att få högsta betyg i krogguider. Visserligen är Bloom oftast värd betyget, men det är många krogar med betydligt mindre dyrbarheter på faten, som ändå bräcker Bloom och dess gelikar – även i hur gärna gommen minns dem.

Den Malmökrog jag rent privat har besökt allra oftast genom åren – i alla fall på luncherna – är fiskrestaurangen Johan P på Saluhallen vid Lilla Torg. Där hanteras fisk kompetent, vilket inte är någon lätt sak. Pålitliga råvaror har de också. Deras dagens rätt är några tior dyrare än på de flesta andra ställen, men ändå en bit under hundralappen. Den kan vara ojämn. Man bör nog se till att ta en tidig lunch om oddsen ska vara goda, ty så är det med fisk som prepareras i förväg, men då är det inte lätt att hitta en ledig plats. Väljer man något annat på menyn springer priserna iväg – lätt över 200 även på lunchen.

Min första recension av Johan P kom redan under mitt första år som Bong. Då fick de näst högsta betyg. Vid nästa besök, två år senare, var jag inte lika imponerad och sänkte betyget ett steg. Det gjorde den dåvarande krögaren mäkta förgrymmad. Han ställde in sina annonser i Sydsvenskan och beklagade sig för Jan Wifstrand, som då fortfarande var chefredaktör.

Krögaren tyckte att den senare recensionen avslöjade en inkompetens hos Bong som han menade inte hade varit fallet vid första nedslaget. Så han var säker på att det var olika recensenter. Jan kunde inte motstå att upplysa honom om att det var samma Bong båda gångerna. Då blev krögaren stum.

Jag låter det vara osagt om det var krogens eller min nivå som var ojämn.

Några år senare hade Johan P ny regi. Jag gav dem en fyra vid mitt besök år 2002. De skulle nog ha fått några recensioner till, om jag inte hade ätit där så ofta privat. Min nuna var så bekant för dem att Bongbesök där var särskilt riskabla. Det kan vara en nackdel att ha Bong till stammis.

Sådär ett år efter att jag slutat som Bong visade Johan P:s krögare mig en MMS han fått av en kollega. Det var en smygtagen bild på mig från en utomhusteater jag besökt. Meddelandetexten sa att detta var Bong. Det trodde inte krögaren ett ögonblick på, bland annat eftersom jag genom åren yttrat mig ganska nedsättande om krogrecensioner i allmänhet. Livets teater. Eftersom det snart via en intervju i Sydsvenskan skulle bli offentligt att jag varit Bong fick krögaren förhandsbesked om detta. Det var kul att betrakta hans häpna nuna. Vi gjorde sedan intervjun just på Johan P, under en sen lunch som olyckligtvis inte hörde till deras bästa prestationer.

Sedan dess har Saluhallen blivit lyxhotell och Johan P har utvidgat i dess bottenvåning på ett mycket lyckat sätt, medan de andra krogarna fick söka sig annorstädes för att ge plats åt TGI Friday's, ett slags hamburgerrestaurang med överpriser lika förvånande som antalet gäster.

I Lund är det två krogar som gjort särskilt intryck på mig genom åren. Grand, imposant som ett kungligt slott, kan pendla lite med maten men sällan särskilt långt från utmärkt – och vinkällaren torde vara den stöddigaste i Skåne. De har en ganska snobbig attityd och kyparna verkar vara kräsna med vilka som ska få ta plats i den fina matsalen, men i övrigt är servicen oftast utmärkt. En traditionell finkrog. Min första recension av Grand var 1996, därefter ganska precis varannat år. Betyget har pendlat mellan medel och topp, men mestadels legat i det övre skiktet.

Den vackra lilla stugan på Bantorget 9 var intressant även innan krogen med samma namn tog plats där, men sedan dess har det varit något av en oas. Min första recension kom 1998 och den sista 2006, båda gångerna med högsta betyg. Däremellan har det varit lite lägre.

Både Kulturens charmigt utformade restaurang och den japanska krogen Tabemono var en gång riktigt sköna, men bytte regi och nivå å det grövsta. Kulturen ska nog rätt vad det är återhämta sig, eftersom lokalen kräver det. Dess senaste regimskifte innebar ett tydligt lyft. Min sista recension är från 2006. Vad det blir av Tabemono är mer osäkert. Min sista recension från 2005 visade ingen ljusning, men det är nu en handfull år sedan.

Däremot har Godset nere vid järnvägen mestadels varit angenämt och ibland lysande. Bland de nyare är Klostergatan lovande, likaså Carlssons Trädgård. Men det ska sägas med bestämdhet: Lund har inte på långa vägar varit lika lyckligt lottat som Malmö vad gäller krogar man längtar till.

När den legendariska Lilla Fiskaregatan slog igen var det något som kom av sig i Lunds krogliv. Den fallna manteln lyftes av Petri Pumpa, som jag i och för sig inte var nådig mot, men så här i efterhand ska villigt medges att krogens ambition och innovation är saknad, speciellt i den annars på fina krogar illa tilldelade universitetsstaden. Det går kanske inte att driva dyr krog i en stad som sover under hela sommaren.

Fiskkrogen Johan P i sin nya skepnad. Foto av författaren.

Svunna storheter

Jag har redan nämnt den sorgligt korta levnadssaga som Smak vid havet fick, trots sin storhet. Få kan mäta sig med den, men flera andra riktigt lyckade krogar har hunnit komma och försvinna under mina tolv år som Bong.

Sådant svider både i gommen och själen. Det är förvisso motigt att driva en högtsträvande och därmed ofrånkomligt dyr krog i städer som inte är större än Malmö och Lund. Kanske går det bara i miljonstäder – i alla fall om sådana krogar ska vara fler än blott en handfull.

Här är några krogar som var förtjänta av ett längre liv än de fick:

I Malmö serverade Grönafisken utsökt fisk och massor med friska grönsaker i den lokal vid hotell Temperance som innehållit ett antal fina krogar genom åren. Den belgiska krogen Le Beau Monde på gamla Väster var dyr men levde upp till det. Tyvärr är inte oddsen goda för att någon annan krögare tar upp den belgiska tråden. Den gastronomiska restaurangen Nyströms öppnade i lokalen vid S:t Pauli kyrka som flera duktiga krögare nyttjat. De flyttade senare till Kramer, varvid en annan pärla, Min Bror's Krog, tog vid i lokalen för en kortare tid. Även 1 r.o.k. huserade fram till sin sagas slut i samma lokal.

Måns på Hamngatan hade en kort men glänsande period i den lustiga tvåvåningslokal invid Stortorget som numera säljer smörgåsar på löpande band. I den lokal som sedan länge rymmer krogen Atmosfär låg dessförinnan den också alldeles utmärkta restaurangen BoA.

Jag skulle gärna också ha sett lilla charmiga Le Mirage i behåll, fast min recension 1995 inte gav så väldigt mycket beröm. De upphörde strax innan Lilla Torg och Landbygatan blev det Mecka för krögare som kvarteret är nu. Sturehof är numera Vendel, men den förra regin kunde gott ha behållits intakt, även om de också tog sturskt betalt för sig.

Caramello på Stortorget var ett lika ambitiöst som kort-
livat krogförsök med guldkant. Precis detsamma kan sägas om
Dekadens vid Filmstaden, som dessförinnan innehöll betydligt
simplare Kycklingköket. Och Röda Kran på Lilla Torg var en fest-
lig liten krog, som verkade drivas mest på skoj men ändå kunde
gnistra till med ett och annat – såsom levande musik i orimlig
trängsel vissa sommarkvällar.

I centrala Lund fanns en tid en rolig och vidsträckt lokal
som inhyste Elverket. Ingen kulinarisk sensation, men ett glädje-
ämne ändå. På Klostergatan 9 låg förr Bengtsons ost och vinhus
inne på gården. Det var en utmärkt satsning, som inte riktigt
lyckades hålla stilen men ändå förtjänade en fortsatt existens. Den
italienska krogen Gigi som fanns vid stationen var också behaglig.
Nr. 5 på Botulfsgatan växte sig riktigt ståtlig innan krogen tyvärr
stängde. Och så får jag villigt medge att Petri Pumpa var ett – om
än dyrt och delvis överreklamerat – berikande inslag på den lun-
densiska krogkartan, där det passade bättre än i Malmö.

Berg- och dalbana

Det har också hänt att krogar genom ägarbyten eller andra änd-
ringar fått ett lyft eller fallit som pannkakor. Ytterst få krogar lyck-
as hålla en jämn kvalitet år efter år. Jag vet inte ens om evinnerlig
oföränderlighet är eftersträvansvärd, försåvitt det inte handlar om
riktiga guldställen. Förändring är verkligen inte alltid av godo,
men fullständig stiltje är sällan lyckat.

Även om det är vällagad mat tenderar man att alltmer sällan
besöka en krog som ständigt har samma meny. Det gäller också
inredning och dekorationer, som bara på krogar med en väldigt
lång och ärorik historia har en poäng i att bevaras intakt. Både
gom och ögon behöver omväxling.

I Malmö kom en drastisk förändring till det bättre på rock-
klubben KB:s lilla restaurang i hörnet, när ett mediokert sushi-
ställe förvandlades till den kulinariska sensationen 1 r.o.k., som

jag har berättat om ovan. Nästan lika stort var lyftet när gamla sömniga Kockska Krogen på Stortorget övertogs av Årstiderna, som tidigare legat i den lokal där Lemongrass nu huserar. Sistnämnda lokal fick därmed en förändring åt motsatt håll, om än inte lika drastisk. De lever i stället högt på sin piffiga inredning.

Årstiderna hann jag recensera sex gånger: 1995 när de fortfarande var kvar på Grynbodgatan, sedan ungefär vartannat år fram till 2006. Betyget har varierat från medel till topp. Ofta har det varit brister i servicen som föranlett lägre betyg, men också en ganska däst och oinspirerad matlagning. Årstiderna verkar strunta blankt i trender och nymodigheter, vilket många gäster uppskattar. Det kan även jag göra om grunden är tillräckligt frestande. Men mat får inte stanna vid att vara blott felfri. Den måste visa en väg, innehålla idéer och aspirationer. Annars är det oavsett kvaliteten föga mer än foder.

Biljardpalatset Interpool hade faktiskt en storhetstid när jag var ganska ny som Bong, för att senare sjunka riktigt djupt. De gjorde en viss återhämtning men har ännu inte kommit i närheten av sin forna storhet. I och för sig kan man knappast begära så mycket av den lilla restaurangen i en biljardhall.

Sankt Markus vinkällare började ståtligt men dalade för att de bara malde på i samma stil. Där blev oföränderligheten alltmer en belastning. Krogen ingår i ett kvarter med flera restauranger och nöjesställen, som har samma ägare. På sommaren är det roligast att gästa utomhusserveringen Gränden inne på den lummiga och arkitektoniskt äventyrliga gården. Man sitter som i en filmscenografi. Men där serverar de tyvärr blott väldigt basal grillmat. En sådan skön miljö borde inspirera till åtminstone en smula kökskonst.

I Lund är det framför allt Kulturens restaurang som har åkt berg- och dalbana genom åren. På sistone har krogen gjort ett efterlängtat lyft, så det finns gott hopp. Den japanska restaurangen Tabemono öppnade strålande men dalade med tiden, och verkar inte riktigt kunna återhämta sig – i alla fall inte till den glans som krogen inledde med. I min sista recension av Tabemono fick de medelbetyg.

Mårtenstorgets snitsiga &bar gjorde efter flera års storslagenhet ett hastigt platt fall under några månader 2004, men återhämtade sig redan till hösten samma år. Deras svacka var mellan två av mina recensioner, så de behövde aldrig uppleva nesan i Sydsvenskan. Även till exempel Tegnérs och Gräddhyllan har guppat upp och ner genom åren, men inte alls lika dramatiskt.

Bottennapp

Det är inte alltid en fröjd att gå på krogen, inte ens när man får betalt för det. Magen tenderar att konstra sig om man har beställt en trerättersmeny och redan förrätten tar emot. En krog kan vara otrivsam på många andra sätt. Servicen kan vara likgiltig eller rentav snorkig. Man kan sitta där och känna sig som paria om servitrisen inte bryr sig, hur högt man än sträcker upp armen. Det kan larma så i öronen av bakgrundsmusik eller skramlig akustik att även gommen bedövas. Inredning och dekorationer kan vara så smaklösa att det som ligger på tallriken fördunklas. Och så vidare.

Det finns förstås riktigt dåliga krogar. Jag undrar ofta hur de kan hanka sig fram. Det finns också krogar som inte är så pjåkiga men tar betalt som om de serverade livselixir.

Under mina första år som Bong hade jag en betygssättning fokuserad på prisvärde, varför en del snitsiga krogar ändå fick underbetyg – för att de inte var värda vad de kostade. När vi bytte från stjärnor till siffror lade vi också till särskilda markeringar för prisvärde med mera.

Därmed kom siffran att gälla helhetsintrycket, inte bara prisvärdet. På så vis blev det genast färre lyxkrogar som fick underbetyg – men det kunde ändå hända då och då, när de hade ringa förtjänster.

Jag var definitivt extra sträng under de första åren, säkert lite väl barsk och snål med betygen. Dessutom var det på den tiden sämre ställt överlag med krogkulturen i Skåne. Under andra hälften av 1990-talet utvecklades krogarna i regionen – faktiskt i hela Sverige – till det bättre. Matkulturen har varit särdeles inne de senaste 10-15 åren, vilket har lett till att en tilltagande skara kroggäster har blivit minst lika kräsna som krogrecensenterna. Sådant sätter press på köken. Likaså har kockyrket blivit alltmer omhuldat och stjärnbestrött, så talang och förmåga sprider sig i leden.

Ändå kan det gå galet på en krog – antingen tillfälligtvis eller från början till slut. Här är några sorgliga exempel från mina tolv år som Bong:

I Malmö är det Steakhouse på Lilla Torg som jag varit minst tålmodig med. Trots sitt namn har de behandlat sina köttbitar så illa att det kan kallas mobbing. Jag har recenserat dem två gånger, 1997 och 1999, i båda fallen med lägsta betyg. Vid det senare besöket konstaterade jag:

> *Ett stekhus är utan tvekan ett gott komplement till torgets restaurangflora – men här verkar såväl kunskap som omsorg om köttbitarna synnerligen bristfällig, överlag är matens enda karaktär att den verkar sammansatt med en viss likgiltighet – vilket inte hindrar att man tar betalt som om man brydde sig.*

Och så här beskrev jag en av kötträtterna:

> *Kronhjortsfilé med krustader fyllda med kantarellstuvning för 185 har ett missvisande plural – här finns bara en krustad, en liten tunn rackare, men det kan man leva med. Kantarellstuvningen är helt godkänd – ingen extravagans eller finess, i och för sig, men den går an. Däremot är köttet livlöst, trist, an-*

defattigt, naturligtvis därmed också smaklöst. Det är
knappt man vill kalla det kött. Synd att kronhjorten i
fråga skulle ge upp sitt liv för detta klena slutresultat.

Sedan dess har jag en och annan gång ätit där privat, för att se efter om de möjligen bättrat sig, men tyckte aldrig att det skedde något lyft värt att rapportera. Därför kändes det inte angeläget att göra en ny recension inom det närmaste. De torde vara tacksamma för det. I slutet på 2007 fick de faktiskt besök av nya Bong, som till min förvåning hade mycket positivt att säga om dem och gav dem medelbetyg. Jag tvivlar.

Ett sorgligt kapitel på väg att ta slut var Kockska krogen, som jag gav bottenbetyg 1995, under mitt första år som Bong. Det var ett sömnigt och dammigt ställe, som ändå var rent oförskämt pretentiöst. De stödde sig enbart på fornstora dagar. Få ting är värre än en guldkrog som inte kan leverera men ändå tar sig ton – och hutlöst betalt.

Under mitt besök på Kockska krogen gick jag på toaletten för att anteckna lite intryck, och glömde bort tiden. Då kom kyparen och knackade på dörren. Han undrade var jag blivit av, men ville nog främst försäkra sig om att jag inte höll på att smita från notan – fast mitt middagssällskap satt kvar vid bordet.

Samma kypare konstrade sig när jag ville beställa sufflén till dessert. Han påpekade att den skulle ta 30-45 minuter, och de var på väg att stänga köket. I själva verket var det en timme kvar innan köket skulle stänga, så jag insisterade. Det var inte uppskattat.

Sådana små scener från mina krogbesök kunde jag tyvärr ofta inte berätta om i recensionerna, eftersom det skulle riskera min anonymitet. Att vara hemlig krogrecensent har sina nackdelar – också för recensionernas utformning. Det är en hel del man inte kan berätta, eller bara törs antyda.

Snart var Kockska krogens saga all och Årstiderna tog över lokalen, vilket förstås var ett ordentligt lyft. Däremot är jag inte

Utanför Årstiderna i Kockska krogen. Foto av författaren.

säker på att det just för Årstiderna innebar ett steg upp. Deras verkliga zenit var nog när de låg på Grynbodgatan och hette De fyra årstiderna. Den större lokalen i Kockska huset ställde krav på kvantitet, som sällan låter sig förenas med det kulinariska.

Ett annat bottennapp i Malmö var Harry's, som bjöd ett utslitet amerikanskt koncept med ringa innehåll. Vid mitt första besök 1998 fick de bottenbetyg. Vid nästa, som inte kom förrän 2005, blev det fortfarande underbetyg, men inte lika lågt. Jag gjorde detsamma med Harry's som med Steakhouse och andra ställen jag ogillade: prövade dem då och då privat, men dröjde med att recensera dem om de inte blev bättre efterhand. Det var förstås delvis för min goms skull, som skydde kulinariska bottennapp, men framför allt för att läsarna knappast vore särskilt intresserade av att gång på gång få läsa om krogar som man inte borde gå på.

Jag hade till självpåtagen uppgift att inte bara bevaka de förnämsta krogarna, utan också dem som aldrig ens försökte hamna i toppskiktet. Där blev det ofrånkomligen en del förutsägbara bottennoteringar, såsom Kycklingköket, Mongolian Barbecue och ToMaten. Det kändes angelägnare att avslöja krogar som tog betalt för en kvalitet de helt enkelt saknade, till exempel Ribersborg och forna Teaterrestaurangen.

I Lund fick Petri Pumpa stryk av mig både 1995 och 1997 – men detta berodde i hög grad på att krogen var så dyr, eftersom det skedde när betyget helt och hållet handlade om prisvärde.

Så här i efterhand hade jag gärna sett krogen leva kvar – i Lund, där den stämde bättre än i Malmö. Den var intressant också att irritera sig på. Dess bakficka var riktigt lyckad och rimligt prissatt. Den fick högt betyg av mig 1999, strax innan krogen flyttade till Malmö.

Kulturens restaurang pendlade väldeliga genom åren, och var som sämst vid mitt besök 2003. Både förr och senare har den varit betydligt bättre. År 1997 fick den toppbetyg. Också Fellini guppade en hel del. Sin bottennotering fick krogen 1996, när prisvärdet avgjorde, men vid mina senare besök fick Fellini medelbetyg.

McDonalds och IKEA

När vi skulle börja med Sydsvenskans krogrecensioner insisterade jag på att också recensera luncher. År 1995 var det mig veterligt helt oprövat och det är alltjämt ytterst sällsynt i restaurangkritik, var den än står att finna. Det brukar mest handla om vräkiga middagar på de finaste ställena i staden, trots att tidningarnas läsare mycket oftare äter på krogar i mellan- eller lågprisklass, och allra oftast äter ute på lunchen.

Jan Wifstrand, dåvarande chefredaktören på Sydsvenskan, var helt med på noterna. Vi var båda dessutom tända på tanken att recensera andra sorters matställen än dem man normalt brukar tänka på inom restaurangkritik.

Sålunda var det han som bara några månader efter att jag börjat som Bong kom med idén att recensera vägkrogar – de rastplatser och oftast enkla restauranger som ligger vid lands- och motorvägar.

Det var skoj att ge sig på. Jag tog egna bilder, så att tidningen skulle slippa skicka fotografer långt ut på bygden i efterhand. Kameran var min egen, men tidningen bjöd generöst på tio rullar film, vilket var långt mer än vad som behövdes. Detta var före digitalkamerans entré.

Särskilt under de första åren passade jag också på att recensera så aparta restauranger som den på IKEA, samt både McDonald's och Burger King. På McDonalds prövade jag nymodigheten McGarden, en vegetarisk burgare:

Det är nog ytterst få som funnit plats för McGarden
i sina hjärtan, eftersom den verkar tillverkas endast
direkt på beställning. Det är i så fall synd, för denna
na variant är en positiv överraskning. Man kunde

tro att det skulle vara något slags vegetarisk pasta,
som gjorde allt för att efterlikna köttets utseende och
konsistens, men McGarden är en frityromsluten kom-
pott, i det närmaste, av diverse grönsaker i småbitar.
Såväl deras färger som konsistenser har i viss mån
bevarats. Där skymtar morot i minimala tärningar,
ärtor, paprika. Smaken är ganska distinkt och ligger
närmast den japanska frityrrätten tempura.

Jag provade även Kniv & Gaffel på Caroli city, Center Syds restaurang Center och andra matställen på shoppingcentra, den enkla serveringen på numera tämligen raserade badhuset Aq-va-Kul, lunchkaféet på Universitetsbiblioteket i Lund, samt en del rena kaféer, bland annat en samlad grupp runt Stortorget 2006 på önskemål från redaktionsmedlemmar som reflekterat över hur tätt dessa poppat upp där.

På Jan Wifstrands förslag recenserade jag Sydsvenskans personalmatsal Marginalen jämte dåvarande konkurrenten Arbetets dito Bodoni, där den senare avgick med klar seger. Det ledde till några sura kommentarer från en del av Sydsvenskans anställda. På Malmöredaktionens förslag gjorde jag en runda med recensioner av restauranger på servicecentra, som många pensionärer får hålla tillgodo med. Och på förslag av Hans Månsson när han var chefredaktör gjorde jag en runda bland golfrestauranger, som låg honom varmt om hjärtat.

Korvhuset med över hundra sorters korv var festligt att pröva. Jag har fått skvallrat för mig att det finns fina krogar i staden som serverar några av deras exotiska korvar, utan att medge varifrån de kommer. Jag har också recenserat årets nya glassar, våren 2006, vilka tog sin tid att gå igenom.

Under den stora utställningen Bo01, som var startskottet för Västra Hamnen, passade jag förstås på att pröva de restauranger som höll öppet på den beklämmande ofärdiga bostadsmässan. Somliga var försvinnande provisorier medan andra fortfarande är verksamma. Störst succé gjorde onekligen den ekologiska finkrogen Salt & Brygga.

En solstrålande höstdag 2001 var jag i Christiania för att recensera ett par restauranger där. En märklig upplevelse, på många sätt. Ett stånd på Pusher Street hade en TV som visade hur flygplan kraschade rakt in i vardera Twin Tower på Manhattan. Först tänkte jag att det måste vara en trickfilm, som folket på Christiania hade roligt åt, men mannen i ståndet försäkrade att det var äkta. Vi kommer väl allihop ihåg var vi befann oss när den nyheten nådde fram?

Efterhand blev det svårare att ta sig stora friheter med vad för slags ställen jag besökte – dels för att den mer gedigna krogscenen blev ymnigare och därför krävde mer tid att bevaka på ett rimligt sätt, och dels för att en recension av till exempel McDonalds är kul en gång, men inte mer.

Det var ändå självklart för mig att besöka matställen långt utanför guldkrogarnas krets. De förra ingår ju i långt högre grad än de senare i läsarnas vardag, och förtjänar att beskrivas och bedömas just därför.

Jag vet att flera andra krogrecensenter och diverse gourmeter har retat sig på det, och på att jag ibland kunde ge sådana matställen såväl berömmande ord som betyg över medel. Förvisso var det så gott som aldrig fråga om några kulinariska upplevelser, men en recensent måste vara kapabel att göra sin bedömning utifrån vad för slags restaurang det är fråga om – inte vilken det kunde eller borde vara. I stället för att tjura över att det är självservering måste man kunna se om denna är välordnad. I stället för att gny över halv- och helfabrikat bör man titta på vad de kostar och hur piffigt de eventuellt ändå är presenterade, och så vidare.

Det finns ett visst snobberi bland verksamma och självutnämnda krogrecensenter som de egentligen inte blir klokare av, bara mer trångsynta – och faktiskt lättduperade, så fort en dyr krog svänger sig med ålderdomlig franska i menyn och serverar hyvlad tryffel på det mesta. De kunde lära sig en del på att göra en tur bland syltor och försöka se deras poänger, som är av en helt annan sort än finkrogarnas men ändå förvisso poänger.

Pizza, ris och falafel

Jag recenserade ytterst få renodlade pizzerior, och bara när det var något som skilde dem från massan, såsom Pizza Hut och New York Slice Pizza – så gott som varandras motsatser. Förstnämnda specialiserar sig på tjockbottnade pizzor medan sistnämnda bakade sina med exceptionellt tunn botten. Jag föredrog den senare.

Med Kinakrogar var jag ännu snålare men skrev bland annat om ambitiösa Mandarin som fanns en tid vid kanalen, samt Mui Gong i Lund med osedvanligt okinesisk inredning. Till min egen förvåning upptäckte jag först vid min genomgång nu att jag aldrig recenserade den utmärkta och ovanligt intressanta Kinakrogen Kin Long vid Triangeln i Malmö. Det var jag övertygad om att jag hade gjort. En ren miss, som sedan reparerades av nya Bong.

Annars är såväl pizzerior som kinesiska restauranger så många, med marginell skillnad mellan dem, att det inte är rimligt med en bredare bevakning. Sammalunda med kebab- och falafelställen. Jag avverkade enstaka, såsom klassikern Falafel N.1, en uppskattad trotjänare i Malmö med så lågt pris att även studenter kan ta den till vana.

Det blev betydligt fler thailändska krogar, alltifrån restaurang Thai på Drottninggatan redan 1995. De var först i staden med sådan mat och tämligen ensamma om det innan explosionen kom. Numera ligger eleganta och lätt experimentella Korrapong, som smyckar faten med ätbara orkidéer, på den adressen. Med Krua Thai på Möllevången blev thaimat populär, vilket nog inte hade så lite att göra med deras låga priser. Antalet restauranger med thaimat ökade med expressfart, dessutom var det rätt många

Kinarestauranger som införde diverse thailändskt på sina menyer. Det kändes naturligt att hålla ett öga på thairestaurangerna eftersom de blommade fram och blev populära under min tid som Bong.

Detsamma kan sägas om sushibarerna. Den japanska delikatessen är synbart enkel men kräver egentligen ett raffinemang som få restauranger i Malmö och Lund ens kommer i närheten av. Faktiskt förfuskas den grovt på många håll. Jag har haft förmånen att pröva sushi i Japan ett antal gånger, såväl skojig *kaiten sushi*, vid roterande bord i Tokyo, som framför allt praktfull sushi direkt ur havet vid små kustorter.

I Malmö blev sushi på modet med Izakaya Koi, som hade kört igång en tid innan jag började som Bong. Det var ägarfamiljen till den utmärkta japanska krogen Tokyo som flyttade verksamheten till Lilla Torg och gjorde att sushi blev den heta innegrejen, fast just den maten är kall. Min första recension kom redan under mitt startår som Bong, då jag gav dem medelbetyg. Det som då imponerade mest på mig var bryggkaffet, som serverades i behagligt blåfärgad lermugg, vars färg på något märkligt sätt förhöjde smaken. Stilen var påfallande ungt trendig. Så här skrev jag om personalen:

> *De unga servitörerna är klädda i distinkt pastellfärgade skjortor och har en ledigt munter stil, som om de ständigt hade ett särdeles lyckat skämt i huvudet. Det hindrar inte att de sköter sitt jobb snitsigt.*
>
> *Det är just den glada och avspända atmosfären bland personalen som gör mest för besöket på Izakaya Koi. Hur mycket de än har att göra, verkar de ha så kul att det oemotståndligt smittar av sig på gästerna.*

Vid ett privat besök på Koi långt senare var det en av ägarna som misstänkte att jag var Bong och utsatte mig för ett litet maskerat förhör. Jag spelade förstås oförstående och tror nog att jag lyckades så väl med det att hans misstankar avtog. Ändå såg vi därefter till att vara mycket försiktiga när Koi skulle recenseras, vilket på grund av risken skedde med längre intervall än vad de förtjänade.

Genom åren skrev jag om ett antal sushibarer, av vilka till exempel Musashi i Malmö och Ikizukuri i Lund höjde sig över genomsnittet. Tabemono i Lund var strålande i början men bytte regi och tappade en hel del av stilen. Under hela min tid som Bong hittade jag inte en enda sushibar som kunde leva upp till denna sofistikerade matlagningskonst såsom den kommer till uttryck i sitt hemland, och det var många som misslyckades kapitalt. Sturskt betalt tog de ändå allihop.

Indiska krogar har jag också recenserat med ganska hög regelbundenhet. India vid Konserthuset var en gång riktigt imponerande, med en kryddstyrka som från en enda tallrik kunde belägra hela matsalen. Men de har inte lyckats hålla den nivån.

Indian Side på Lilla Torg har aldrig varit särskilt rolig, och därför recenserade jag dem bara en gång under de tolv åren. Jag åt där då och då genom åren, utan att märka någon förbättring. De anser sig nog inte behöva försöka, med det läget. *Location, location, location* – det är lika sant i restaurangbranschen som för mäklare.

Under de senaste åren har en del vietnamesisk mat dykt upp. Jag tror att det hände först – i alla fall konsekvent och märkbart – på den ganska anonyma lunchrestaurangen Target inne på Saluhallen, som jag recenserade förtjust 2002 på en middag. Sin vietnamesiska meny erbjöd de blott på kvällarna, medan luncherna var en övervägande västerländsk buffé. Andra följde snabbt efter. Det blir alltjämt fler, för vietnamesiskt kök är ganska inne nu.

Target flyttade några hundra meter och bytte namn till Mrs. Saigon. Nuvarande Bong har varit översvallande med berömmet men vid mina privata besök där har jag inte blivit särskilt hänförd. Priserna har också sprungit iväg. I viss mån var det kanske mitt inledande beröm som steg dem åt huvudet.

Malmöfestivalen

Redan under mitt första år som Bong skickade Sydsvenskan mig att botanisera bland de många matserveringsstånden på Malmöfestivalen. Det var en pärs att under festivalens första dag äta sig igenom all denna mat på några timmar och sedan skynda att få ihop en text, så att den kunde publiceras redan dagen därpå.

Första året tog vi mer tid på oss, så att min text inte kom förrän på söndagen, men vi försökte efterhand att vara lite rappare – för att vara först, vilket en dagstidning har svårt att motstå när möjligheten finns där.

Jag gjorde förstås ett urval, dels på känn och dels på slump, medan jag vandrade igenom festivalområdet. När jag började 1995 kändes festivalens matsymfoni fortfarande festlig men med åren blev det hela alltmer förutsägbart och urholkat. Den delen av Bongjobbet är vad jag saknar minst, om man säger så.

En del roliga upptäckter blev det i alla fall, såsom Pekingankan när den introducerades, eller diverse riktigt duktiga krogar som öppnade stånd och erbjöd något särdeles läckert för om inte små så i alla fall rimliga pengar.

Jag skrev om festivalmaten varje år från 1995 till 2000, utom 1997 då jag var i Japan under hela den veckan. Det var en av de blott två recensioner genom alla år som jag inte skrev själv. Redaktionen löste det på annat sätt.

Nu får saken anses vara preskriberad, så jag vågar avslöja att den vikarierande recensenten var chefredaktör Jan Wifstrand själv, som lät sin text filas av tidningens främsta språkexpert för att komma min stil så nära som möjligt, eller i alla fall undvika språkliga grodor. Jag är rätt noga med språket, så gott jag kan, vilket är självklart för en författare men inte alltid för journalister på en dagstidning, där pressläggningstider är knappa.

År 2001-2005 valde Malmöredaktionen att sköta festival-recensionerna själva. De hade som ambition att avverka samtliga matstånd, stackarna, och lyckades i det närmaste med det. En klase av reportrar från tidningen var ute och käkade allt vad de orkade. Skojig grej men i längden ganska tröttande också i spalterna, eftersom det är så många matstånd som serverar i stort sett detsamma – thaigrytor, kryddade grillspett och så vidare. Enstaka nedslag räcker gott.

År 2006 bollade de tillbaka uppdraget till mig och året därpå genomfördes det av nya Bong. Inte för att det gör någon större skillnad.

Jag tror egentligen att Malmöfestivalen behöver en ordentlig metamorfos, annars kan det bli läge att lägga ner den, vilket vore synd. Förr om åren var alla eniga om att de exotiska maträtterna var den stora poängen, men nu är vi nog lika överens om att det är de många konserterna som är behållningen. Kanske skulle festivalen – även maten – i högre grad samlas just runt konserterna. Det kan rentav leda till nya roliga teman för matstånden, om de följer respektive scens musikstil.

I Lund var det ingen festival, men väl karneval vart fjärde år. Den kännetecknas dock inte alls på samma sätt av mat från världens alla hörn i mängder av osande stånd bredvid varandra. Därför gjorde jag ingen runda där 1998. När vi ville göra något vid 2002 års karneval valde vi att låta mig skriva om diverse krogar i Lund, för dem som var mätta på äventyren inom karnevalsområdet och i stället ville fylla buken.

Jag recenserade helt enkelt Kulturen, Grand, Gloria's och Spot, någorlunda med karnevalen i åtanke. Det var också ett sätt att komma ikapp med Lundabevakningen, eftersom jag hade en envis ovana att recensera Lundakrogar mer sällan än det tänkta var fjärde vecka.

Nästföljande karneval, 2006, gjorde jag inget alls om. Inte heller har jag funnit skäl att som Bong bevaka Kulturnatten i Lund, fast den erbjuder en del mat under halvt spontana former.

Sådant skulle nog te sig annorlunda om Lund hade sin egen Bong, vilket inte vore en dum idé. Jag har själv föreslagit redaktionen det, utan att få gehör. Det är svårt nog att hålla god uppsikt över en stads krogliv. Man mäktar det i den stad man bebor. Därför borde Lund få sin egen krogrecensent. Där måste väl finnas folk som kan både äta och skriva om det?

Det rör på sig

Det hann förstås hända en del i Skånes krogliv under de tolv åren jag var Bong. Om jag ska sammanfatta: först så blev det bättre, sedan kom det av sig och stagnerade – om än på en högre nivå än där det började.

I mitten på 1990-talet var det inte så lysande, med få riktigt intressanta och kreativa krogar i Malmö och Lund. Däremot var det lite bättre ställt bland gästgiverier och andra krogar utanför städerna. Malmö hade Årstiderna och Anno 1900 och inte så mycket mer att skryta med. Lund hade fortfarande legendariska Lilla Fiskaregatan och även Grand, som tidvis kunde göra riktigt bra ifrån sig. Också Petri Pumpa spelade förstås i en högre division, om än med vissa tveksamheter.

Visst fanns det ändå ett antal trevliga krogar – i synnerhet i Malmö – men inga riktiga höjdare. Efter några år kom sensationen 1 r.o.k., följd av flera andra pärlor – åter i Malmö. Jag tror att 1 r.o.k. blev något av en tändande gnista för Malmös krogliv, som därefter bjöd på allt fler upplevelser lite här och där.

Exempelvis hade Hipp flera glansår, där de på sätt och vis kom att likna 1 r.o.k. till innehåll och stil – rentav stundtals överträffa föredömet. Så här skrev jag om de två olika varianter på anka som ingick i en femrättersmeny jag åt där år 2004:

Ankans första servering är ett confitbakat anklår med en tjock och skön potatispuré i klädsam liten klick,

krönt av en skiva tryffel – sistnämnda egentligen
alldeles överflödig. Den mustiga reduktionen, som
verkligen kysser köttet, får vi extra tilldelning av i ett
eget litet krus. Confitens sälta och rustika konsistens
leder faktiskt tankarna till rökt fläsk, vilket förbryllar
gommen – men roligt är det.

Andraserveringen är vackra skivor ankbröst med
hjortronkompott och friterad chokladtryffel. Man får
ta det varligt med chokladen, men nog är den en so-
fistikerad brytning till köttet – och till hjortroninsla-
get, som styr anrättningen mot ett eget litet landskap.
Mästerligare tillrett ankkött får vi leta länge i minnet
efter.

Hipp, som var den allra första krogen jag recenserade som Bong 1995, återkom jag sedan till fem gånger genom åren. Efter att krogen gjort sin framgångsrika metamorfos fick den idel fyror och femmor, med massor av beröm för framför allt men inte enbart maten.

I Lund, däremot, tog det slut med både Fiskaregatan och Pumpan, men de hade inga självklara kronprinsar. Ändå var det några krogar i staden som dök upp och visade prov på ambitiös kokkonst, såsom Tabemono under den korta första glanstiden, Bengtsons ost och vinhus, Godset, Spot, &bar och Bantorget 9. Ingen mätte sig riktigt med de slocknade stjärnorna men gemensamt innebar de ändå ett lyft för Lunds krogliv.

Några år in på det nya millenniet hejdade sig den positiva utvecklingen. Det lade sig på en nivå, egentligen snäppet under den höjd det dessförinnan nått, och förblev där. Duktiga krogar fortsatte att vara det, nya jämförbara kom, men inget sensationellt hände.

Malmö fick i och för sig några nya ekvilibrister med tiden, som Bloom, Trappaner som senare blev Trio, Torso Twisted och The Vision i Västra Hamnen, samt Vendel at Sturehof. Men mer borde hända, och på fler håll. Lund har idag ingen krog som mäter sig med Malmös höjdare, vilket också skapar en viss slapphet hos de krogar som ligger närmast till.

Det behövs en ny, djärv och experimentell krog för att blåsa liv i scenen, förr eller senare. Helst förr.

Kanske är det Bastard med sitt våghalsiga koncept att göra mat på alla möjliga och omöjliga delar av djuren, vilket anknyter till forna tiders folklig kokkonst.

Annars har de tydligaste förändringarna varit modeväxlingarna med utrikisk kokkonst. Ett tag höll indisk mat på att bli riktigt poppis, och vi fick en del restauranger med den inriktningen. Men det var thaiköket som formligen exploderade. Krua Thai var inte först, även om det var deras billiga soppor som satte fart på det hela.

Nu finns det en thairestaurang i snart sagt varje kvarter. De flesta är små och av ringa intresse, andra är bättre men knappast några majestäter. Den som genom Bongåren gjorde djupast intryck på mig var Mai Thai, den kulinariskt ambitiösa krog som hade några år vid Davidshall. De tog förstås lite mer betalt för sina rätter, vilket inte slog väl ut i en stad förledd av Krua Thais lågprislinje.

Jag tvivlar egentligen på att thaimat har alla förutsättningar för att kunna utecklas till de kulinariska höjder som krävs för att en krog med sådan inriktning ska kunna mäta sig med värstingarna som serverar europeiska klassiker − men det vore spännande att bli motbevisad på den punkten.

Sushi har också brett ut sig som en farsot, så snart Izakaya Koi gjorde de japanska munsbitarna trendriktiga i regionen. Nu dräller det av sushibarer i både Malmö och Lund. Vi har ändå inte fått någon som gör sushi eller annan japansk mat på förnämsta nivå − fast det japanska köket sannerligen inbjuder till sådana prestationer. Den mesta sushin här är bara lite dyrare snabbmat, ibland rent förfuskad.

Visst har det också varit små vågor av annan mat, såsom

Vendel at Sturehof i Malmö. Foto av författaren.

italiensk, grekisk, spansk, persisk, vietnamesisk och allt vad det är – men inte så att det går att jämföra med thai- och sushi-explosionerna.

Om det ska bli nya vågor av riktigt kulinariska höjder kanske vi ska hoppas på en fransk revolution, alltså ett slags renässans för den sanna franska matkulturen?

Vi har haft en lång period av "crossover kitchen", som strävat efter blandningar av olika matlagningstraditioner, och det var riktigt roligt några år – men det innebar med tiden att krogarna tappade en känsla för själva grunden: en anrättning som är en gedigen och självförklarande komposition. Det spretar på faten, vilket också gör att det finns brister.

Så kanske behöver vi återvända till de ålderdomliga originalrecepten, som sannerligen finns i tillräckligt antal för att stimulera våra gommar några år – men då förstås flera olika kulturers traditioner. Gärna även den svenska kostens paradnummer, som gamle Tore Wretman förstod det.

Antingen det eller kreatörer som verkligen förmår blanda smakerna till något nytt och samtidigt genialiskt. På senare tid har krögarna i toppskiktet blivit så gott som hypnotiserade av världsberömda El Bullis laboratoriemässiga metoder i matlagningen, men det är en återvändsgränd. Visst kan det leda till upptäckten av nya strålande kombinationer och tillredningsmetoder, men de måste prövas genom gommens och magens instinkter. Det måste bli njutbart hela vägen, också i sinnesstämningen med vilken man lämnar krogen.

Det sker långt ifrån alltid. Inte så sällan ger sådan mat ytterst tveksamma intryck, som kan vara spännande en gång men knappast en gång till. Ej heller människan trivs som försöksdjur. Vill det sig riktigt illa smakar det bara konstigt redan första gången. Då undrar man om kockarna i laboratoriet själva har smakat sin mat.

Jag vill självklart ha guldkrogar som experimenterar, men också sådana som förmår glänsa med excellenta klassiska råvaror på klassiskt vis. Det förfuskas en hel del i samband med alla dessa sökta konstfärdigheter.

Ett väldigt väsen

Det blev ett väldigt liv med en gång mina krogrecensioner började publiceras. Krögarna ville förvisso bli omskrivna i tidningen, men de var inte alls pigga på att bli recenserade. Jan Wifstrand, Sydsvenskans dåvarande chefredaktör, fick ägna många timmar åt samtal med upprörda krögare. Det fortgick i veckor, månader och år. Han har råg i ryggen, för att uttrycka det med en passande metafor, och stod därför emot trycket.

Andra redaktörer skulle nog ha retirerat så mycket de kunde och antingen befallt snällare texter av mig, eller ersatt mig med någon mildare typ – någon som tyckte ungefär detsamma som de tongivande krögarna.

Kritik av kritikern

Några krogar hotade med att dra in sina annonser i tidningen. En och annan gjorde det faktiskt, åtminstone för en tid. Jan Wifstrand gjorde vad han kunde för att få krögarna att sansa sig, men var rakt igenom publicist nog att inte ge avkall en endaste tum på principen att jag skulle tycka som jag ville, vad än krögarna önskade. Han hade det tidvis rätt hett om öronen.

Några krogar gick så långt att de uttryckligen förbjöd besök av Bong, och satte upp egentillverkade märken i sina entréer med ordet Bong överstruket, som förbudsmärken i trafiken. Jag undvek dessa krogar där det var möjligt. Inget större problem, eftersom skyltarna snart försvann. Krögarna tänkte väl som Strindberg att det vore värre att tigas ihjäl.

De hade ungefär samma argument allihop för varför recensionerna var olämpliga – de menade att Bong var hopplöst okunnig. De tyckte att recensionerna borde skrivas av någon från branschen, som visste hur det fungerade i köken, och så vidare.

Den sortens argument fick jag höra genom alla de tolv åren, såväl från krögare som från tidningsfolk. Göteborgs-Postens redaktör uttryckte för några år sedan med stolthet att deras krogrecensent minsann var en person med gedigen erfarenhet från krogbranschen – som om det vore en nödvändighet eller ens lämpligt.

Man ska förstås inte vara proffs på att laga mat för att äta den, utan proffs just på att äta den. En krogrecensent behöver ordentlig erfarenhet som kroggäst. Krögares perspektiv är helt annorlunda, och oftast av ringa intresse för dem som ska betala notan.

När jag då och då även inifrån Sydsvenskans redaktion fick höra muttranden om att en krogrecensent borde ha krögar- eller kockbakgrund blev jag riktigt irriterad på den journalistiska dumheten. Måste en filmrecensent ha erfarenhet som regissör? Ska en musikkritiker vara musiker med en egen skivproduktion bakom sig? Det har jag aldrig hört krävas.

I själva verket skojas det om rockkritiker som drömmer om att själva bli rockstjärnor. Det gick i och för sig bra för Patti Smith, men sådana exempel är sällsynta. På 1980-talet kallade Ulf Lundell rockrecensenterna för misslyckade rockmusiker. Aftonbladets rockkritiker gick i svaromål genom att ge ut en skiva – för att visa att de minsann inte var misslyckade. Jag undrar om någon av dem känns vid skivan idag. Jag kan i alla fall inte minnas att den genererade några lovord, eller någon särskild försäljning, fast de gjorde ordentlig reklam för den på Aftonbladet. Det enda de lyckades med var att råka belägga Ulf Lundells tes.

Nej, krogrecensenter ska inte vara krögare eller kockar. Recensionerna är inte till för dessa grupper, utan för potentiella kroggäster.

Jag minns att Bengt Frithiofsson, den mångårige mat- och

vinskribenten, stod i ett TV-program om mat och beklagade sig över mina hårda ord – huruvida det var mot Petri Pumpa eller någon senare kritiserad krog kommer jag inte ihåg. Han sade med patos i rösten till kocken som stod bredvid honom att kockar är konstnärer och gör ett underbart arbete, och så vidare.

Till just det TV-programmet försökte de att bjuda in mig via Jan Wifstrand, som förstås vägrade. Han erbjöd sig att komma i mitt ställe, men det var de inte intresserade av. Trodde de att Sydsvenskans hemliga krogrecensent skulle dyka upp och röja sin identitet i deras program? TV-folk är lustiga. Den mentalitet de ideligen ger prov på kallades förr i tiden hybris.

Nöjesguiden

Nöjesguidens Malmöupplaga gjorde snabbt Bong till något av ett hatobjekt. De skrev en rätt rolig parodi på mina texter, under signaturen Bäng, där de strösslade med adjektiv över komplicerade maträtter och gjorde förtjusta iakttagelser på en krogtoa. Så här inleddes texten:

> *När man tar sig in genom den lite skamfilade porten till relativt nyöppnade krogen Kyffet i centrala Malmös östra delar är det inte utan att man huttrar till inför den kyliga vindil som tycks mota bort en. Är det ett tecken, en fingervisning från högre makter? Efter vårt besök är vi nästan benägna att tro så.*

Det lustigaste med deras parodi var att de faktiskt fick till en riktigt läsvärd och målerisk recension av den fiktiva krogen. Normalt på den tiden skrev de kort och förutsägbart om krogarna, ytterst sällan annat än lovord. Nöjesguiden behövde såväl krogarnas annonspengar som plats i deras lokaler för sina ställ med gratistidningen. Detta beroende märktes i texterna.

Det ändrade sig med tiden. Nöjesguiden började skriva

Bäng går en sväng

När man tar sig in genom den lite skamfilade porten till relativt nyöppnade krogen Kyffet i centrala Malmös östra delar är det inte utan att man huttrar till inför den kyliga vindil som tycks mota bort en. Är det ett tecken, en fingervisning från högre makter? Efter vårt besök är vi nästan benägna att tro så. Det är nog inte meningen att man *ska* gå hit. Åtminstone är det nog inte meningen att man ska *trivas* här. Inte heller äta gott, skulle det visa sig.

Lokalen är fräschare än fasaden gör gällande och väggarna är klädda i underliga sjok av minikakel samt ett kopparliknande material. Utsmyckningen är minimal och de få prydnader som finns är föga tilltalande. Stolarna kan eventuellt vara designade av en känd formgivare, men det gör dem i vilket fall som helst inte bekväma att sitta på. Varför är det så få nya ställen som har stoppade dynor på sina stolar? Hårda sitsar uppmanar sannerligen inte till några långsittningar. Och den som drabbas av det i längden är ju krögarna själva, så de borde tänka på sitt eget bästa.

Personalen är vid en första anblick glad och pigg, men det är bara en chimär. När gästerna pockar på uppmärksamhet, eller ställer för besöket relevanta frågor, är hjärtligheten som bortblåst. Suckar och stön är vad man får som tack för sitt sunda intresse för vad man förmodas stoppa i sig.

Maten på Kyffet är av typen "cross cooking" och menyn ändras ofta. Vid vårt besök kan man välja på två förrätter, tre varmrätter (en kött, en fisk, en vegetarisk) och två efterrätter. I minsta laget – något utrymme för beslutsångest lämnas knappast. Carpaccion är visserligen vackert upplagd och spänstig i sin konsistens men alldeles för nedlusad med grovmalen peppar (redan vid serveringstillfället) för att den ska smaka väl. Upplevelsen motsvarar inte alls priset på 69 kronor. Inte heller den andra förrätten, en sallad på i huvudsak fänkål och tomat, är något vidare. Också här han man sluntit i köket; vinägern förtar fänkålens karakteristiska smak och fullkomligt dödar tomaterna, som dessutom är alldeles för omogna för sitt ändamål.

Kötträtten är denna dag en slags ragu på

strimlat biffkött, som serveras över en bädd av ris och till detta får man kokta grönsaker av standardtyp – broccoli och blomkål. Riset visar sig vara av Uncle Ben's-typ, vilket inte är speciellt lustigt, varken till smak eller färg. Såsen smakar rätt och slätt ingenting mer än fett, och grönsakerna är sönderkokta. Fisken är också standard; till en vackert mönstrad, grillad laxkotlett fås wokade grönsaker – och likadant, trist ris! Till priserna 95 respektive 120 kronor hade man väntat sig betydligt bättre.

När vi ber om vinlistan visar sig att ingen sådan finns, servitrisen rabblar istället bryskt och irriterat upp det väldigt begränsade urvalet och eftersom det visar sig att kvaliteten inte är den bästa blir det ett glas av husets röda till köttet och ett av husets vita till fisken. Det röda är italienskt och det vita franskt och inget av dem speciellt välsmakande. Sura, rent ut sagt.

Som efterrätt finns att välja på amerikansk cheesecake samt cointreau-marinerad fruktsallad med chokladgrädde, för 40 kronor stycket. Detta är måltidens höjdpunkt, om än inte en svindlande sådan.

Personalen är som sagt glad och trevlig, så länge man inte besvärar dem. Dessutom har en av servitriserna mycket dålig hållning, en detalj som kastar en extra skugga över vårt besök på Kyffet.

Bäng

Hemlighuset ☒
Kala, punkiga väggar och lite skit i hörnen ger inget gott betyg. Skärpning på städfronten, annars invaderar ohyran!

Nöjesguidens Bongparodi, publicerad i maj 1996.

riktiga krogrecensioner – mer som Bong, om jag får säga så. I ungefär samma takt lugnade sig det initiala raseriet från krögare och andra över mina recensioner. Riktigt kav lugn blev det aldrig, men utbrotten blev färre och inte fullt så rabiata.

En sentida kritiker på Nöjesguiden av mina recensioner var Mattias Kroon, som en period ofta beklagade sig över Bong. Han tyckte att jag hade fel om det mesta, och fnös åt att jag ibland skrev gillande om krogar som det inte var så mycket med. Hans smak är onekligen rätt exklusiv, och det ger hans texter en rolig karaktär.

Det är också intressant att Mattias Kroon inte var ett dugg hemlig – snarare raka motsatsen. Han visste säkert att väga in denna omständighet i sina omdömen, men det var ett slags krogrecenserande som skiljde sig väsentligt från vad jag har hållit på med. Jag tyckte själv i början att han var rätt yvig, men i allt väsentligt fungerade han alldeles utmärkt för det han gjorde – och den tidning han gjorde det i. Här om året slutade han som Nöjesguidens krogrecensent och har i stället bland annat varit ett slags smakkrönikor i Sydsvenskan.

Vi har faktiskt träffats, redan när jag fortfarande var den hemlige Bong. Jag fick skärpa mig för att hålla masken.

Det var våren 2006. Jag åt en lunch på Johan P:s uteservering när jag fick syn på två unga herrar som världsvant beställde skaldjursfat – inte från menyn, utan med ett belopp som måttstock. De ville ha för 700 kronor skaldjur, samt ett lämpligt vin därtill, ej heller det någon budgetvariant. Vi började språkas så smått. Det dröjde inte många minuter förrän den ene av dem berättade att han var krogrecensent på Nöjesguiden. Hans bordskamrat var kypare på Mrs. Brown, en av de intressantare krogarna vid alltmer krogtäta Davidshall.

De bjöd mig generöst på vin och Mattias förmedlade glatt sina många synpunkter på krogar, mat och dryck. Jag vågade försiktigtvis yttra några egna åsikter, som de bemötte vänligt, för att inte säga entusiastiskt. Det var en rolig balansgång för mig, samtidigt som jag tänkte att han inte hade det så dumt, Mattias, som kunde gå på krogen och prata fritt om det. Både äta kakan och ha den kvar.

Han förklarade att det för honom spelade ringa roll att krögarna visste vem han var. Det var ändå inte mycket de skulle hinna rätta till när han oannonserat dök upp på deras krogar. Han har en poäng. Visst går det att recensera krogar utan att vara anonym – det är bara att väga in den faktorn i bedömningen. En viss orättvisa blir det ändå, eftersom inte all restaurangpersonal vet vem han är, och därför inte har samma chans att putsa på sitt beteende. Å andra sidan skrev Mattias bara om just de krogar som förmodligen allihop kände till honom väl.

Vi kom riktigt bra överens där på Johan P, och har stött ihop med samma breda leenden flera gånger till sedan dess. Vi brukar inte ha några problem med att hålla konversationen flytande.

Bland annat har jag fått veta att han kände till min hemliga identitet redan när vi sågs första gången på Johan P. Han hade till och med vid ett annat tillfälle skissat på en krönika där han skulle avslöja min identitet, men bestämde sig för att låta bli. All heder! Man ska förstås inte "outa" folk som inte vill det, särskilt inte när deras levebröd hänger på hemligheten.

Under 2006, mitt sista år som Bong, blev det dock alltmer klart att jag inte var så väldigt hemlig längre. I krogbranschen var det flera som allraminst misstänkte att jag var Bong. Tolv år är en lång tid för vilken hemlighet som helst, så det är klart att de mest initierade i Malmös krogliv sedermera räknade ut ett och annat.

Hyllning i DN

Det kom inte bara kritik. Förutom att många läsare hörde av sig med positiva kommentarer blev jag efter bara några månader recenserad på självaste Dagens Nyheters kultursida. Det var litteraturrecensenten Ruth Halldén som skrev väldigt uppskattande

ATT RECENSERA BÖCKER känns ibland inte särskilt tacksamt, bland annat därför att kundkretsen är försvinnande liten och dessutom heterogen. Roligare måste det vara att skriva om sådant som trädgårdskonst, byggnader, möbler, husgeråd och kläder, sådant som angår en större allmänhet. Här finns ofta en viss överensstämmelse mellan sändare och mottagare.

Ta till exempel krogrecensenten och dennes avnämnare, uteätaren. Bägge har ungefär samma intresse och samma mål: de vill äta gott och trevligt till rimligt pris.

Bägge kan konsten att skilja mellan en hummerklo och en årsgammal morot, även om den senare är rödlackerad och skulpterad i skaldjursform.

Det enda jag önskar mig beträffande krogrecensenter är litet större skepsis mot "det nya franska köket" av den där typen där servitören håller en monolog om menyn i stället för att räcka fram matsedeln och där rätten utgörs av en oxfilé av en femkronas storlek, omgiven av miniatyrmajskolvar och marinerade lakögon i heraldiska formationer. Fint men knappast mättande.

*

TIDNINGEN SYDSVENSKAN håller sig med landets originellaste krogrecensent, signaturen Bong som ingen ännu har avslöjat. Är det man eller kvinna, en enda peson eller ett kollektiv? frågar sig oroligt restaurangägarna i Malmö-Lundregionen, där Bong härjar. Ingen vet när Bong kommer, vet med andra ord inte om det lönar sig att vara trevlig eller inte.

Nåja, Bong går omkring bland olika näringsställen, anonym som kalifen Harun al-Raschid i "Tusen och en

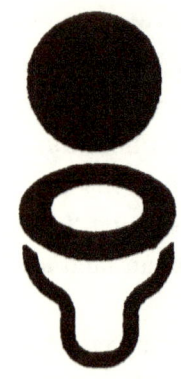

Toalett. *Bong missar inget på en restaurang.*

natt", och gör sina kostbara iakttagelser. Det mest karaktäristiska med hans krogsvängar är att han inte nöjer sig med innestället utan är minst lika förtjust i utestället.

Han är mannen – eller personen – som även uppsöker det obeaktade, olika cafeterior som tillhör varuhus, museer, teatrar med mera. Gatukök och långtradarfik är honom inte främmande, av det enkla skälet att han vet följande: ibland kan man äta uruselt på guldkrogen, medan man får en fräsch och vällagad måltid på en busstation. Potatishantering kräver ju både handlag och förstånd, och detta kan finnas såväl i slott som i koja.

Bong är okonventionell, men han är ingalunda en övervintrad vänsterman som vill hävda att enkla ställen alltid är bättre än fina. Nej, någon ölkafésnobb är han inte.

God mat förstår han sig på, men frågar sig vad läckerheterna är värda om de serveras på ett grässligt ställe? Därför nöjer han sig aldrig med att bara skriva om maten; utan också om inredningen, om stolar och bord, porslin och betjäning.

*

TRIVSEL ÄR HANS honnörsbegrepp. Ibland tycker han sig ana nedlåtenhet hos en perfekt artig servitör. Han ser något i mannens vänstra mungipa som antyder att Bong inte är den gäst restaurangen helst önskar förpläga, och att mannen själv rent tillfälligt befinner sig i sin ganymedroll och egentligen är ämnad för något större.

Även toaletterna recenseras. Det finns piffiga krogar vilkas toaletter liknar avträden i någon militärförläggning strax före slaget vid Stalingrad. Ägarna till dessa får sig en bajonett i bröstet.

RUTH HALLDÉN

Ruth Halldéns recension av Bong i DN den 12 juni 1995.

om Bong, som hon ansåg vara "landets originellaste krogrecensent". Hon konstaterade bland annat:

Bong går omkring bland olika näringsställen, anonym som kalifen Harun al-Raschid i "Tusen och en natt", och gör sina kostbara iakttagelser. Det mest karaktäristiska med hans krogsvängar är att han inte nöjer sig med inneställen utan är minst lika förtjust i uteställen.

Han är mannen – eller personen – som även uppsöker det obeaktade, olika cafeterior som tillhör varuhus, museer, teatrar med mera. Gatukök och långtradarfik är honom inte främmande, av det enkla skälet att han vet följande: ibland kan man äta uruselt på guldkrogen, medan man får en fräsch och vällagad måltid på en busstation.

Och lite senare i samma text:

God mat förstår han sig på, men frågar sig vad läckerheterna är värda om de serveras på ett gräsligt ställe? Därför nöjer han sig aldrig med att bara skriva om maten, utan också om inredningen, om stolar och bord, porslin och betjäning.

Det var förstås väldigt glädjande med denna hyllning, som dessutom med språklig elegans ringade in de ting jag själv var angelägnast om att åstadkomma med krogrecensionerna.

Läsarreaktioner

Det var mest livat med alla slags reaktioner i början på min tid som Bong. Efterhand genom åren klingade det av, med undantag för enstaka små explosioner i samband med någon recension som retade upp krögare eller somliga läsare. Men jag tycker inte att det var fråga om några insändarstormar. Totalt kom sisådär några hundra insändare över de tolv åren och det var sällan mer än kanske fem om en enstaka recension.

Säkert var det också en hel del telefonsamtal till redaktionen, men dem blev jag sällan involverad i. Det hände då och då att redaktionen fick sina öron varma, framför allt när krögare klagade på att ha fått negativa recensioner. En hel del av de skrivna insändarna kom också från klagande krögare.

Några av dem tog det från den humoristiska sidan, fast de hade fått ett betyg de inte var nöjda med. Gastro i Helsingborg blev recenserade i samma text som Niklas i samma stad, där jag tyckte att den förra hade en hel del att lära av den senare. Gastros krögare Per Dahlberg skrev muntert till svar:

Det är med yttersta ödmjukhet vi tar del av Er oerhört välskrivna recension av Gastro, vi lovar att skärpa oss, och om möjligt anlita Niklas som konsult.

När jag kritiserade Interpool, bland annat för dess grillade revben, publicerade de en annons i Sydsvenskan där de uppmanade läsarna att jämte dem utmana Bong genom att äta just revbenen.

En del läsare kunde också vara rätt skojfriska, antingen på någon krögares eller min bekostnad. En läsare hade räknat ut att jag i mitt svar på en annan insändare skrivit den längsta meningen i Dygnet Runts historia: 51 ord. Här är rekordmeningen, som handlade om vilka tillbehör en korrekt wienerschnitzel ska ha:

Nog har den wienska schnitzeln i mitt minne överskuggats av mången svensk, och även om jag är förtjust i såväl ansjovisen som lite sky på tallriken, måste jag medge att det är orättvist att kräva av en

Interpools trotsiga annons i Sydsvenskan efter en kritisk Bongrecension.

österrikisk krog att servera rätten följsammare mot
svenska gommars vana än mot ursprungslandets kok-
konst.

Läsarnas klagomål var överlag mindre förutsägbara än de
flesta krögarnas. När de klagade på att jag gett en krog lågt betyg
var det oftast inte någon av gourmetrestaurangerna, utan alldag-
ligare matställen och enkla kvarterskrogar.

Det som upprörde flest läsare var när jag skrev ner restau-
rang Malou inne på Kronprinsen 1997. Klagomålen fortsatte att
droppa in långt efter publiceringen, och dök upp igen när jag år
2000 var med i *Reporterjouren*, Sydsvenskans forum för läsarkon-
takter. Många tyckte om Malou – speciellt dess ugnspannkaka,
som jag därför nyfiket testade några månader efter min medver-
kan i Reporterjouren. En trevlig pannkaka men knappast något
underverk.

Den och liknande läsarreaktioner visade på betydelsen av
att inte bara recensera de stora elefanterna på krogscenen. Tid-
ningens läsare ville förstås veta vad som rörde sig i höjderna, men
också vad deras krogrecensent ansåg om de restauranger de själva
oftast besökte.

Ungefär lika ofta som läsarna klagade på ett lågt betyg på
någon av deras favoritrestauranger, hörde de av sig när de tyckte
att jag givit oförtjänt högt betyg åt någon annan krog. Där kunde
de visa sig minst lika stränga med kraven som någonsin Bong. Det
hände också många gånger att läsare hörde av sig för att berätta
att de höll med mig om mitt omdöme, vilket jag förstås slickade
i mig med förtjusning.

Det var tydligen så att en inte obetydlig skara läsare hade
som fredagsnöje att besöka den krog jag samma dag recenserat
i tidningen. De ville jämföra sina intryck med mina – även när
det var fråga om krogar som jag skrivit ner. Smickrande förstås,
men kanske mest helt enkelt ett roligt tema för en fredagsmiddag.
En del krögare var mindre roade, eftersom några av dessa gäster

Grundlurad av Bong!

●●● Vi var fyra som ville gå ut och äta gott på kvällen. Tre stjärnor av Bong väckte nyfikenhet, vi beställde bord på Anno 1900.

Vi kom i tid, blev anvisade ett bart träbord utan välkomnande dukning trots beställningen. En sak som vi noterade i efterhand. Lokalen är inte lika hemtrevlig som husets utsida, naket och "fattigt" med dystra oljegubbar på väggarna. Menyn var inte så lång och heller inte så gourmetbetonad som vi hade hoppats. Vi beställde förrätten, stekt sill och bruschetta och fick sneda blickar då vi envisades med att uttala det på italienska. Vid beställningen av varmrätten uppstod vissa problem, då en av oss varken gillar senap eller pepparrot, vilket ingick i de flesta rätterna. Att på något sätt ändra på detta var inte populärt och verkade inte ens möjligt, stämningen blev ännu mer tryckt då vi hade synpunkter på den magra vinlistan. Det slutade faktiskt med att vi blev visade på porten! Vi var inte på något sätt oförskämda. Ohövligheten stod chefen för. Och han gjorde det helt utan en humor och charm som man kan träffa på hos t ex Hurtig-Karl i Köpenhamn. Någon stress kunde man inte skylla på, förutom oss bestod publiken mest av några kaffedrickande damer.

Nåväl, lite fnissiga av det ovana bemötandet, körde vi till nästa trestjärniga, Brogatan.

Stängt för säsongen. Vidare till Atmosfär där vi blev varmt välkomnade, men tyvärr var det fullsatt. Nu började vi bli hungriga och vi satte vårt sista kort på Årstiderna. Visserligen bara en stjärna hos Bong, men vad gör man?

Där möttes vi av stora famnen, fullsatt "men det ordnar vi". Efter en drink i baren fick vi den mest fantastiskt goda, vällagade och vänligt serverade måltid som vi erfarit på länge. Under de trivsamma valven blev vi behandlade som prinsar och prinsessor trots att personalen hade fullt upp i en knökfull restaurang. Det var något, Anno 1900, vars mat vi tyvärr aldrig fick möjlighet att bedöma, bättre än på Årstiderna kan vi i varje fall inte tänka oss att

●●● Svar:
Ja, visserligen har krögaren på Anno 1900 rykte om sig att vara så öppenhjärtlig att somliga skulle kalla honom burdus, men det drastiska beteende ni drabbades av är det sannerligen svårt att finna charm i. Vi har - trots vår anonymitet - endast bemötts på sätt som vi uppskattat. Likaså måste vi bekänna att vårt intryck av lokalen också är gladare än ert. Nå, det är skönt att ert äventyr fick ett lyckligt slut - på Årstiderna ska man vara ex-

den skulle ha varit. Förrättens raffinemang! Den möra kalvkotletten glömmer vi aldrig! Såsen! Råbiffen var superb! Efterrätterna utsökta! Vinlistan lång och givande ackompanjerad av kunnig guidning.

Nu till vår undran över Bongs stjärnfördelning. Är inte vänligt bemötande viktigt? Får man slänga ut gäster för att de inte gillar pepparrot? Och lokalen, vad i all världen är det för fel på källarvalv?

Att bara titta på priset och försöka bedöma vad andra har råd med är inte rättvist mot restaurangerna!

Och vad ställer det till med att plötsligt slå de andra med två stjärnlängder? Får man sen slänga ut folk som inte passar ens humör?

CHOCKADE F D BONGLÄSARE

tremt kräsen för att inte bli förtjust, i synnerhet om man inte vändas över priserna.

Naturligtvis ingår i högsta grad bemötandet i vår bedömning - mat kan inte smaka gott om den serveras av fientlig personal. Däremot vill vi hålla fast vid det rimliga i att bedöma prisvärdet - det är nu helt olika ting för såväl krog som gäster, om maträtterna kostar exempelvis under hundralappen eller det dubbla.

BONG

Några exempel ur insändarskörden genom åren.

Brev till Bong:

Undvik vin till tex-mex

● ● ● Det finns några restauranger i Malmö som jag aldrig går tillbaka till. En av dem är La Empanada.

För det första är det inte mexikansk mat. Det är tex-mex mat. Rött vin passar absolut inte till tex-mex mat. Kryddorna förstör vinet. Öl passar perfekt.

Stora portioner och bra priser, men det är absolut inte någon kvalitet på maten.

Köttfärsen är kokt från början till slut (skall fräsas först) och räddningen blir fett i form av smält ost.

Många, kanske de flesta, nöjer sig med stora portioner, och många av oss ställer inte några höga krav heller.

Har ibland läst dina recensioner om olika restauranger och för det mesta håller jag inte med dig. Ibland undrar jag vad du har som matkulturbakgrund.

Hälsningar
Javier
(från Mexico)

● ● ● **Svar:**
Om kryddorna förstör måltidsdryckens smak är bordsvatten det enda rätta – men det finns månget rödvin som ingår en spännande syntes även med starkt kryddad mat. La Empanada har dock enligt vår erfarenhet inte alls bara heta rätter – inte heller delar vi ditt besvikna intryck. Kanske du skulle ge dem en ny chans?

Bong

Tycker Bong Bloom är billigt?

> Mitt namn är Olof Johnsson och som nyinflyttad till Malmö greppade jag min Dygnet Runt och beslöt mig för att kolla in några av stadens lunchrestauranger. Om Bloom stod det att det var något stelt men att maten var mycket god och priserna "vänliga ibland riktigt kamratliga". Bloom fick alltså pil upp både för mat och priser.

Perfekt, tänkte jag med min skrala studentkassa. Jag traskade alltså dit. Väl framme kunde jag konstatera att en huvudrätt låg på mellan 175 och 225 kronor. Kamratliga priser… nja. Jag förstår att priserna är i relation till klassen på maten men ingenstans i recensionen står det vilken typ av restaurang Bloom är (allt som nämns är den "stela inredningen"). Med min tilit till Bong körd i botten traskade jag in på Saluhallen och åt en enkel men mättande lunch på "Greken"
mvh, **Olof**

> Svar: Prisvärde är inte detsamma som pris. En hamburgare för några tior kan vara dyr, om den inte är särskilt vällagad, och en *tournedos* kan vara billig även om den kostar över 200. Nu har dessutom Bloom höjt priset med några tior här och där, sedan vårt besök. Kanske ska du ändå finna det kamratligt där, när studierna är avslutade och du har månadslön i stället för studielån?

Bong

Fel om Krav

● ● ● Bäste Bong! Läser med stort intresse Bong varje vecka. Fredag 20 februari skriver Ni om Café Konsthallen och ger dem välförtjänta tre stjärnor. Ni äter kyckling från Raskarum som Ni längre fram i artikeln påstår är Krav-godkänd. Så är dock inte fallet och enligt **Björn Stenbeck** på Café Konsthallen har heller ingen uppgivit detta.

Bakom Krav-märket ligger en seriös och noggrann kontroll och märkets existens är helt beroende av att vi har ett stort förtroende hos konsumenterna. Därför är det mycket viktigt att man har fakta bakom sig då man använder Kravs namn eller märke.

**Gunilla Anderson,
Regionkontrollant,
KRAV i Skåne**

Bong svarar: Där blev det tydligen fel. Vi vill bestämt minnas att vi fick uppgiften från någon ur personalen, men det tycks ha blivit något missförstånd. Kravmärkt eller ej minns vi dock med säkerhet att kycklingen var delikat.

"Inget fel på Mike's corner"

■ Bäste Bong,
du har "bongat" ut dig själv i och med din nedgörande kritik av Mike's Corner i förra veckan.

Jag äter lunch ute fyra dagar i veckan i Malmö/Limhamn p g a mitt arbete så jag anser att jag har ganska god erfarenhet av många olika restauranger. Min uppfattning är att Mike's Corner tillhör de bättre matställena i stan.

Var kan man som lunchmåltid få: stort salladsbord, bröd och smor, lättöl eller mjölk, varmrätt samt kaffe. Allt serverat vid bord i trevlig miljö för 55 kronor?

Svar: Hos Mike's Corner.

Förresten Bong. Du borde pröva deras Hawaiikotlett med curry-bearnaisesås. En komplett smakupplevelse.

Sten Eklöv

Limhamnskrogen Mike's corner fick ingen stjärna alls av Dygnet Runts krogspion Bong i förra fredagens tidning.

Bong svarar: Bedömningen av Mike's Corner var inte baserad på lunch utan på middag – vilket klart och tydligt framgår av recensionen den 16 januari.

Men ärligt talat, Hawaiikotlett med curry-béarnaisesås!

Tre frågor till Bong

▶ Hejsan, vi är fyra ekonomstudenter från Lunds universitet. Just nu håller vi på med ett grupparbete om Grand Hotel och har läst din recension om lunchen på Grand, publicerad i januari.

Vi har tre små frågor som följer nedan och vi undrar om du skulle vilja vara snäll och hjälpa oss genom att svara på dessa. Tack på förhand!

1. Du skriver att servicen är bra men att den dock borde vara bättre på en fin krog som Grand. Vad är det då du saknar, och finns det någon annan fin krog som du anser ·har bättre service?

2. Vilken inställning hade du till Grand innan du gick dit?

3. När du går ut och äter privat, vad har du då för favoritställen?

Svar:

1. Den ska vara vänlig, uppmärksam och kunnig, i ungefär den ordningen.

2. Neutral.

3. Se betygssättningen och gissa.

Bong

Man får ta om hos Greken

▶ Hej, Bong!

Läste precis recensionen i Dygnet Runt av Hemma hos Greken. Maten är inte så fantastisk där, det kan jag hålla med om, men ni missade en kanske väsentlig detalj: man får gratis omtagning. Blir man inte mätt eller t ex vill ha mer av köttfärslimpan, vill jag minnas att det bara är att säga till. Därför är det kanske lite meningslöst att anmärka på att man fick för lite av köttfärslimpan.

För övrigt är Greken ett av de få ställen, förutom nationerna, dit man som student kan gå och luncha utan att månadsbudgeten spricker. Men det är ni som sätter betygen...

mvh,
Magnus

▶ Hej, Magnus!

Vi hade gärna tagit mer av limpan och mindre av det övriga på tallriken. Extra tilldelning brukar väldigt många krogar vara bussiga med. Det riktigt generösa vore att tydligt meddela detta på menyn. Beträffande priset: man får vad man betalar för.

Bong

Lär dig stava!

▶ Men bäste Bong! Cappuchino? Uttalas ungefär "kappokinå"?

Tänk att få besserwissra en sådan Bongwisser: den gudomliga italienska kaffedrycken heter CAPPUCCINO och uttalas ungefär "kappotjinå".

Sedan kan man fundera vidare över hur vi närmast överanstränger oss för att rätt stava och uttala de obskyraste ord och namn på engelska, men inte bryr oss om vad vi gör med vare sig grannspråken eller de stora kulturspråken. Det som alltid hetat "Arkansas" blev plötsligt så servilt uttalat "Aaarkänsåååååå" bara för att Clinton kom därifrån. Samtidigt bryr inte ens skåningar sig om att vårda uttalet av berömda grannorter som Roskilde eller kända danskars namn.

▶ **Svar:** Det är en djungel, stavningen av utländska rätter och drycker – snart sagt varje krog har sin egen variant. Ibland återger jag krogens stavning, ibland rättar jag, och ibland är det faktiskt svårt att fastställa en enda riktig stavning.

Men det är klart – cappuccino ska det onekligen vara. Och "Aaaknsaaaa"

Bong

Bong ute på hal is

● ● ● Under flera år har jag följt Bongs värderingar av samlade krognotor. Vid flera tillfällen har jag insett att den eller de reportrar som gör dessa besök förmodligen bara gjort ett besök och gjort sin värdering efter detta. Misstagen är så många att jag tvingas reagera. Låt mig ta två exempel som finns på den aktuella listan:

Dagens Industri har liksom andra tidningar utsett Årstiderna till Malmös bästa krog. Bong har placerat krogen med en stjärna av tre möjliga. Bong avviker helt ifrån Dagens Industri som varande landets största och mest respekterade dagstidning. En avvikelse som dessutom är stor mot de tidningar som kan krogar.

Mikes Corner: med den stora erfarenhet jag har från både mycket kända och mindre kända krogar är betygsättningen en absolut katastrof. Under flera år har vi besökt restaurangen vid ett flertal tillfällen såväl vid lunch som på kvällstid. En restaurang med mycket fin service, varierande (!) matsedel och inte minst god mat. Att den är riklig dessutom är

knappast ett minus men ett plus utöver andra förtjänster. Guide Michelin gör sina besök flera gånger liksom Dagens Industri. I det förra fallet skall dessutom representanter från Paris göra ytterligare besök innan stjärnan eventuellt kommer. Jag tycker Bong skall upphöra med sin verksamhet. Bedömningarna är i många fall så pass missvisande att jag och andra med mig inte längre har något förtroende för bedömningen. Att som tidigare anse Azteken vara en mexikansk restaurang visar att Bong aldrig varit på en äkta mexikansk restaurang.

Naturligtvis gör ni bedömningen utifrån olika aspekter: god mat, prisvärdighet etc. Samma kriterier har tidningarna ovan. Jag har ingen personlig connection med Mikes Corner utan är bara en ständigt återkommande gäst. Att jag skriver beror på att det är det största misstaget ni gjort. Jag var där i går torsdag och åt lunch. Ett fantastiskt salladsbord, utsökt dagens rätt och en mycket fin service. Samtidigt passade jag på och framföra mina åsikter som ni får i detta brev.

LARS KROON
apotekschef

● ● ● Svar:
Den njugghet vi kan visa krogar är måttlig i jämförelse med dina överord om Dagens Industri, en tidning som förresten gentemot Petri Pumpa uttryckte en betänksamhet som liknande vår – fast denna krog hyllas av annan press. Vad som dock framför allt skiljer såväl dess som andra tidningars bedömningar från våra, är att vi gör prisvärde till en huvudsak –

ytterst angeläget för var och en som betalar krogbesöket med egna pengar.

Guide Michelin tittar inte ens åt slantarna, utan väljer att bara besöka de mest exklusiva restaurangerna - vi känner oss alldeles förvissade om att de inte skulle komma på tanken att ägna Mike's Corner något enda besök, ens om de till skillnad från idag skulle bereda plats i sin guide åt våra nejders krogar.

BONG

POST ✉

Skriv till: dygnetpost@sydsvenskan.se

Bräss med bräss?

▶ Jag läste inlägget om restaurang Bloom. Bong anser sig ha blivit serverad "kalvbräss omgiven av sweet bread". En märklig dubblering som knappast har komponerats av Bloom.

Sweetbread är nämligen den engelska beteckningen för just kalvbräss.

Alexander Gatti

Svar:
Du har förstås rätt. Sweet bread är bräss, vanligtvis kalvdito. Blooms kalvbräss var knappast omgiven av sig själv, vilket vore en närmast schizofren bräss, utan av broccoli och sherryvinägerreduktion – så gott jag minns. Jag måste ha halkat på tangentbordet när alla delikatesserna i elvarättsmenyn skulle knappas ner.

Bong

kunde vara ganska uttryckliga med sina krav och synpunkter.

Vi fick också ett stort antal insändare med tips på krogar vi borde besöka. I några sådana fall kunde jag inte frigöra mig från misstanken att det var krögarna själva, eller deras kamrater, som skrev sådana brev till tidningen. Bong var flitigt läst, så även med risk att bli nedskrivna var många krögare angelägna om att bli omskrivna. De flesta av dessa insändare var dock uppenbart genuina läsarbrev, ofta med vällustiga skildringar av sköna matupplevelser, eller ibland skarpa invändningar mot krogar som de tyckte att jag genom recensioner borde varna andra för.

Jag lade alltid sådan synpunkter på minnet, men behandlade dem ändå med viss reservation – dels för att jag behövde välja krogar ganska förutsättningslöst, och dels för att jag ville undvika att ha förutfattade meningar när jag besökte dem.

Rökning

Några hörde av sig med önskemål om att jag skulle berätta hur pass handikappanpassade krogarna var och väga in det i bedömningen, men framför allt var det många som envetet begärde information om hur det var med rökningen på dem.

Detta var innan det generella rökförbudet infördes på restauranger. Ofta ställdes sådana krav med ett rejält mått moralisk indignation. En av dessa insändare bifogade en lista på de många giftiga ämnena i tobaksrök, och så gott som samtliga förklarade att de var så allergiska att de omöjligt kunde besöka en krog där rökning tilläts.

Vi var länge kallsinniga mot sådana krav, både jag och Dygnet Runts dåvarande redaktör Martin Andersson. Problemet med den typen av upplysningar är att det är svårt med gränsdragningen – hur mycket behöver man ange? Rökfri avdelning eller ej, handikappvänligt eller ej, vegetariskt alternativ eller ej, och så vidare. Det blir alltför tekniskt.

En krog behöver framför allt beskrivas med fritt språk

centrerat på själva upplevelsen. En middag ska inte vara en kemilaboration. Jag försökte i stället baka in i texten när det var särdeles väl eller illa ordnat för icke-rökare. Enstaka gånger kom jag också ihåg att upplysa om tillgängligheten för rullstolsbundna, om det var uppenbart. Man behöver egentligen själv sitta i rullstol för att vara korrekt uppmärksam på dylikt.

Då rökförbudet infördes den 1 juni 2005 roade vi oss i stället med att börja upplysa om hur det var ordnat för rökare – om det fanns rökrum eller om det bara var att kliva ut på gatan.

Jag var förresten väldigt tveksam till införandet av rökförbudet, framför allt för att det gick så överstyr. Visst har det inneburit att matsalsluften på varje krog förbättrats väsentligt och anrättningarnas aromer får fritt spelrum. Men förbudet gick på tok för långt. Man får inte ens ta med sig en kaffekopp eller ett ölglas till ett rökrum, där ett sådant finns. Då är det förstås få krögare som gör sig besväret att inrätta ett sådant. I de allra flesta fall är det bara gatan som erbjuds för rökare.

Malmö har en mild och kort vinter, så här kan det väl gå an – men jag undrar hur det är i Luleå och Kiruna. Det var inte svårt att räkna ut varför regeringen beslöt att rökförbudet skulle börja gälla just när sommaren startade.

Myndigheterna hade dessutom varit så lumpna att de först erbjudit krogarna i Sverige att självmant förbättra ventilationen, vilket skulle kosta stora summor – och ändå inte ge några som helst garantier för att det skulle hålla ett generellt rökförbud borta. Snarare tvärtom, det pekade redan från början mot förbud, oavsett hur krogarna lyckades med ventilationen. Självklart var det ytterst få krogar som i den situationen ansåg sig ha råd med någon ombyggnad, som troligtvis i alla fall skulle visa sig vara förgäves.

När förbudet sedan kom var det många krögare som upprördes över att de på detta sätt fråntogs all egen valfrihet, trots den stora risken att rökförbud skulle minska deras inkomster.

Medias rapportering var besynnerligt ensidig. Det berättades så gott som uteslutande om hur nöjda krögare och gäster var, och att omsättningen snarare gick upp än ner. Den verklighet jag mötte på krogarna var en annan. Några kvarterskrogar gick kvickt omkull när rökförbudet infördes, andra stapplade sig fram. Det var sannerligen kostsamt för många av dem – men inte för gourmetkrogarna, som i många fall ändå långt dessförinnan själva hade infört rökförbud i sina matsalar. Alltså *business as ususal*: det var för de svaga reformen blev mest kostsam.

Det ligger en ganska otäck intolerans och lurar bakom rök-förbudet: man borde inte röka och därför förtjänar man hur hårda straff som helst för det. Många arbetsplatser går så långt med sitt rökförbud att det i praktiken är omöjligt för rökare att stanna på dem. Det enda de får höra är att de helt enkelt ska ta och sluta röka, som om det vore en struntsak – och som om det vore en rimlig begäran, fast rökning än så länge inte är olaglig, ej heller är produktion och försäljning av tobak det.

Jag är själv rökare, så jag får tacka min lyckliga stjärna för att jag är frilans och mest jobbar hemma, där jag än så länge får bestämma hur det ska vara med rökningen.

Svår nota

Journalistik kräver integritet och en stor portion publicistiskt mod. Man ska våga stå för yttrandefriheten även när det blåser och informera om sådant som makten frenetiskt kämpar för att dölja. Men tidningarna lever i en barsk marknadsekonomisk rea-litet och befolkas av anställda som för varje år alltmer plägar se om sitt eget hus. Då böjer de sig för alla möjliga former av på-tryckning, till och med ökar deras försiktighet rent volontärt, så att de själva blir sina värsta censorer.

Om Bongtexterna blev det bråk från första stund. Framför allt var det krögarna som klagade över att bli granskade och kri-tiserade. Mängder av klagomål nådde de första åren Sydsvenskans chefredaktör Jan Wifstrand, som inte vek sig en tum – inte heller när krögarna hotade att sluta annonsera i tidningen och därmed fick dess egen marknadsavdelning att falla in i kören av protester. Jan engagerade sig och blev aldrig svaret skyldig. Han stod fast vid den självklara insikten att en tidning som gör sitt jobb ofrånkomligen får kritik. Det är när protesterna uteblir som en redaktion ska börja oroa sig.

När Jan slutat och ersattes av Hans Månsson blev det tydligt att den publicistiska ståndaktigheten veknade. Månsson ville nog mest ha lugn och ro, dessutom ett så gott förhållande som möjligt till tidningens marknadsavdelning och annonsörerna. Då är det lätt att man börjar kompromissa bort journalistiken. På Sydsvenskan blev det från Månssons tillträde nog alltmer så att Dygnet Runts redaktör Martin Andersson fick ta smällarna från förfördelade krögare när jag härjade med pennan. Och jag fick intrycket att han hade föga stöd från redaktionsledningen. Martin höll ändå ställningarna rakryggat, ofta också med frisk journalistisk sturskhet.

Jag verkade utanför tidningshuset, så jag märkte bara denna förändring indirekt, som en aning. Ett slags räddhågsenhet växte på redaktionen, vilket bland annat visade sig i en del önskemål om mildrade formuleringar i mina texter. Det framfördes ödmjukt, men det blottade ändå en tilltagande konflikträdsla.

Ibland blev det skriande tydligt. När Månsson var någorlunda ny som chefredaktör berättade jag i en recension att servitrisen på en krog varit märkvärdigt ovillig att ge mig notan, utan ville ha betalt blott på muntligt besked. Jag fick envisas rätt länge innan den maskinskrivna notan slutligen kom. Jag påstod inte i min text att det förmodligen berodde på att de ville ha pengarna svart, utanför kassaapparatens räkneverk, men det var inte alltför svårt att läsa mellan raderna.

Krögaren blev mäkta förgrymmad och hotade med att stämma tidningen, vilket skulle ha små utsikter att lyckas. Tryckfriheten har högt i tak och det var verkligen inte fråga om någon direkt anklagelse i min text. Snarare hade nog en domstol haft rätt roligt åt krögarens eventuella slingrande förklaring till varför det var så svårt att få kvitto hos dem.

Ändå blev det en viss hysteri på tidningen, som om den vore hotad i sina grundvalar av denna lilla incident. Internt fördes ivriga diskussioner och Månsson gick ut med en kungörelse till alla medarbetare om att man inte fick antyda brottslighet eller andra oegentligheter, om än aldrig så subtilt. Då finns det i denna sköna värld inte mycket kvar att skriva om.

Jag var utomlands under det lokala stormvädret på tidningen, så jag fick rapport först i efterhand. Jag bara skakade på huvudet. Hur mesiga får man bli på en av Sveriges största dagstidningar? Sådan flathet skapar likt ringar på vattnet en allt fegare journalistik, som det sedan kan bli mycket svårt att tuffa till igen. Hela den envetna granskning av vårt samhälle som är pressens främsta plikt kan då lätt gå om intet.

En chefredaktör måste förstås vara den ivrigaste på redaktionen att insistera på publicistisk djärvhet och uttrycka ett tveklöst stöd för sina journalister när de ger prov på den – även om det då och då kan gå fel. Känner de inte att de har detta stöd hos sin chef, hur ska de då våga rota i diverse smutsiga byk och skrapa på skinande ytor för att utröna vad de må dölja?

Krogars brister och förtjänster är knappast storpolitik, men också i denna lilla skärva av verkligheten måste journalistiken stå på sig och ha tveklöst stöd för detta hos tidningens ledning. Det har varit si och så med den saken på Sydsvenskan. Martin Andersson stod på sig, ungefär som Jan Wifstrand gjort, men han fick nog ta en hel del smisk för det uppifrån, där han i stället borde ha hittat sitt pålitligaste stöd. Men de var alltför inriktade på annonsförsäljningen och ett riskfritt stiltje. Trist.

Jag kunde också känna detta, men jag verkade på ett sådant avstånd från redaktionen att jag kunde strunta i det. Annars hade nog mina recensioner blivit allt snällare och betygen allt högre genom åren.

Pinsamma tabbar

Under de tolv åren som Bong skrev jag uppemot 700 recensioner. Det är klart att jag gjorde missar, felbedömningar och alla möjliga andra misstag. Inom dagspressjournalistik är det ett ofrånkomligt faktum – allt blir inte rätt jämt. I själva verket blir det åtminstone lite fel så gott som varje gång. Det är inget att gråta blod över. Men en del tabbar är värre än andra.

Jag menar då inte betygen, som jag förvisso har ångrat i åtskilliga fall. När det handlade om blott prisvärde fanns ändå gott om gråzoner mellan stjärnorna, och då det sedan blev en femgradig skala för helhetsintrycket växte denna gråzon ordentligt. Helheten är ingen lätt sak att ringa in. Jag fick ofta grunna både länge och väl innan jag satte betyget, och var i många fall inte ens då säker på mitt val. Så är det med sådana grovt förenklande och vaga skalor. Jag fick lita på att läsarna bildade sig en egen uppfattning efter att ha läst själva texten, som var huvudsaken.

De pinsamma missarna var inte betygen, utan i texterna. Stavfel på exotiska rätter gick an, men när jag ibland blandade ihop vad det var som serverats eller hur det var tillrett, då inträdde en viss rodnad på kinderna. Hemlighetsmakeriet gjorde att jag fick vara väldigt diskret med antecknandet och minnet sviker där man minst väntar det – särskilt efter en lång middag med flera rätter, vin och avec.

Allra tokigast blev det nog med recensionen av Sultan Palace, där jag inte bara skrev fläskkarré i stället för lamm – detta om en muslimsk restaurang, som över huvud taget aldrig skulle ta i griskött. Dessutom skrev jag att borddukarna var blå, fast de i själva verket var gröna. Ibland får hjärnan kortslutning. Vi införde en ödmjuk rättelse i nästa veckas Dygnet Runt.

En minst lika pinsam groda stod jag för i en recension av Annes skafferi i Höör, som hade en vegetarisk gryta med quorn på menyn. Jag åt den inte men gissade att de bara hade ett skojfriskt sätt att skriva sädesslaget korn på. Vad quorn är hade jag då ingen aning om. Senare fick jag reda på – av den befogat irriterade krögaren på Annes – att quorn är svamp industriellt odlad i stora silos, ett slags framtidsmat rentav. Inte min framtid, i och för sig. Det är ingenting i stil med champinjon och kantarell, utan svamp i meningen encellig fungus, som den man tar salva för att bli av med på fötterna – eller penicillinets verksamma medel, som har räddat hur många liv som helst. Ändock, i matlagning är det en styggelse.

Tur i oturen var att min recension hade beställts av Eslövsredaktionen och bara publicerades i den utgåvan av Sydsvenskan. Så de flesta av tidningens läsare missade min fadäs.

Blooms sofistikerade krog påpekade skadeglatt att jag i min recension av dem hävdat att kalvbrässen omgavs av *sweet bread* – fast det är samma sak. En pinsam miss i redigeringen av texten, i synnerhet som jag är en stor älskare av denna lilla delikatess. Felet var inte helt och hållet mitt, eftersom missuppfattningen kom från en "decoy" som hade varit på samma krog för att förvirra dem. Ändå borde jag förstås ha varit observant på felet i min bearbetning av texten och rättat till det.

Jag minns faktiskt inga andra grova pinsamheter, vilket sannerligen inte betyder att där ej var fler, utan bara att minnet sviker mig omtänksamt när det gäller sådant.

Och så var jag noga med att försöka undvika osäkra påståenden. Krögarna var på hugget. Därför var jag nog onödigt försiktig. Jag avstod från att hävda att en köttbit kom från frysen, fast det var rätt tydligt på dess struktur och konsistens, eller att grönsaker kom från burkar – om det inte var alldeles uppenbart och av någon betydelse. Jag har också råkat ut för en mängd påstådda oxfiléer och andra ädlare styckningsdelar som gick att ifrågasätta, och så vidare. Det spelade inte så mycket roll att sådant förblev osagt, eftersom mitt omdöme om krogen i fråga ändå talade sitt tydliga språk.

Krögare har hävdat många fel i mina texter, men det är långt ifrån alla som jag känns vid. På en numera nedlagd sushibar fick jag lök i misosoppan i stället för purjolök, men de insisterade på att det verkligen var purjo. Den sturske krögaren på Anno 1900 hade roligt åt att jag inte förstått att det var konserverade rödbetor de serverade till den kalops jag gav dem högsta betyg för – han stod faktiskt just och skruvade av locket på en rödbetsburk när han läste min recension. Men visst förstod jag att de inte var hemgjorda, vilket vore mycket begärt på den rimligt prissatta lunchrätten. Vad jag skrev var: "rödbetorna är delikata utan att vara det minsta märkvärdigt kryddade". Han hade valt rätt burk.

Jag tror att varje krogrecensent – i alla fall de frispråkiga – råkar ut för denna typ av nedsättande avfärdanden från branschfolk och andra som anser sig kunniga. De påstår att recensionerna dräller av felaktigheter, som därmed bevisar recensentens inkompetens, men mestadels lyckas de bara peka ut sådant som är tycke och smak, inte fakta, och därför högst subjektivt.

Ändå är inte allt som gäller smak enbart subjektivt. Man kan ha fel också med sådant. Somliga smakkombinationer är förvisso eleganta och lyckade, andra skär sig. Vissa viner är bedårande, andra simpla. Det är i den stora gråzonen mellan dessa ytterligheter som smak är individuell – i alla fall i recensenternas värld.

När jag jobbade som rockkritiker på DN fanns en fortlöpande diskussion på vår redaktion om rätt eller fel i våra recensioner. Man kunde absolut ha fel om en konserts eller skivas kvaliteter, och så särskilt många uppenbara sådana fel tilläts inte en recensent innan det blev dags att tänka om.

Det innebär inte alls att en recensent måste tycka ungefär detsamma som recensenterna på de andra tidningarna. Men är man alldeles ensam om att såga något som alla andra hyllar, eller tvärtom, då bör man ha ordentligt på fötterna, eller syfta på en särskild aspekt som måste framgå tydligt i recensionen.

Följaktligen, när jag ratade Petri Pumpa trots dess många uppenbara förtjänster, hade det varit mycket märkligt om jag inte utgått från prisvärdet och dessutom kunde förklara vari krogen brast. Ändå är det nog fortfarande många som med bestämdhet menar att jag var ute och cyklade där. Utan medhåll från Dagens Industri med sin välrenommerade krogrecensent hade kanske min tid som Bong blivit betydligt kortare. Eller ännu värre: kanske hade jag blivit fegare i mina omdömen därefter.

Det är en balansgång, som bara är möjlig om man först och främst litar på sina egna sinnen och sitt eget omdöme – så till den grad att man fortlöpande själv vågar ifrågasätta dem.

Omöjliga betyg

När vi körde igång Sydsvenskans krogrecensioner 1995 hade vi ett betygssystem med tre stjärnor, såsom i klassiska *Guide Michelin*. Det absoluta bottenbetyget var en överkorsad stjärna, annars var det faktiskt idel positiva betyg. Jag beskrev det så här i tidningen:

X   *(överkorsad stjärna) Bör undvikas.*
*   *Ok, men inget man gör sig omak för.*
**   *En varm rekommendation, hit bör man söka sig.*
*** *Pärlan, den stora upplevelsen.*

Guide Michelin resonerar på ungefär samma sätt: enstjärniga krogar kan man gott gå på om man ändå är där, tvåstjärniga är värda en omväg, trestjärniga förtjänar att rätta semesterresan efter.

Vårt betyg var helt och hållet baserat på prisvärde, så en guldkrog som tog för mycket betalt kunde få sämre betyg än en enklare restaurang som höll trevligt låga priser.

Många läsare och framför allt krögare hade svårt att hålla detta i minnet. En hel del protester och insändare handlade om hur krogar med överlägset kök kunde få lägre betyg än lunchhak som serverade halv- och helfabrikat. Jag tror att svårigheten med att få läsarna att ta till sig denna betygssättning mest berodde på att krogrecension i övrigt brukar så gott som strunta i prisvärde. Snarare tvärtom – ju dyrare desto finare.

Det var synd, för en sådan bedömning är egentligen den mest användbara för läsare som vill skaffa sig en uppfattning om var de ska lägga slantarna. Mestadels när man äter ute får man nöja sig med krogar upp till mellanprisklass, och då är det förstås en fest om de ger en särdeles trevlig upplevelse för de måttliga pengarna. När man någon gång kostar på sig en guldkrog, då vill man verkligen veta att man får valuta för sina surt förvärvade slantar.

De första åren satte vi också betyg på toaletterna, med tre toarullar som mest och bottenbetyget var en överkorsad rulle. Det var ingen specifik betygssättning av maten, servicen och så vidare. Stjärnorna gällde för helheten, i form av prisvärdet på den. Andra företräden och tillkortakommanden fick visa sig i texten.

Från och med 1999 bytte vi betygssystem. Det var redaktionen som ville ha förnyelse. Själv var jag reflexmässigt motsträvig. Jag tyckte att stjärnorna hade blivit etablerade och gav tyngd åt Bongs bedömningar. Men Martin Andersson, dåvarande redaktören på Dygnet Runt, framförde invändningar som det låg mycket i. Den blott tregradiga skalan (överkorsad stjärna undantagen) gav intrycket att en stjärna var så gott som underkänt och två stjärnor ett slags normalbetyg. En femgradig skala vore lättare för läsarna att förhålla sig till – framför allt för att den används i så gott som alla andra betygssammanhang.

Martin ville också bort från prisvärde som allenarådande för betyget. På den punkten var jag än mer betänksam. Hur skulle annars en sylta på hörnet kunna få toppbetyg? Martin, som sällan är svaret skyldig, påpekade för mig att det dittills blott var en enda enklare restaurang som fått toppbetyg, trots att jag hade recenserat krogar i nästan fyra år. Det var Brokrogen i Malmös hamnområde, en lunchrestaurang som verkligen inte hade hamnat i topp om ej prisvärdet varit avgörande. Med andra ord – kanske hade jag själv vägt in mer än prisvärde i stjärnorna?

I stället gjorde vi så att förutom själva sifferbetyget lade vi till andra betygsmarkeringar – pilar som kunde peka upp, ner eller mitt emellan. De angav omdömet för prisvärdhet, mat, dryckesutbud, service, miljö och toaletter.

Grafiskt blev det inte så tydligt som man kunde önska. Pilarna var i själva verket svarta liksidiga trekanter, vilket blev lite diffust. I början markerades mitt emellan med en punkt, längre fram med en trekant pekande åt sidan, men ingendera var riktigt lyckad. Trekant upp blev sedermera markerad med färg i stället för svart, vilket gjorde åtminstone den betydligt tydligare. Med tiden testades olika varianter på pilarna, allihop bättre än den första men ändå inte så tydliga som vore önskvärt. Och så tycker jag fortfarande att prisvärdhet är ett konstigt ord, som borde ersättas med det ursprungliga prisvärde.

Annars visade sig det nya systemet ganska smidigt att använda. När vi körde igång behövde jag ändra betygen på de gamla recensioner som låg kvar som kortisar i tidningen. Dessa sträckte sig uppemot ett halvår bakåt. Det visade sig vara plättlätt att göra konverteringen av betygen på de redan recenserade krogarna, så det var uppenbart att vi i alla fall inte krånglat till det mer för mig.

I längden fann jag det där med pil upp, ner eller åt sidan vara smidigt att använda och förmodligen ganska lätt för läsarna att ta till sig. Det blev dock kinkigare än med gamla systemet att bestämma helhetsbetyget. Förr hade det varit prisvärde, någorlunda, men nu var det liksom ingenting att ta fasta på eftersom allting skulle ingå.

Mestadels gick det ändå rätt lätt, men då och då kunde jag sitta länge och väl och väga olika siffror mot varandra, innan jag var tvungen att bestämma mig. Det är förstås helt enkelt så att ju fler grader man har på en skala, desto svårare är det att bestämma sig mellan dem – i synnerhet när avgränsningen för vad betyget ska gälla är så pass vag.

En del krogguider låtsas med en flergradig skala att de är mer precisa än andra. Jag tvivlar. Exempelvis har *White Guide* ett system av sex olika bedömningsgrunder som totalt kan ge högst 100 poäng, där de olika grunderna har olika maxpoäng. Mat kan ha högst 35 poäng, dryck max 15, miljö max 17 och så vidare. Det verkar väldigt vetenskapligt, men hur bestämmer man om en krog ska få 22 eller 23 för maten? Och vad säger det egentligen läsaren? Det blir i realiteten en väldig massa höftande, som inte kan annat än förstora osäkerheten vid sammanräkning.

Vad som förmodligen hände när jag började använda det nya betygssystemet var att de som låg i gränsen mellan 2 och 3 oftast fick 3, för man vill faktiskt inte vara taskig. Sammalunda med de mellan 1 och 2. De som låg mellan 3 och 4 hamnade nog aningen för slumpmässigt på den ena eller andra siffran – där var det oftast svårast att bestämma sig. Och de som låg mellan 4 och 5 fick nog oftast 4, så att inte femman skulle förlora sin särställning som en markering att ta till för de allra härligaste krogarna.

Om än blott som en underkategori fick prisvärdet vara kvar, vilket både jag och Martin Andersson tyckte var självklart, i synnerhet i en tidning som inte specifikt riktar sig till gourmeter. Dessutom vägdes prisvärdet in i helhetsbetyget, jämte alla andra faktorer.

Att mat fick en egen markering kändes också självklart, men det var inte alltid så lätt att hitta rätt med den. Skulle en sylta kunna få pil upp på maten för en reko pannbiff med lök, och kunde en finkrog få pil ner för en halvdan anklever som man inte kunde drömma om att få på den där syltan? Alltså, skulle matpilen vara relativ till vad för sorts krog det var fråga om? Det var lite svävande, men i viss mån gjorde jag så. En finkrog kunde få pil ner på maten om den var tydligt sämre än man hade rätt att vänta sig på ett sådant ställe, och syltan kunde få pil upp om den där pannbiffen var riktigt läcker och tillagad kärleksfullt med anständiga råvaror.

Med dryckesutbudet var det lättare. En guldkrog ska ha en ordentlig vinlista, därmed basta. Hade den inte det så blev det pil ner, och för att det skulle bli pil upp måste där finnas ett sortiment som på något sätt var en positiv överraskning. En lunchbar behövde inte mycket alls för att slippa pil ner – kanske inte ens någon enda alkoholhaltig dryck, om det fungerade med restaurangens koncept. Ett sådant ställe kunde få pil upp för att det hade diverse läsk, juicer och folkölssorter som visade på en extra ansträngning.

Även service, miljö och toaletter bedömde jag med självklarhet efter vad för slags krog det gällde. Sålunda kunde även en självservering få pil upp på servicen, om personalen var trevlig och omtänksam, medan en lyxrestaurang kunde få pil ner på servicen om kyparen saknade lyhördhet eller behandlade gästerna lite väl kyligt.

Det femskaliga helhetsbetyget förklarade jag med ord som beskrev hur pass krogen var värd ett besök:

1: aldrig
2: knappast
3: okej
4: gärna
5: absolut.

De tre pilarna förklarade jag som stark, godkänd eller svag.

Ytterligare en fördel med det nya betygssystemet var att vi kunde införa en snabbguide, med olika listor på krogar som det senaste halvåret fått pil upp för prisvärde, mat, dryck och så vidare. Därmed kunde läsarna snabbt hitta krogarna med vällagad mat, markant prisvärde, eller vad de föredrog. Jag vet inte i vilken utsträckning Sydsvenskans läsare verkligen utnyttjade denna snabbguide.

Mitt intryck var att läsarna – och krögarna – såg till helhetsbetyget och knappt reflekterade över pilarna. Insändarna var tydliga på den punkten. De fortsatte att allra mest resonera om helhetsbetyget och gjorde aldrig någon sak av vart pilarna pekade.

Bongs nya betygssystem med en till fem postryttare och trekantiga pilar.

Alltså finns det anledning att experimentera mer med betygssättningen. Det kommer säkert att ske framöver. En dagstidning behöver förändring – även om det skulle vara till det sämre. Annars får den lätt en air av gårdagens nyheter, som för en dagstidning är bleka döden.

Vi gjorde efterhand några små justeringar av betygssystemet – men inget radikalt. I oktober 2000 blev det Sydsvenskans postryttare i stället för siffror. Det ser rätt plottrigt ut, men Sydsvenskan behövde väl på detta sätt förstärka sin grafiska profil. Aftonbladet har sina plustecken, Expressen sina getingar.

Den nya version av Dygnet Runt som gavs ut i drygt ett år, efter att jag slutat som Bong, hade en fjäril i rutmönster som sin snitsiga logotyp. I den utgåvan markerades Bongs betyg förstås med små fjärilar. På så vis får tidningarna sina logotyper spridda i alla möjliga sammanhang, även andra media, vilket förstås är tanken med det hela.

I mars 2003 skippade vi pil för miljö och toa, för att vi tyckte det var för plottrigt med så mycket som sex pilar. Dem har jag ibland saknat genom åren, trots att det var jag som föreslog att just de pilarna skulle bort. Det hände titt som tätt att jag saknade möjligheten att markera just miljön – antingen för att den var en stor behållning på krogen i fråga, eller för att den var så sorgligt eftersatt. Toapilen saknade jag inte lika ofta, men det kunde hända, speciellt när det handlade om försummade toaletter – och då kunde det kännas akut. Nå, sådana brister kunde nämnas i själva texten, och miljön skrev jag ju ändå om i så gott som varje recension.

Man bör egentligen akta sig för att ha en massa systematiserad information jämte sina krogrecensioner. Det är ju att signalera till läsaren att själva texten inte behöver läsas, eller i alla fall att den leder fram till det som sammanfattas med några siffror och pilar, eller vad det kan vara. Så är det inte alls med en välskriven krogrecension – det är själva texten som säger det specifika och intressanta om krogen, inte betygssystemet. Det är också bara i texten man kan förklara med precision hur maten smakar, hur servicen fungerar, och så vidare.

Tidningarna borde lita mer på att deras läsare är just läsare, och inte flytta ut all viktig information till små rutor, krumelurer, figurer och tabeller. Kanske är den ideala betygssättningen därför att man använder just ord. Ett ord för att sammanfatta helhetsupplevelsen – och då inte ett av fem eller tio på förhand fastställda, utan ett ord som krogrecensenten tycker bäst beskriver just den specifika krogupplevelsen.

"Behaglig" kan vara ordet för en restaurang med vänlig service, sköna stolar, lugn musik i bakgrunden och mat som smälter på tungan. "Snorkig" kan vara ordet för den guldkrog där kyparen tittar ner på gästerna redan när de gör sin entré och där maten hanteras som om den vore långt viktigare på tallriken än i gästernas gommar. Och "slapp" vore ordet för en lunchrestaurang som bara slevar ut standardmat, medan "frejdig" kanske beskriver den enkla syltan som presterar en gedigen pannbiff med lök, erbjuder påbackning och tar kamratligt betalt.

Det kunde inspirera krogrecensenter till att bli poeter och locka poeter att bli krogrecensenter, vilket skulle ge det måleriska språk som gommens njutningar egentligen kräver.

Åtminstone kunde en djärv tidning våga sig på att använda ord i stället för siffror, postryttare eller vad det kan vara. Bongs betyg skulle i så fall anges med ett av de fem orden absolut, gärna, okej, knappast eller aldrig, i klartext.

Snarlika illustratörer

I början illustrerades Bongrecensionerna med fotografier på krogarna – oftast en bild på fasaden, ibland någon interiörbild. En enkel lösning som gjorde det lätt för läsarna att känna igen sig om de besökte krogen i fråga. Bilderna blev dock sällan särskilt spännande. Husfasader är så lagom kul på bild. Dessutom ser de inte särskilt inbjudande ut, speciellt på svartvita foton i en dagstidnings ganska daskiga tryck.

När Bong i mars 1998 växte från att vara en helsida till ett helt uppslag i Dygnet Runt infördes en ny formgivning – med en teckning i stället för ett fotografi. Den första illustratören var Helena Östergren, som fortsatte med det i sju år. Hon hade en glad och elegant tecknarstil, som onekligen skapade behövliga färgklickar vid de rätt mastiga textsjoken.

Jag hade egentligen tänkt mig teckningar med ungefär samma motiv som fotografierna innan – husfasader eller ännu hellre interiörbilder från krogarna. Det hade dock varit komplicerat att genomföra. Om Helena satte sig ner på en krog och började rita skulle krögaren genast förstå att en recension från Bong var på gång. I stället gjorde hon muntra collage på sådant som dök upp för henne när hon läste texterna. Det kunde ibland bli krystat men andra gånger fyndigt. Jag var inte alltid nöjd med bilderna, men det kan inte ha varit någon lätt sak att spotta ur sig festliga illustrationer vecka efter vecka.

Jag satt fortfarande och drömde om detaljrika kroginteriörer tecknade med säker penna.

Från och med 2005 tog en ny illustratör över uppdraget: Andi Almqvist. De första veckorna var han svår att skilja från sin föregångare, såväl i teckningsstil som bildinnehåll. Jag pikade Martin Andersson för det. När han efter så många år bytte illustratör, varför till en så gott som identisk? Men Martin visste mer om Andi än jag gjorde. Det dröjde inte många veckor innan teckningarna blev betydligt mer grovhuggna och busiga. Andi fortsatte att illustrera mina recensioner tills jag slutade som Bong och Dygnet Runt gjordes om.

Numera heter tecknaren Helena Ohlsson. Hennes bilder påminner märkbart mycket om både Helena Östergrens och Andis. Tidningsredaktörer verkar ha en besynnerligt samstämmig uppfattning om hur teckningar ska se ut, inte blott på Sydsvenskan. Den där lite frejdigt halvnaivistiska stilen går igen med

BONG »

BUDDHA LOUNGE/MIDDAG

♨ ♨ ♨ ♨
Djäknegatan 9.
Malmö
M

prisvärdhet ☺ mat ☺
dryck ☹ service ☺

Buddha fixar mixen

Vällagad crossover men vinlistan imponerar inte

» **Buddha lounge är både** cross kitchen och cross culture, vilket redan det tokroliga namnet signalerar. Det hela är ett slags brokig provkarta med inslag från Europa över Främre Orienten till Indien. Och det där med "lounge" är rent missvisande blygsamt på lokalerna, som verkar fylla hela den gamla byggnaden på tre våningar – med matsalar, barer, dansgolv och "chambre separé".

Dessutom en trevlig utomhusservering på gården, där man sitter rätt skönt i små trädgårdssoffor vid märkligt höga bord. Några mer grönska kunde de gärna få pryda gården med, så hade den blivit ett litet Eden – för att än mer understryka kulturmixen.

Vi anar att detta är mer av nöjespalats, bar och disko, än restaurang. Ändå är menyn intresseväckande och maten så väl omsorgsfullt tillagad som beströdd med kittlande smaker.

Här finns ett dussin meze, smårätter på samma sätt som den spanska traditionen med tapas, i pris från 29 för inlagda svarta och gröna oliver till 65 för grillade tigerräkor med koriander och vitlöksvinägrett.

Huvudrätterna är halva dussinet, där krogens egen hurgare på lamm- och oxfärs är billigast med 110 kronor, och lammvariation med bland annat majscreme och potatisfondant är dyrast för 179. Desserterna kostar mellan 25 för det extremt söta bakverket baklava och 65 för chokladfondant eller yoghurt med diverse tillbehör.

Vinlistan är föga imponerande med sitt alltför begränsade antal flaskor. Dessutom visar det sig att inte alla finns i lager. Särskilt saknad är den libaneiska pärlan Chateau Musar, som utgått ur krogens sortiment fast den skulle passa särskilt lysande i detta sammanhang.

Servicen är både vänlig och rask – det

är lustigt nog först när vi ska betala som serveringspersonalen är som bortblåst en stund.

Först provar vi några av krogens små meze. Alltihop är riktigt gott. De grillade tigerräkorna med koriander och vitlöksvinägrett för 65 har fyra stora och krispiga räkor med lite skal kvar att hålla i. Smaken av koriander och vitlök är försiktig.

Grillad aubergine med valnötter och citronvinägrett kostar 59 och är riktigt läcker.

Auberginen i tunna skivor är preparerad så att det trevligaste i dess smak framträder, valnötterna ger tyngd och vinägretten bryter fint mot den oljiga auberginen.

Krogens hoummos för 30 är också harlig, om än någon aning salt. Även det pesto- och fetaostfyllda pitabrödet med

grillad aubergine för 59 är riktigt aptitligt.

Huvudrätten ankbröst med vinkokta fikon, syrade dadlar, päronpuré, rödvinssås och potatisfondant kostar 175 och gör sig verkligen förtjänt av priset. Bröstet är mört och ganska yppigt, i stor portion med många skivor.

Det finner sig mycket väl tillrätta bland alla tillbehören, som skapar en fräck, vågad och lyckad libaneisk crossover.

Den pankofriterade gösen med dillbräserad fänkål, limemarmelad och svart sesam-aioli för 169 imponerar inte lika mycket, trots att smakkombinationen låter rolig. Det blir ingen helhet av de i och för sig välsmakande delarna. Fiskbitarna har en krispig frityr men är i sitt eget kött ganska trista och torra.

Sesam-aiolin har en skön krämighet

och pepprighet – men den becksvarta färgen blir onekligen lite besynnerlig. Rätt sturskt gjort, ändå.

Bland desserterna väljer vi chokladfondant, en chokladbakelse med pistageganache, vit chokladmousse och bananpuré. Den kostar 85 kronor, vilket är en del, men gör sig förtjänt av pengarna. Faktiskt är den så läcker och raffinerad att den kunde hävda sin plats på vilken gourmetkrog som helst.

Baklava, den söta persiska mördegsbakelsen med påtaglig kardemummasmak, är ganska liten – men också till priset, som är blott 25 kronor.

Här borde det finnas libaneiskt kaffe, men endast vanligt svenskt bryggkaffe erbjuds – inte heller espresso.

Kaffet är i alla fall helt ok, även till priset om rimliga 20 kronor.

Bong

Bongrecension från 2005 illustrerad av Andi Almqvist.

108 BONG

Trivs du där Bong vantrivs? Faxa till Dygnet Runt: 040 28 15 28

ILLUSTRATION HELENA O OHSBERG

★

Årstiderna
Kockska huset,
Stortorget, Malmö

☐ lunch ☑ middag

Årstiderna
Stor-
torget

på dass

Toaletterna med sin blekt lila in-
redning är förstås eleganta och
nanska propra, men räcker de
till i antal?

Kostar mer än det smakar

Årstidernas förra lo-
kal höll en stil som
satte skön mat i her-
resätet. När så flyt-
ten gick till den be-
tydligt större Kock-
ska krogen på Stortorget, då
fanns skäl till oro – kvantitet är
i de flesta konster en naturlig fi-
ende till kvaliteten. Efter vårt
besök anar vi att krogen inte
har dukat under för kvantite-
ten, men gått den till mötes en
del.

I de Kockska källarvalven
och prången sitter man förvisso
bekvämt i vida stolar med lä-
dersits, likaså är borden rymli-
ga och oklanderligt klädda med
såväl vita dukar som ett vackert
porslin. Lokalens dunkel har
förstås sin charm men passar
inte som hand i handske för pa-
rader av utsökta måltider. Vad
gäller personalen tycks kraven
ha krympts något – båda de ky-
pare vi under kvällen betjänas
av visar olika grader av brister
i sina kunskaper om såväl kro-
gens meny som dess vinlista.
Också på andra små sätt får de
oss att undra – fast de är ytterst
vänliga och angelägna hela ti-
den.

Vinlistan är intressant. Här
finns en bred representation av
viner från fina distrikt, valda
med uppenbar omsorg och inte
så ringa kunskaper. Man kan
möjligen konstatera två små
brister på vardera håll om den
övervägande andelen flaskor i
prisklass runtom 500 kronor: å

ena sidan är det inte precis gott
om viner för 200 eller blott na-
got därutöver, å andra sidan
finns inte heller några av de rik-
tiga majestäterna.

Det vin vi väljer är tyvärr in-
te den upplevelse som priset
och buteljens härkomst ställer i
utsikt. Förvånande, men sådant
händer. Kyparen dekanterar
utan att fråga först. Detta är of-
ta men inte alltid bästa sätt att
hantera ett rödvin, varför vi ha-
de uppskattat att själva få välja.
Vidare hålls det upp en aning
för mycket i vårs glas, så att vi
har svårt att närma oss vinet
enligt alla konstens regler.

Menyn är exklusiv. Förrätterna
rör sig upp till 155 kronor för en
tallrik med löjrom, laxrom och
sikrom, därefter 150 för hum-
merragu. Varmrätterna kryper
gärna inpå 250 kronor. Dyrast
är sjötunga för precis detta be-
lopp och bland kötträtterna den
skånska dovhjorten för 245.
Desserterna befinner sig alli-
hop lite under hundralappen.
Bland förrätterna prövar vi
Wilhelms viltpaté med plom-

mon- och ingefärakompott för
95 kronor. Kompotten är en so-
fistikerad ackompanjatör till
patén, som dock är en aning
profillös – mildare än vad vi
någon borde tuktas till. Bi-
sque på havskräftor, purjolök
och mandelpotatis för 130 kro-
nor har en nästan dunkel smak
med sin tjocka tillredning, så
kraftig att den
känns het. Potati-
sen är tärnad så att
den leder tankarna
till pytt i panna och
inte förmår tillföra
något menings-
fullt.

Varmrätten äng-
kokt sjötunga med
skummig Riesling-
sås samt hummer
och tryffel är alltså
menyns dyraste
rätt och läter nog så påkostad.
Det där med tryffel, dock, är
nästan ett hån. Även som fri-
märke skulle denna tunna lilla
skiva tryffel på portionens topp
betraktas som minimal. Den in-
te mycket större biten hummer-
kött med sin vattnighet adderar

"Kyparna vi-
sar brister i
sina kunska-
per om såväl
krogens meny
som dess vin-
lista."

inte särskilt mycket finess åt
måltiden, men sjötungan är ge-
neröst tilldelad och välagad, li-
kaså är såsen med sin diskre-
tion en god kamrat till denna
ypperliga fisksort.

Tournedos av gödkalv och kalv-
bräss med madeirasås och grön
sparris med parmesan kostar
235. Det utmärkta
köttet har stekts
kompetent men
på fatet finns två
bitar av mindre
stålig form i stäl-
let den enda när-
mast konungsligt
tronande köttbit
vi gärna förknip-
par med begrep-
pet tournedos.
Kalvbrässen har
hanterats mera
burdust medan sparrisen är bå-
de stålig och tin-lika som is kon-sis-
tens.

Bland desserterna visar sig
kupolen på Valhronachoklad
med likörmarinerade hallon
för 85 vara en iögonenfallande
skapelse – ett halvklot täckt av

mörk choklad med långsträck-
ta skärvor av summa choklad
såsom tornspiror omkring. Bå-
de chokladen och sättet att han-
tera den faller nog de flesta i
smaken, medan man känner
sig snopen på den ynka mängd
marinerade hallon som bildar
kupolens kärna.

Apelsin- och nougatmoussen
på krispig chokladbotten kostar
75 och har den festliga formen
av en högrest och färgspraka-
de cylinder, krönt med manda-
rinklyftor. Den är lika god som
underhållande med en ovanlig
styvhet i moussen som dock in-
te känns som ett handikapp.

Visst äter man gott här – men
det betalar man också för, så
det förslår. Vad vi vill begära av
en krog på denna nivå är de fi-
nesser i kokkonst som leder till
lyrik, till kulinariska upplevel-
ser som känns unika och min-
nesvärda. När notan överstiger
1 300 kronor ska man ju åt-
minstone minnas måltiden lika
länge som hålet i plånboken
bränner.

BONG

★★★ Pärlan, den stora upplevelsen. ★★ En varm rekommendation. Hit bör man söka sig. ★ Ok, men inget gör sig omak för.
Betygsättningen utgår från hur prisvärd krogen är. Alltså kan en sylta på hörnet få lika gott omdöme som en lyxkrog. Får krogen ingen stjärna alls bör den undvikas.

Bongrecension från 1998 illustrerad av Helena Östergren.

BONG »

SANKT MARKUS VINKÄLLARE / **MIDDAG**   4, 4, 4,

Stadt Hamburgsgatan 2.
Malmö
M
Prisvärdhet:) mat ◑
dryck () service ◑

Populär labyrint

Sankt Markus vinkällare
bjuder på gigantisk
vinlista och dyr mat.

》 **Man går vilse flera gånger** på
Sankt Markus. Den åldriga,
tegelkladda källarlokalen med
sina många gångar och präng kräver
en gps för att navigera sig i. Den tjocka
bok som vinlistan utgör ar nastan ooverskadlig. Aven matsedeln med sina manga
menyer kräver en stund att ta sig genom.
Det blir lite för mycket.

Paradnumret ar krogens "Luxus Buffe", som de flesta besokarna siktar in sig
på. Den kostar 288 kronor och bestar av
soppa, ett vidlyftigt sillbord, en mangd
kalla och varma ratter, desserter, samt en
ostskank med tiotalet ostar.

Annars finns en handfull flerrattersmenyer kombinerade fran krogens a la
carteratter och dopta efter kyrkliga amheten, från abboterns for 580 till pavens
for 927. En vegetarisk variant ar abbedissans meny for 575. Diverse viner på glas
ingår i menyerna.

Vinlistan kan man prata lange om, den
hor definitivt till de rikare i regionen.
Har hittar man de flesta av legendarerna.
med mycket mera sasom ett sarskilt
rikt sortiment av Alsaceviner.

Servicen ar kunnig och sympatisk. Det
hander anda en och annan gang att vi
får vanta på betjaningen, formodligen
for att personalen har lite for mycket att
hinna med på denna populara krog. Har
duggar det ar stora sallskap och firmafester. Kyparna ar har som helst var
da beundran for att de hittar och tar sig
fram i denna labyrint till lokal.

Vi struntar i buffé och fardiga menyer,
utan valjer i stallet vara ratter direkt fran
a la carten.

Forratten lätthalstrad pilgrimsmussla for
115 serveras i kramig sås av chili, vitlok
och äpple, samt tjock toast. Musslorna ar
utmärkta, varfor det ar synd att de nastan dränkts i den mycka sasen. Dessa

delikatesser bor få tala for sig sjalva.
Whiskygravad oxfile i nastan carpaccioatunna skivor serveras for 110 med
sallad på paron och en tioarig balsamico. Skivorna har fösts ihop i en bunt som
inte ar det mest aptitliga att beskåda. Bitarna av paron har en syrlighet som bryter lite val drastiskt mot kottet.

Varmrätten ankbröst med ugnsbakad
sotpotatis och apelsinsås for 208 ser
vackre ut med de fina skivorna anka och
den grillomstrade sotpotatisen. Sasen
kunde ha mer karaktar men det ar anda
en angenam anrattning.

Den rimmade halstrade torskryggen kostar 210 och serveras med tomatskum och risotto. Sistnamnda kallas
kramig i menyn, vilket ar en overdrift

For oss hade den garna fått vara graddigare. Den ar grontonad av sin ortkryddning och passande pyntad med en klyfta lime. Tomatskummet ar skojigt men
dess smak ar lite visen mellan fisken
och risotton. Poangen ar, som sig bor,
sjalva torsken. Det ar en rejal tildelning
av den, och tillredningen ar mmstergill.
De saftiga styckena faller gaffeln till motes vid minsta beroring. Darmed ar allt
forlatet.

Desserten hasselnötsflarn med mascarponecreme serveras med contreausmaksatt jordgubbssås och några fylliga
blåbär for 80 kronor. Jordgubbssäsen
ar trots spriten inte sarskilt karaktarsfull. Det galler aven flarnet och mascarponen. Visst ar inte for de trevliga blå-

baren skulle denna dessert vara glomd
omedelbart efter sista munsbiten.

Mer personlighet har tryffeln smaksatt med chili for 92, som ytterst finurligt
kompletteras av en basilikasas. Det gar
inop alldeles utmarkt. Tryffeln ar ocksa i
sig njutbar med sin skarpa och fyllighet

Det gors inga fel i koket men inte heller nagra uppenbara storverk - trots de
storska priserna. Efter middagen undrar vi over karaktaren på maltiden. Det
ar lite alldaglig trots kvaliteten och ganska konventionellt. Formodligen ar det
en foljd av koncentrationen pa buffens
ymnighet. Nar en sadan mangfald ska
astadkommas blir det svart att bevara
personligheten.

Bong

ILLUSTRATION HELENA OHLSSON

---

*Min sista Bongrecension för Dygnet Runt, den 5 januari 2007, illustrerad
av Helena Ohlsson.*

få variationer i på tok för många illustrationer, oavsett sammanhanget. I mina ögon skvallrar dylika bilder om en viss slapphet hos tecknaren, rentav en begränsad förmåga med penna och pensel. Det finns faktiskt andra sätt att rita bilder på.

När Mattias Oscarsson stod i begrepp att sjösätta den nya Dygnet Runt, med en ny Bong, var han angelägen om en ungdomlig och verkligt nutida ton. Jag föreslog att han skulle rota fram en tecknare inspirerad av manga och anime, japanska tecknade serier och filmer. Många av de riktigt unga tecknarna har en sådan teckningsstil, till exempel flera av dem som går serietecknarlinjen i Malmö. Det vore verkligen en synbar förändring i Dygnet Runt, och hur ungdomligt som helst.

Men Mattias hade fastnat för Helena Ohlsson, vars bilder leder mina tankar till illustationerna i franskaböckerna vi hade på högstadiet i slutet av 1960-talet.

Pengar pratar

Det handlar förstås i väldigt hög grad om pengar när restauranger bedriver sin verksamhet. Inkomsterna måste överskrida utgifterna, helst med sådan marginal att krögaren känner att det är någon mening med att ägna betydligt mer än åtta timmar om dygnet åt ruljansen. Det är ingen lätt sak.

Pengarna spelar också en stor roll på andra sidan skranket – i krogrecensentens värv. Tidningarna har inga outsinliga kassakistor, speciellt inte under det senaste decenniet konkurrens från internet och andra media. Därför spelar ekonomiska hänsyn en central roll i hur detta recenserande gestaltar sig.

Regelbundna krogrecensioner är dyra att genomföra – betydligt dyrare än den mesta journalistiken på redaktionerna. Egentligen är det bara de största tidningarna som har råd med det på ett relevant sätt och med någon frekvens. De med mindre upplagor och därmed sämre resurser avstår antingen helt eller låter anställda journalister göra små nedslag på fritiden, mot att de får middagen betald. Det blir som en liten bonus och kan vandra runt som en stafettpinne mellan kollegorna på tidningen. Då blir förstås kvaliteten skiftande, likaså tillförlitligheten. Även om de flesta journalister har ätit ute ett antal gånger, betyder det inte att de är skickade att skriva recensioner om saken.

De redaktioner som är i den lyckliga sitsen att ha råd med regelbundna krogrecensioner genomförda av särskilt utvalda skribenter känner sig ändå föranledda att snåla på andra sätt, så gott det går. Det kan vara restriktioner beträffande dryckerna till maten, rentav en begränsning till mineralvatten. Det kan också komma direktiv om att göra sällsynta besök på de dyra lyxkrogarna, för att i stället mestadels gästa de i mellan- eller lågprisklasserna.

Just nu är allt som har med mat att göra väldigt inne i media, varför det inte snålas så förfärligt ens på krogrecensionerna, men exempelvis är det bara några år sedan inte ens Dagens Nyheter recenserade en krog per vecka, utan betydligt glesare. Och fortfarande är det några av de stora tidningarna som kör krogrecenserandet som ett slags frivilliguppdrag utan lön. Så har även DN bitvis gjort.

Nu hävdar samma tidning att den mobiliserar väldiga resurser för varje recension som görs av den så kallade Krogkommissionen. Så här står det på hemsidan för bilagan *På Stan*, där dessa recensioner publiceras:

> *Varje restaurang besöks vid tre tillfällen av minst två krogkommissionärer med sällskap. Är kommissionärerna oense, eller om krogen verkar osedvanligt dålig eller bra, görs ytterligare ett besök. Det är olika människor och konstellationer som gör de tre besöken, och testen görs vid olika veckodagar för att man ska se hur krogen klarar sig under olika förutsättningar.*

Jag tvivlar starkt på att det går till så. Tre eller fyra besök av minst fyra personer på varje krog de skriver om, dessutom olika sammansättning på truppen varje gång. Det skulle betyda svindlande kostnader på ett år och en omfattande organisation, även om kommissionärerna får ordna sina egna sällskap och dessa inte arvoderas. Kanske råder också restriktioner vad gäller alkohol.

Lik förbannat blir det fråga om minst 16 personer totalt och ett väldigt spring på krogen. Nej, jag tror inte att DN gör så – i alla fall inte utan att ha gjort allvarliga inskränkningar på andra sätt.

DN-texten ovan publicerades 2008 och uppdaterades senast den 1 april 2009. Kanske ska den ses som ett skämt?

White Guide, med hela Sverige som bevakningsområde, påstår sig vara ungefär lika samvetsgrann vid sina recensioner, med flera besök på samma ställe. Det kan de knappast ha råd med. Så mycket säljer inte boken, som inte ens når Topp 20 på bokbranschens försäljningslista för facklitteratur. De många missarna vad gäller krogar utanför Stockholm indikerar att de inte ens besöker alla inför varje ny utgåva av boken.

I och för sig är det där med flera besök på samma krog en överloppsgärning, som försöker ge intryck av ofelbarhet. Recension är ett subjektivt tyckande och ska inte jämställas med fakta eller försöka ge sken av att vara det. Jag ser ingen annan anledning till flera besök än om recensenten själv är osäker på sitt omdöme. Är man flera olika recensenter som gör jobbet bör det i så fall redovisas i lika många texter, annars blir följden bara att de pratar ihop sig om en gemensam ståndpunkt som kan avvika betydligt från samtliga individuella upplevelser. Recensionen blir ett slags minsta gemensamma nämnare.

Alla konster, och dit räknas även kökets artisteri, får karaktär av deras personligheter och ska därför bedömas personligt. Inte kommer någon på tanken att romaner, filmer eller rockkonserter ska recenseras i något slags grupparbete, där textens utformning blir vad alla kan enas om.

Sydsvenskan satsar ganska duktigt på Bongs recensioner. Det var nog jag som i hög grad satte ribban, eftersom jag var först på uppdraget och tidningen respekterade de premisser jag lade upp för bevakningen. Dessutom märkte de snabbt hur populär läsning dessa texter var och vilket intryck de gjorde på såväl läsare som krogfolk. I början var mina texter blott små trespaltare i nöjesbilagan Dygnet Runt men genomslaget gjorde att det snabbt blev helsidor och sedan hela uppslag. Då fick det kosta.

I och för sig var mitt arvode i början rent löjligt snålt tilltaget. Jag gick med på det för att jag förstod att de var lite osäkra på både satsningen och mig. Så fort det hela hade kommit igång började jag pressa på för arvodeshöjningar, så att jag i alla fall inom något år kom upp på uthärdliga nivåer. Först när Martin Andersson lite surt meddelade att jag var dyrast av Dygnet Runts alla frilansmedarbetare hejdade jag mig och lät mig därefter nöja med att arvodet höjdes blott med den procent som Journalistförbundet rekommenderade.

Någon saftig ersättning blev det aldrig, bara anständig – och inte alls på den nivå jag varit van vid från DN, som i och för sig betalar bäst i hela dagspressen. Jag fick under det sista året som Bong 2.900 kronor för lunchrecensioner och 3.400 för middagar, eftersom sistnämnda tog mer tid i anspråk. Kanske kunde jag ha pressat upp Sydsvenskans arvode åtskilligt om jag legat i, men det hade knappast fallit i god jord på redaktionen, där fast anställda journalister sitter och håller arvodena nere för att ha råd med mer.

Det är egentligen märkligt att vi är medlemmar i samma fackförbund, eftersom det i praktiken så gott som alltid är anställda journalister som är frilansarnas arbetsgivare. Det märks särskilt tydligt när det är strejk, som frilansarna förväntas solidarisera sig med, fast de bara knapphändigt ersätts för det. Men för frilansarnas villkor mobiliserar Journalistförbundet aldrig några stridsåtgärder.

Jag var överraskad av den stora skillnad i frilansarvoden

som rådde mellan DN och Sydsvenskan – i alla fall inom nöjes-
journalistiken, som var den enda jag visste något om. Min upp-
fattning var att Sydsvenskan ogenerat betalade blott hälften av
vad DN hade som standard, om ens det. Ändå såg jag i Journa-
listförbundets siffror att löneskillnaderna för de anställda jour-
nalisterna på de båda tidningarna bara var sådär tio procent. Jag
gissar att det inte har ändrat sig särskilt på sistone. Så går det när
fackförbundet endast slåss för de anställda medlemmarna, och
dessa i sin tur ogenerat agerar som tämligen ogina arbetsgivare
åt frilansarna.

Nå, förutom det låga arvodet hade jag inget att klaga på när
det gällde Sydsvenskans satsning. Jag och mitt middagssällskap
kunde välja helt fritt på menyerna även vid besök på de allra dy-
raste krogarna. Det ifrågasattes aldrig. Inte heller hördes minsta
protest mot att vi också drack som riktiga gäster – ibland ganska
dyra viner och exklusiva avecer.

Jag lät vinlistan avgöra vilken nivå vi skulle lägga oss på
där, inom rimlighetens gräns. På exklusiva krogar var det nödvän-
digt att pröva något helt annat än husets, för att se om de hade
flaskan i lager (då och då var så inte fallet), hur de lagrat den och
hur den hanterades vid bordet.

I valet av maträtter använde jag mestadels den enkla formel
jag lärt mig av min mor när vi under min uppväxt gjorde festliga
krogbesök, vilket hände till som tätt: På billiga krogar, välj den
billiga maten, på dyra krogar den dyra. Då erfar man hur de
lyckas med vad de specialiserar sig på.

Vi var alltid två på middagarna, men mitt sällskap fick
nöja sig med gratismåltiden. Egentligen borde båda vid bordet
arvoderas, eftersom det i första hand är ett jobb, som ställer sina
komplicerade villkor. Men det försökte jag inte ens få igenom.
Inte en chans. Det borde jag ha gjort, trots allt, i synnerhet som
jag under elva av de tolv åren använde samma middagssällskap,
som blev alltmer värdefull i arbetet.

Luncherna gjorde jag oftast ensam. Det kunde räcka, eftersom det överlag var recensioner under mindre skärpta förhållanden – dessutom är lunchmatsedlarna ofta så korta att det inte är så mycket att utforska. Ändå tycker jag nog så här i efterhand att också de borde ha gjorts med två besökare, särskilt då det visade sig att dessa recensioner togs på precis samma allvar av läsarna.

I början bestämde vi oss för att växla precis varannan vecka mellan lunch och middag. Det var förstås ekonomiskt för Sydsvenskan men inget de insisterade på i längden. När Bong hade slagit igenom var det i stället alltmer uppenbart att redaktionen ville få fler texter om ståtliga middagar och färre enkla luncher. Bong hade blivit så viktig. Det var jag som stod emot och envisades med lunch ungefär varannan gång, för att jag tyckte att det hade sin stora poäng för läsarna med tanke på hur allmänhetens krogvanor oftast ser ut.

Först under de sista åren blev det även för mig uppenbart att Bong förväntades äta brakmåltider på de namnkunniga krogarna och därför i allt mindre grad ägna sig åt luncher och de enklare ställena. Då gjorde jag alltmer så att jag valde affärslunchmenyn när det var lunchbesök, och överlag lät middagarna bli fler.

Efter mig har Bong gått ännu längre i den riktningen. Tidvis har lunchrecensionerna lyst så gott som helt med sin frånvaro, medan de exklusivaste krogarna i Malmö och Lund har fått allt tätare besök. När andra tidningar gör så misstänker jag alltid att de inte arvoderar sina recensenter, utan blott belönar dem med gratismåltiden – som skribenterna då givetvis vill ha på bästa tänkbara ställen. Men på Sydsvenskan vet jag att det inte är så, vilket förvisso inte hindrar att dess krogrecensent hellre går på guldkrog än på syltan om hörnet. Jag var så krogvan att det inte spelade mig någon roll. Tvärtom tyckte jag att det gav den variation både jag och min gom behövde.

Bong måste betala sina middagar kontant för att inte i efterhand få sin identitet röjd. Det går ju inte att komma med eget kontokort – eller för den delen ett från tidningen. Jag såg därför alltid till att ha tillräckligt med kontanter i plånboken. Det kunde vara betydande summor, om vi skulle gå på en krog i den högre ligan. Säkert reagerade en del kypare på att få notan betald med en klase femhundralappar i stället för det sedvanliga plastkortet, men det gick inte att undgå. De undrade kanske hur svarta dessa sedlar månde vara.

Så vitt jag kan minnas var det bara en gång under alla år som jag missade att ha pengar i plånboken. Det var allra första året, när jag besökte en vägkrog långt utanför Malmö, turligt nog. På den tiden handlade man även med check, så jag fick skriva ut en sådan – det var ett betydligt bättre alternativ än kontokort, eftersom checkar skickas till banken och därmed så att säga försvinner i hanteringen. Därefter var jag ytterligt noga med att gå till bankomaten inför varje nedslag.

På grund av det låga arvode jag hade i början utverkade jag en rutin med förskottsutbetalningar från Sydsvenskan. Annars hade jag nog lik förbannat behövt välja snålare på krogen. Jag skickade mina fakturor direkt till ekonomichefen, som ombesörjde att utbetalningarna gjordes via det konto som tidningar använder för tipspengar. Dess hemlighet är skyddad av självva grundlagen. Om betalningar skett på vanligt vis hade säkert många vid tidningens ekonomiavdelning på ett ögonblick kunnat avslöja min identitet.

Normalt brukar tidningarnas återkommande frilansare skriva kontrakt, som reglerar ersättningen över en viss tid framåt, men jag skrev faktiskt aldrig något kontrakt med Sydsvenskan. Vi pratade om det genom åren, då och då, men det rann ut i sanden – inte helt oavsiktligt från mitt håll. Vi prövade en del kontraktsskrivningar men utan att nå fram, mestadels för att jag inte ville gå med på en lång ömsesidig uppsägningstid eller ett tystnadslöfte som skulle fortsätta evinnerligt även efter att jag slutat som Bong.

Man kan inte förneka något man ägnat flera år av sitt liv åt, speciellt inte om man som frilansare behöver visa vad man kan för att få fler jobb framöver. Det var illa nog att inte kunna skryta om saken när jag var Bong och därför ge intryck av att vara försvunnen ur mediebranschen. Jag kunde inte gå med på att ha det så i all evinnerlighet.

Anonymitetens aber

Krogrecensioner av den typ som görs i Sydsvenskan behöver ha en recensent som är okänd för krögarna, och som de därför inte behandlar annorlunda än andra gäster. Malmö är ingen stor stad och många av dess krögare umgås flitigt med varandra, så vi visste från början att det skulle kräva kraftåtgärder för att bevara hemligheten om Bongs identitet.

Förutom att ytterst få på Sydsvenskan fick veta att det var jag, hade vi särskilda bakvägar att sköta kontakterna med varandra, leveranser av mina texter, arvoderingen och så vidare. Det var väldigt hysch-hysch, som en spionhistoria.

Jag hade också en del knep för att ytterligare vilseleda krögarna. Under de första åren, när de var som ivrigast att luska ut Bongs identitet, klarade jag mig väldigt bra på att spela töntig. Krögarna kunde inte tänka sig att Bong, som skrev så bestämt och omständligt om restaurangerna, skulle stå ut med att ikläda sig en sådan roll. Jag ställde naiva frågor till kyparna, och när de frågade vad jag tyckte om maten eller vinet svarade jag bara "Jättegott!" med ett brett leende, oavsett vad jag verkligen tyckte.

Det fungerade i flera år men inte hur länge som helst. Med tiden var det allt fler krögare som kände igen min nuna, i och för sig utan att ana att jag var Bong, men de kom ihåg att jag var en idealgäst, som beställde flera dyra rätter, annat vin än husets, och tog avec till kaffet. Sådana gäster vill de ha och tenderar att lägga på minnet. Därför skulle det efterhand bli besynnerligt om jag betedde mig som om jag hade ringa krogvana. Vi fick ta till andra knep för att förvilla dem.

Jag var inte bara hemlig gentemot krögarna, utan också inför mina vänner och bekanta. Bara några enstaka närstående personer fick veta att jag var Bong. Resten bluffade jag allt vad jag orkade, även om de hörde till mitt närmaste umgänge. Det var nödvändigt men frustrerande. Man blir ofrånkomligen på något sätt avskärmad från sin omgivning om man måste hålla en stor del av sin vardag hemlig.

Hur plågsamt denna lönndom var för mig blev jag alltmer varse när min tid som Bong var slut och jag kunde bekänna vad jag haft för mig. Det var inte omedelbart efter min sista recension, för då hade nya Bong riskerat att få ögonen på sig, utan när Sydsvenskan i januari 2008 publicerade en intervju med mig, där vi avslöjade att jag varit Bong.

Från den stunden kunde jag vara hur publik jag ville med mitt forna uppdrag, och jag föll in i vad som var ett slags terapi genom att för alla och envar berätta om det. I början kändes det nästan traumatiskt, faktiskt i flera månader. Först nu kan jag vräka ur mig det utan att känna något gulp eller magknip. Det dröjer förmodligen några år till, men kanske inte så många som tolv, innan jag har borstat besvären av det långtida hemlighetsmakeriet av mig.

Så här i efterhand har jag fått veta att några av vännerna anade att jag var Bong, men bara en av dem konfronterade mig med det. Jag blånekade förstås, men är inte säker på att det gick vägen. Hur som helst var det ingen som kunde vara säker på saken.

En del lustigheter ledde det också till, såsom när Marcus Johansson vid evenemanget *Skrönor i parken*, som han själv var med om att arrangera, hittade på att han bevittnat Bong sätta i halsen och kvävas. I sin skröna berättade Marcus att han kommit på en vän som Bong och konfronterat honom med detta, vilket må ha förorsakat missödet. Lyckligtvis var alltihop på skoj, med blott ett uns av sanning – Marcus hade en vän som var Bong, men inte den han misstänkte. Jag hade känt honom några år. Turligt nog var jag inte där när skrönan berättades, annars vore det svårt att hålla masken. Det var dock Sydsvenskan, som glatt rappor-

SYDSVENSKAN

Allt fler portade sig från kasinot

Bong avslöjas: Mitt liv som krogrecensent

Basshunter fann bot mot mobbarna

Sydsvenskans löpsedel den 20 januari 2008, när intervjun med mig som f.d. Bong publicerades.

terade för sina läsare. Marcus Johansson är numera fullfjädrad ståuppkomiker.

Det var förstås besvärligt att vara så hemlig inför vänner och bekanta, men det blev också en belastning att även de flesta på tidningen inte fick veta Bongs identitet. Bland kollegor på vilken arbetsplats som helst råder en självklar solidaritet. Man ställer upp för varandra och tar varandra i försvar. Det kände journalisterna på Sydsvenskan inte alls för Bong, eftersom de inte hade fått förtroendet att veta vem det var.

Även de få på tidningen som visste att jag var Bong var inte särskilt stimulerade till solidaritet, då de varken hade mig i huset eller träffade mig dagligen. Vi träffades så gott som aldrig, och stötte vi ihop på stan var det bara att hålla masken och tåga vidare. Den mesta kommunikationen var med epost, SMS och enstaka telefonsamtal. Sådana kontakter kan man inte känna särskilt mycket för.

Styvmoderliga kollegor

Att Sydsvenskans personal inte hade några särskilda känslor för Bong gjorde att de mestadels blev irriterade när krögare klagade. De förstod hur det hängde ihop och måste vara, men det innebar inte att de stod över antipatin. Jag hörde så att säga inte till familjen, utan var en utomstående som ställde till besvär för dem.

Jag märkte det exempelvis på att inte ens de redaktörer jag hade att göra med på tidningen hyste någon särskild aktning för mitt arbete. Eftersom Bong var anonym och jag en frilansare som de såg mindre av än någon annan skribent på tidningen, fick de nog för sig att vem som helst lika gärna kunde vara Bong – förmodligen mycket bättre än den där krångligt hemliga Stenudd. Jag misstänker att de fortfarande är övertygade om det.

Beröm och uppmuntrande tillrop från redaktionen var det väldigt ont om under de tolv åren. Jan Wifstrand, som var chefredaktör när jag började som Bong, var det strålande undantaget.

Dygnet Runt, Sydsvenskan, 205 05 Malmö.   dygnet@sydsvenskan.se

FOTO MARTIN MAGNTORN

skrönor

VAD? Skrönor i Parken.

NÄR? Varje majkväll kl 22. Sista kvällen, sön 31 maj, är tiden 21-24.

VAR? Under kastanjen i Magistratsparken.

JUKEBOX? Sista kvällen finns det, förutom levande berättare, även en jukebox med inspelade "skrönklassiker".

● ● ● **Det berättas inte bara lustiga skrönor i Magistratsparken om kvällarna. När Dygnet Runt var på besök dök det upp en riktig rysare: Historien om hur Bong satte i halsen.**

▲ Marcus Johansson berättade en sällsam historia om hur han såg Bong sätta en metbit i halsen och kvävas.

Bong avslöjad

Under den stora kastanjen i Magistratsparken berättas det skrönor. Varje kväll under maj månad. Denna ljumma kväll, 20 grader och våren är ytterst pataglig i luften, samlas ett drygt hundratal människor för att lyssna.

Parkbänkar har dragits fram mot trädet, filtar spridits ut på gräset – några som kommit tidigt sitter redan med filtar omkring kroppen, det blir ju fortfarande lite kallt när man sitter still.

En rad marschaller sprider ett magiskt ljus. Det är omhuldandet av det talade ordet, historieberättandets fascinerande magi som nu gäller.

Mikael Björk berättar en skräckhistoria om bevarandet av konsrollerna pa ett dagis där en liten pojke hämnas pa sin hemska förskolelärarinna genom att förvandla henne till en groda. Christian Thulin skrönar vidare om en resa till Irland som är fylld av unga pojkars lustiga upptag och bedövande grymheter.

Marcus Johansson berättar en sällsam historia om Dygnets Runts Bong – fascinerad har han sett att Bong varit och ätit pa samma restauranger som han själv under några veckor.

Bong har använt sig av samma omdömen som Marcus själv fällt om samma maträtter. Marcus tror att hans kompis **Ronny** är Bong eftersom denne varit med varje gäng. Under det att Marcus tvingar Ronny att erkänna detta faktum så får Ronny en bit mat i halsen och kvävs till döds. Frågan är nu: Har Bong recenserat något i veckans tidning?

Fredrik Nielsen fortsätter med en fasansfull upplevelse han haft i Trelleborg. Med en T-shirt med tydligt antirasistiskt budskap hamnar han och en

kompis på ett tyskt nazistparty och blir tillsammans med dessa människor deporterad till Tyskland. Sista historien dras av **Mattias Dahlberg** som berättar om märkliga upplevelser på en scoutgård utanför Dalby.

– Det är bara att ställa sig upp och berätta något. Det kan antingen vara självupplevt eller så ljuger man ihop något, säger Mikael Björk, ordförande för Skrönor i Parken.

Skrönorna får vara 10–15 minuter långa, så 4–5 skrönikörer kan man lyssna till per kväll.

Spontana historieberättare

är välkomna efter det redan bestämda programmet men ska man vara säker på att få berätta något anmäler man sig vid kastanjen hos kvällens värd.

Det dryga hundratalet lyssnare, tysta och idogt koncentrerat lyssnande, som kommit denna kväll är till övervägande delen unga människor, gymnasieålder till cirka 25.

– Det har kommit en ny och yngre publik de senaste åren, säger Mikael Björk.

– Men det är synd att de lite äldre har slutat komma.

CATARINA EK

Sydsvenskans rapport om skrönorna i parken, där Marcus Johansson kom rätt nära sanningen om Bong.

Han var snabb att berömma – och att kritisera, om det var befogat. De övriga var snabba att framföra kritik och påpeka fel, men väldigt snåla med berömmet.

Martin Andersson, som var Dygnet Runts redaktör ända från starten 1995 till hösten 2005, kunde under merparten av denna långa tid på sin höjd ge mig ett "Ok". Det var inte ens säkert om det betydde att min recension var Ok, eller bara att han tagit emot en läsbar textfil. När vi satt hemma hos honom och gjorde *Reporterjouren* år 2000 frågade jag honom rakt ut om han tyckte att jag var tillförlitlig som krogrecensent. Han svarade att jag var som tidningens dåvarande vinskribent Claes-G Palander: ibland hade jag rätt och ibland fel.

Som att singla mynt. Krona eller klave.

Med tiden fick han större förståelse för hur svårt jobbet faktiskt är, och då fick jag intrycket att hans aktning för mig steg en del. Och faktiskt, under de sista åren vi jobbade ihop kom en del muntra tillrop då och då i hans mail.

Det ska genast sägas att i övrigt var det en fröjd att jobba med Martin. Han var den enda på redaktionen som jag kunde få kontakt med även efter arbetstid eller om han var på semester. Han ställde alltid upp. Och jag vet att han inte hade det lätt, eftersom han efter att Jan Wifstrand lämnat tidningen var den som fick ta smällarna när krögare och andra skällde på Bong. Men han är ingen vekling och beklagade sig aldrig, inte heller föll det honom in att be mig mildra mina omdömen.

Maria G. Francke, dåvarande chefen på Sydsvenskans nöjesredaktion, var minst lika snål med berömmet. En och annan gång kunde hon meddela mig att jag haft rätt i mitt omdöme om någon krog – som om det vanligtvis inte var fallet. Så vitt jag minns är det allt av beröm jag fått från henne. I och för sig var hon lika sällsynt med kritik.

Det kanske är något slags ogin kultur som odlas på Sydsvenskans nöjesredaktion, det har jag ingen aning om. På Dagens Nyheter, där jag var rockrecensent innan jag blev Sydsvenskans

Bong, var klimatet helt annorlunda. De flesta journalisterna på redaktionen var dagligt flitiga med att ge ris eller ros, goda råd och tips till varandra. Redaktionen genomsyrades av en anda att för varje dag göra en bättre tidning än föregående, och att stödja varandra i den processen.

Ett annat aber med anonymiteten var rent professionellt. Jag är författare och frilansjournalist, och då är det inte lyckat att behöva mörka vad jag arbetar med och att aldrig få mitt namn i tidningen. Folk i media trodde att jag var borta ur bilden efter att ha slutat skriva i DN, och jag kunde inte annat än låta dem leva i den villfarelsen. Det får man inga frilansjobb på, och det leder inte till att ens böcker blir nyfiket recenserade.

Om du som läser detta grunnar på att bli krogrecensent – tänk då på att hemlighetsmakeriet är ett allvarligt handikapp för den som jobbar i mediebranschen.

Sista måltiden

Från starten och ända fram till hösten 2005 var Martin Andersson redaktör för Dygnet Runt. Jag undrade ofta hur han stod ut – med såväl mig som allt annat trassel med Sydsvenskans fredagsbilaga. Dessutom recenserade han film på DVD åt Sydsvenskan. Det kan inte ha varit alltför ofta han hade tid att ta en tur på sin motorcykel.

Vi hade en del smärre motsättningar, men de blev allt färre vartefter åren gick. När jag tyckte att allt gick som på räls fick jag veta att han tänkte sluta som redaktör för Dygnet Runt.

Ny redaktör för Dygnet Runt

Ny chef för bilagan blev Mattias Oscarsson, med ett förflutet på Kvällsposten. Det var en markant föryngring. Martin är väl nästan i min ålder, medan Mattias torde vara åtminstone ett decennium yngre. Kanske två.

Jag märkte ändå ingen särskild skillnad, varken för mig och mina Bongskriverier eller på Dygnet Runt i övrigt. Mattias, som är en ytterst trevlig prick, var smidig att jobba med. Och Martin fanns ändå kvar i bilden – bland annat genom att han blev redaktör för de Skånebilagor som kom ut några gånger om året. Där skrev jag Skånerundorna, som dessförinnan brukade publiceras då och då i Dygnet Runt.

Det var förvånande lite som förändrades med Dygnet Runt genom åren. Några gånger ändrades layouten, men för övrigt var tidningen tämligen intakt genom åren. Lite skämtsamheter, lite artistintervjuer, ett större temamässigt reportage, ofta skojfriskt, med nöjesvinkling och så gott som alltid med exempel från både

Malmö och Lund. Bilagan hade hittat sin form rätt tidigt och blev med tiden så cementerad att den bara inte lät sig ändras.

Egentligen tyckte jag att innehållet i Dygnet Runt var lite väl ytligt. Man borde ha kostat på sig några tyngre reportage, djupare intervjuer och dylikt. Kultur och nöje har mängder av bråddjup som det är intressant att dyka ner i. Den närmaste förlagan till Dygnet Runt torde ha varit DN:s På Stan, som i alla fall förr om åren vågade pendla mellan ytlighet och djup. Något annat duger inte för en morgontidning, vars läsare ställer krav och räknar med fördjupning.

Ändå blev jag genom åren inte så sällan road av de kluriga teman som redaktionen kunde komma upp med för de större reportagen. Även om det så gott som alltid var väldigt lekfullt kunde de mest udda temana bli riktigt intressant läsning.

Jag fick hur många gånger som helst veta att Bong var det inslag i Dygnet Runt som de allra flesta läsarna ivrigast och med störst förtjusning tog del av. Ett antal gånger fick jag höra av folk att Bong var det enda de ansåg läsvärt i Dygnet Runt, varvid jag fick skärpa mig för att hålla masken. Så jag var hur som helst rätt nöjd.

Det var dock inte Sydsvenskans ledning.

Ödesstund för tidningarna

I och med gratistidningarna på stan, framför allt Metro, och sedan internets kraftiga genomslag, har de gamla vanliga dagstidningarna fört en allt kärvare kamp för tillvaron. Värst för framtidsutsikterna är att de har svårt att fånga de unga, vilket kan innebära kraftigt dalande upplagor på några års sikt. Sydsvenskan har knappt några prenumeranter under 35 års ålder, och jag antar att så gott som detsamma gäller för alla morgontidningar. De lyckas inte ens fånga prenumeranter bland de många studenterna i Lund, som förr om åren var flitiga med att prenumerera på traktens största morgontidning.

Denna situation är ny för pressen, så de vet inte hur de ska förändra sina framtidsutsikter. Desperationen är märkbar i hela branschen och syns på var tidningarna satsar mest nu för tiden: sina hemsidor. Det är nästan bara internetredaktionerna som utökas, och det är också där de experimenterar mest med nya former, såsom webb-tv och allt vad det är.

Bland svenska dagstidningar har Aftonbladets hemsida en helt dominerande ställning, som de fick genom att vara först med att satsa friskt och generöst på den. Aftonbladet var den första dagstidningen som verkligen öste material över hemsidan. Nästan allt som stod i den tryckta tidningen hamnade där. De övriga tidningarna var mycket mer återhållsamma i början. De kunde inte tänka sig att på internet lägga upp material helt gratis, som de samtidigt tog betalt för genom sina tryckta tidningar. De klantade sig.

Aftonbladet vann på två sätt: hemsidan blev den ojämförligt mest besökta, dessutom ökade försäljningen av den tryckta tidningen, tills också den blev störst i Sverige – med råge. Då vaknade övrig press och började satsa allt vad de orkade på internet. På den vägen är det.

Internet lockar läsare, även de yngre. Men tidningarna vill också ha dem som köpare av de tryckta tidningarna. Det går väl någorlunda för kvällstidningarna, som alltid har levat på impulsköp i kiosker och livsmedelsbutiker. Men morgontidningarna behöver prenumeranter, folk som betalar en rejäl slant för att få tidningen hem i brevlådan varje morgon. Lösnummerförsäljningen av morgontidningar är minimal och har alltid varit det.

Internetgenerationen är inte särskilt hågad att betala en massa pengar för sådant som de har gratis på datorn ändå. Dessutom är internet en oändligt mycket större resurs och rikare informationskanal än vilken tidning som helst. Det kan bli så att de som växer upp med internettillgång i hemmet aldrig kommer att prenumerera på tryckta tidningar. Pressens satsning på sina hemsidor görs alltså också med tanken att annonsintäkterna därifrån i framtiden kanske är de enda eller i alla fall huvudsakliga inkomsterna.

Locka ungdomen

Tidningarna lever på annonser, och annonsörerna siktar i väldigt hög grad in sig på ungdom. Får man en tonåring att köpa en viss tandkräm har man en given kund sådär sextio år fram – det är värt en hel del. Förmodligen är denna enkla matematik den viktigaste orsaken till vår tids enorma ungdomsfixering. Morgontidningarnas kris är särskilt alarmerande eftersom det är just ungdomar de har svårast att locka till sig.

Så vad Sydsvenskan framför allt siktar in sig på är att locka unga läsare till tidningen. Säkert har alla andra morgontidningar samma ambition. Som ett led i den strävan ville Sydsvenskans ledning "poppa upp" fredagsbilagan Dygnet Runt och dela ut den gratis på stan. Tanken var att en fräsig nöjestidning skulle locka ungdomar att prenumerera på ordinarie Sydsvenskan.

Haken var dock att de som prenumererade på Sydsvenskan inte fick nya poppiga Dygnet Runt. Tidningen ansåg sig inte ha råd att sprida Dygnet Runt både som gratistidning och som bilaga i Sydsvenskan. Därför upphörde den som bilaga samtidigt som den i sin nya skepnad började delas ut gratis på stan, i november 2006.

Visserligen publicerades det mesta av Dygnet Runts material även i Sydsvenskans B-del, men det blev inte samma sak som en separat nöjesbilaga. Dessutom blev det snart så att gratistidningen kom ut redan på torsdagar, så Sydsvenskans prenumeranter fick Bong och det andra en dag senare.

Jag tyckte att det var vansinne. Prenumeranterna straffades för att man skulle locka till sig nya prenumeranter. Det går inte. Och hur skulle nya prenumeranter kunna lockas via en gratistidning som de inte fick om de betalade för sig? Det är så dumt att man bara stönar.

Ursäkten var att man ville skapa en tidning med begränsad upplaga och därmed lägre priser på annonserna, så att lokala företag i nöjesbranschen skulle våga sig på att annonsera – till exempel just krogarna i staden.

Det gick inget vidare. Dygnet Runt fick snart bjuda ut annonsplatser till vrakpriser och hade ändå svårt att få dem sålda. Vad är poängen med att annonsera aldrig så billigt i en tidning som alltför få ser?

Guldkalven

Hur som helst, Dygnet Runt skulle riktas in mot en ungdomlig målgrupp, sisådär 18 till 35 år, kanske speciellt den yngre delen därav. Och då tänker alla makthavare precis likadant: ju mer man banaliserar, desto mer lockar man ungdomar. Jag är säker på att det är helt uppåt väggarna.

Ungdomen är den tid då man tar livet på allra största allvar. Ungdomar är ute efter själva meningen med det, och allt som inte förhåller sig till den eviga frågan ser de som betydelselös förströelse. De längtar efter djup och allvar. Vissa synbart ytliga fenomen har kraftigt genomslag bland unga, men det måste tolkas rätt. Bakom ytligheten ligger en längtan efter högre mening.

TV-programmet Idol lockar unga tittare och deltagare för att det handlar om ett slags livets mening: att bli känd, att förverkliga sig storslaget. Även kändisreportage och dylikt glitter har samma bakomliggande morot – en förgyllning av den enskilda människan, som om hennes liv därmed blir meningsfullt. Det påminner inte så lite om den bibliska guldkalven. Det påminner även om folksagornas ynglingar ur det arma folkdjupet som får prinsessan och halva kungariket.

Men ungdomar, liksom vuxna, har flera olika sorters idoler. De förnamn och breda leenden som studsar förbi i tv-programmens talangjakter är blott som bingolotter – de håller hoppet vid liv om att vem som helst kan bli kung för en dag. Ett innerligare och varaktigare förhållande har de flesta ungdomar endast till den sorts idoler som talar till dem på djupet, artister som i sin konst förhåller sig till de våndor ungdomarna själva känner. Sådana artister når sin publik på helt andra vägar. Publiken har till och med en aversion mot att hitta sina riktiga idoler i media som specialiserar sig på de ytliga dagsländorna, som är stylade och får sina låtar från hitfabriker.

Visst säljer Idols finalister ändå massor av skivor, men de får ju reklam som heter duga. Med så intensiv exponering i tv och all annan media kan man sälja vilken artist som helst – en tid. Att så många Idolstjärnor självdör snabbt efter den säsong de medverkat i beror förstås på att de inte längre får all denna gratisreklam. Då är det upp till deras egen förmåga, som oftast är djupt otillräcklig. De är faktiskt i hög grad förlorade just för att de kom fram i ett så banalt sammanhang som Idol. De får hålla tillgodo med en karriär bestående av framträdanden på Finlandsbåtar, i köpcentra och *Melodifestivalen.*

Melodifestivalen är ett exempel på samma fenomen. Alla etablerade artister vet hur farligt det är att medverka där. Många artister kan aldrig göra det, för att det skulle få deras fans att omedelbart avfärda dem. Andra kan ta risken någon gång, men på vissa bestämda villkor – och ändå är det vanskligt. De artister som kan utnyttja Melodifestivalen framgångsrikt gång på gång är de som blott och bart är schlagerartister – och de skulle aldrig klara sig utan den där sångtävlingen och mediecirkusen runt den.

Tyvärr är det stört omöjligt att få medieföretagens ledningsgrupper att begripa detta. De vill inte begripa, för de önskar sig en värld där de kan diktera vad som ska bli populärt, där de kan bygga idoler på löpande band och aldrig behöver ta hänsyn till varken artisters konstnärliga nycker eller publikens behov. De vill kunna sälja konst som om det vore läskedrycker.

Tidningarna tänker likadant i sin desperata jakt på unga läsare. De vill inte tro annat än att det finns ett recept, och att det är enkelt.

Våga vara morgontidning

Sydsvenskans flirt med ungdomen handlar alltså så gott som uteslutande om banalisering och fördomar. I praktiken är det ett närmande till den sorts journalistik som kvällstidningar och kolorerad veckopress tillämpar. Korta och ytligt hurtiga texter, många bilder, fullständigt okontroversiella ämnen. Media som en lekstuga. Blaj.

Det funkar för kvällstidningarna, eftersom deras läsare är ute efter föga mer än förströelse. Sammalunda med gratistidningarna på stan. Men ingen skulle drömma om att betala en rekorderlig slant för att få dessa tidningar i sin brevlåda.

Därför var det föga chans att en banaliserad Dygnet Runt kunde locka nya prenumeranter till Sydsvenskan. Det skulle i stället kräva en gratisblaska som vågade sig på fördjupning och tyngd, med den sorts material morgontidningen består av.

Sammalunda med själva morgontidningen. Om den banaliseras i avsikt att locka unga prenumeranter blir effekten blott ett större missnöje bland befintliga prenumeranter, och nya generationer kommer inte att börja prenumerera på morgontidningen ens när de har fyllt 35. Ändå ser jag tendenser åt det hållet. Sydsvenskan och andra morgontidningar håller på att fjanta till sitt innehåll, och släpper på de kvalitetskrav som förr var självklarheter. Därmed riskerar de att förlora sin hittills höga trovärdighet, och läsarna kan upptäcka att det inte längre finns någon anledning att läsa dem.

Jag tror att morgontidningarna bara har en framtid om de vågar stå fast vid höga kvalitetskrav, där läsarna förutsätts vara klokt folk med viss allmänbildning och intresse för fördjupning. En morgontidning ska skrivas av tillförlitliga journalister, som kan göra ett vettigt urval i nyhetsflödet och presentera det sakligt, granskande, fullödigt. Man kan förstås skoja till det också ibland – men i så fall helst med någon finess och inte bara pladder som anstränger sig för att vara poppigt.

Förmodligen räcker det med ett enda rättesnöre: journalisterna bör skriva artiklar som de själva skulle vara intresserade av att läsa.

Flera Bong

Hösten 2006 fick jag veta att det skulle bli stora ändringar för Dygnet Runt. Mattias Oscarsson skulle fortsätta som redaktör för dess nya skepnad. Han befann sig mitt i ett kaos av förberedelser och tillbringade dagarna mestadels i möten med tidningens ledning, marknadsförare och så vidare. Det verkade råda något av en allmän huggsexa. Nya Dygnet Runt skulle utformas enligt såväl redaktionens som marknadsförarnas och annonsavdelningens recept. Ju fler kockar...

Jag meddelade Mattias mina många motsträviga synpunkter. Vi växlade en del långa email. Han var intresserad och kom även med frågor, men jag tror inte att mina åsikter påverkade honom ett dugg. Han var lysten inför uppgiften och hade förstås hunnit tänka en hel del på den innan jag blev inblandad.

För att försäkra sig om en frisk nystart för Dygnet Runt sa han upp alla frilansare som tidigare medverkat i tidningen – utom mig. Jag tyckte att det var lite väl drastiskt. Så burdust ska man inte hantera medarbetare. Han kunde åtminstone ha prövat om de förmådde anpassa sig efter den nya profilen – det räknade han ju med att själv kunna göra, fast han också hade ett förflutet med gamla Dygnet Runt. Inte säger en ny chefredaktör upp samtliga anställda journalister för att få börja på ny kula.

Anställda journalister är väldigt måna om sina rättigheter, men många av dem ser frilansare som föga mer än förbrukningsvara och prutar gärna på arvoden, stjäl idéer och så vidare.

Mig ville Mattias inte säga upp, sa han. Min långa erfarenhet behövdes även i nya Dygnet Runt. Däremot ville han växla mellan flera olika Bong, för att få lite olika perspektiv och för att vilseleda krögarna, varav vissa hade börjat misstänka att den som dolde sig bakom signaturen var jag. Kanske ville han egentligen bli av med mig också, precis som de andra frilansarna från gamla Dygnet Runt. Det verkade till och med troligt.

Hur som helst kunde jag inte gå med på hans förslag. Annars skulle jag kunna bli sittande där med en hemlighet som jag fortfarande måste bevara och som inverkade menligt på mina möjligheter att hitta på annat – och ändå bara få skriva en och annan Bongtext när andra nya pennor inte var tillgängliga. Så kunde jag inte leva.

Dessutom tyckte jag att det var oärligt mot läsarna. De uppfattade helt riktigt signaturen Bong som en bestämd person, om än hemlig, och förhöll sig till Bongtexterna därefter. Sydsvenskan hade också med tiden blivit allt tydligare med att det verkligen rörde sig om en och samma krogrecensent. Då får man inte börja blanda bort korten utan att meddela sina läsare det.

Jag föreslog att tidningen i så fall borde byta signatur på krogrecensionerna till något som antydde att det inte var fråga om en person. Något som *Krogpatrullen*, *Krograpport* eller liknande namn. Men det hade tidningsledningen uttryckligen förbjudit. Signaturen Bong hade blivit så känd och etablerad att det vore vansinne att slänga bort den. I stället hade de bland alla andra idéer grunnat på att ha en speciell krogrecensent för Dygnet Runt, som de skulle kalla Bongo. Rätt kul idé – och definitivt hederligt mot läsaren. Men tidningen ansåg sig inte ha råd med två parallella krogrecensenter.

Jag föreslog att de skulle ha en särskild krogrecensent i Lund, som de kunde kalla Lundabong eller så. Det skulle dessutom vara en poäng för de många studenterna i Lund, som var en viktig målgrupp för tidningens nya satsning. Ungefär var fjärde krogrecension skulle vara från Lund, under min tid som Bong, men jag är den förste att medge att min bevakning av Lundakrogarna inte tillnärmelsevis mätte sig med den av Malmös krogliv. Jag höll det där med var fjärde recension rätt dåligt, och kände mig över huvud taget mindre hemma på Lunds krogscen, vilket torde ha märkts i mina texter. En särskild Bong för Lund vore helt säkert en förbättring, och behövde inte kosta en enda krona mer om man höll fast vid det där med var fjärde.

Jag sammanstrålade med Mattias och ekonomichefen Annika Harlegård vid en lunch på restaurang Kina – i sedvanlig ordning en enklare lunch än man kunde önska sig, för hemlighetsmakeriets skull. Mellan tuggorna vräkte jag ur mig massor av synpunkter på hur nya Dygnet Runt var tänkt att bli. Vi hade en munter och givande pratstund. Eftersom Mattias insisterade på att vilja växla mellan olika Bong sa jag upp mig. Han verkade inte särskilt ledsen för det. Själv var jag efter tolv år rätt mätt på uppgiften, så jag fick inte heller några tårar i ögonen.

Min sista recension som Bong kom den 17 november 2006 i gamla Dygnet Runt, fredagsbilagan i Sydsvenskan. Nästa vecka kom nya Dygnet Runt som gratistidning på stan, med en ny Bong.

Persona non grata

Jag fick ett avgångsvederlag, en fallskärm eller vad man kan kalla det, som uppgick till ett års normala Bongarvoden. Inte orimligt efter tolv års tjänst, men säkert påverkat av att det i överenskommelsen ingick att jag inte skulle göra några som helst anspråk på namnet Bong, fast det var jag som kom på det – två gånger, till och med.

Sydsvenskans ledning var övertygad om att signaturen Bong var det säljande konceptet, oavsett vem som höll i pennan. De har nog fortfarande ingen som helst tro på att Bongs genomslagskraft hade något med förtjänsterna hos dess skribent att göra. Ytterligare ett aber med anonymiteten.

I överenskommelsen ingick också att jag under det betalda året skulle ställa upp och skriva för Sydsvenskan i motsvarande omfattning, om de så önskade. Det gjorde de inte, fast de hade mig så att säga gratis i ett år.

Jag erbjöd mina tjänster till Maria G. Francke, som då

fortfarande var chef på nöjesredaktionen, eftersom det var inom dess ämnesområden jag verkat såväl med krogrecensionerna som dessförinnan i DN där jag skrev musik- och teaterkritik. Men hon svarade att jag var för gammal. Det stör mig fortfarande, fast det är några år sedan. Jag blir till och med dyster när jag skriver dessa rader. Bakom ett sådant yttrande ligger en banal och brutal människosyn – gentemot både skribent och läsare. Kanske har det numera blivit olagligt genom att diskrimineringslagen kommit att omfatta även åldersdiskriminering, men det kommer säkert att fortgå ändå.

Vi lever i ett besynnerligt samhälle, som dröjer med att ge unga människor arbete och klassar ut andra för att de inte längre räknas som unga. Vad återstår? Och vem bad om det?

Jag var ändå egentligen inte förvånad. I redaktionens ögon hade jag nog mest varit till besvär genom åren, eftersom de fick ta många smällar från framför allt irriterade krögare och en därmed lika irriterad annonsavdelning. Det hade de stått ut med om det gällt en av deras egna, men en hemlig recensent utanför huset omfattades inte av kollegialiteten, utan var bara ett irritationsmoment. Dessutom kunde de intala sig att skribenten i fråga var fullständigt utbytbar, eftersom ingen visste vem det var. Att Bong lästes med stor förtjusning av Sydsvenskans prenumeranter ansågs av redaktionen bero på allt utom skribentens prestation. Så resonerar man aldrig om dem som har sitt eget namn under artiklarna.

Samtidigt som jag blev mäkta förgrymmad på denna oginhet passade det mig utmärkt. Jag behövde koncentrera mig på författandet, som begynte före all min journalistik och alltid har varit det väsentligaste för mig. Tidningsuppdragen har varit brödskrivande, som tyvärr tenderade att distrahera och ta alltför mycket tid från författarskapet.

Efter åren som Bong har jag inte jagat andra frilansuppdrag med särskild energi, utan i stället brakat på med bokskrivandet, numera framför allt på engelska. Två år efter att jag slutat som

Bong hade jag publicerat åtta böcker på engelska, så nog var det en längtan som akut behövde uppfyllas. Det är fortfarande vad jag koncentrerar mig på.

Offentlighetens ljus

Jag hade gått med på att göra enstaka inhopp som Bong då och då, om det krisade. Det gjorde jag bara en gång åt nya Dygnet Runt, under den följande nyårshelgen. Jag antar att nya Bong eller Bongarna tog helgledigt då. Därutöver gjorde jag ett par Skånerundor under 2007 åt Martin Anderssons Skånebilaga. Tanken var att jag även skulle vara stand-in för Bong på Malmöfestivalen, men vid det laget hade jag definitivt tröttnat på redaktionens avoghet och bromsade. Så sommaren 2007 tog det definitivt slut.

Redan när det stod klart att jag skulle avhända mig uppdraget som Bong, i november 2006, grunnade jag på lämpligaste sätt att avsluta saken så att jag fick det ur mig och kunde gå vidare. Det var otänkbart för mig att fortsätta med hemlighetsmakeriet i längden. Jag gjorde det under 2007, för att nya Bong skulle kunna jobba på så att säga bakom min rygg. De misstankar som krögarna i allt högre grad de sista åren riktade mot mig lämnade nya Bong ifred.

Men så kunde jag inte leva särskilt länge. Det hade varit tillräckligt frustrerande och påfrestande att hålla sig hemlig i tolv år. Nu fick det vara slut. Därför föreslog jag Sydsvenskan att göra en intervju med gamla Bong, där jag kunde berätta om hur det varit. Det är ju inte ofta man får tillfälle till en sådan artikel – sannerligen inte från ännu verksamma krogrecensenter men knappast heller från sådana som slutat, eftersom de brukar fortsätta vara fjättrade av hemlighetsmakeriet.

För min egen del var det inte bara fråga om att slippa hålla på hemligheten. Jag ville också markera att det inte längre var jag som skrev Bongrecensionerna, vilket såväl krögare som andra läsare annars kunde få för sig. Man vill varken hyllas eller lastas för andras gärningar. Jag var dessutom inte så särdeles imponerad av de Bongtexter som kom, men det kan förvisso bero på att jag efter tolv år hade fått en mycket bestämd uppfattning om hur sådana borde skrivas. I vilket fall som helst önskade jag få offentligt ljus på både vad jag gjort och vad jag inte gjort. Annars skulle jag knappast helt och hållet kunna skaka saken av mig.

Det drog ut på tiden av diverse skäl, men i januari 2008 kom äntligen intervjun. Först vad det tänkt att Håkan Engström skulle göra den. Han har ett engagerat kulinariskt intresse – inte blott för öl, som han ofta skriver om i Sydsvenskan. Dessutom hade han följt Bong med tydlig intresse, utan att någonsin få veta vem jag var, fast han då och då vikarierade som redaktör för gamla Dygnet Runt, de få stunder Martin Andersson förmådde sig att ta något slags semester. Men Håkan åkte på tidningens uppdrag till England när intervjun var tänkt och skulle sedan vara rätt upptagen en tid framöver, så uppdraget gick till Ulf W Brunnberg, som bland annat skrivit en hel del artiklar om mat och matlagning.

Vi satte oss till bords på Johan P, där vi åt en sen och lång lunch medan vi pratade på. Fotograf var Peter Frennesson, som jag faktiskt hade jobbat med under min tid på DN. Världen är bra liten. Han hade vänligheten att ta bilder som fick mig att se trevlig ut. Jag var hyfsat nöjd med Ulf W Brunnbergs text också, med undantag för några missuppfattningar i den. Mest störd blev jag av att han citerade mig på följande sätt om fiskrätter på krogarna:

> – Till exempel gillar jag inte när de serverar fiskfilén rullad. Då kan man inte se om den är tillräckligt fin och jag blir genast misstänksam. Har de använt en sämre fisk? Är den skadad på något sätt, och så vidare?

Hur skulle fisken vara skadad? I själva verket tycker jag inte om rullad fisk för att den tenderar att bli torr av den längre

Mannen som var Bong

I tolv år levde han dubbelliv som den värsta Dr Jekyll och Mr Hyde. På dagarna gick livet sin gilla gång med jobb som aikidoinstruktör och författare men när mörkret föll förvandlade han sig till krögarnas Nemesis: Bong. Text: Ulf W Sundberg Foto: Peter Frennesson

Stefan Stenudd är namnet. Femtioтреårig Malmöbo är nu kliver ut ur garderoben eftersom en ny Bong tagit vid. Och vad är väl lämpligare ställe för Bong att komma ut än på krogen. Så över en sen lunch berättar han om sitt hemliga liv som krogrecensent.

– Det har inte varit ett lätt jobb. Folk tror att det är en glassig tillvaro att vara krogrecensent men det handlar om så mycket mer än att äta god mat och tycka till.

– För det första måste man veta vad man kan förvänta sig och lägga ribban efter nivån på krogen. Går jag till pizzerian på hörnet och äter en pasta så förväntar jag mig inte färsk pasta med lyxiga tillbehör. Betalar jag däremot 350 kronor för en portion sa ska den vara jäkligt bra, säger han och petar försiktigt i hälleflundran vi fått in.

– Den här har fått ga någon minut för länge sa den har blivit torr, konstaterar han men undviker att skicka tillbaka den till köket.

– Det gar inte att sitta och vara snobb när man ska recensera en krog. Då förstår de att jag är krogrecensent. Det är bättre att

> Det var det som var roligast med jobbet. Att hitta en liten krog på en bakgata där någon lagade mat med kärlek och känsla.

spela töntig och säga att allt är gott. Det var så jag klarade mig i tolv år. Ingen krögare tror att en tönt är krogrecensent.

Men hur är då en krogrecensent?

– Det är en person som äter upp all mat man får in eftersom krögarna skulle bli misstänksamma om han smakade lite på varje portion men ändå beställar in mer. En person som gärna låter krogen bestämma vinvalet och inte drar sig för att avsluta med en konjak om krogen säger sig vara specialister på sådant. Kort sagt en person som verkar nöjd med vad han får och gärna lämnar bra dricks. En dröm för många krögare.

SÅ PLOCKAR STEFAN FRAM en lista över alla krogar han recenserat under åren. Den är lång som ett ösregn och här finns både toppar och dalar. Krogar som fått en riktig förstagången och en fyra nästa eller vice versa. Glömda krogar, stängda krogar och krogar som fått ett lyft tack vare Bongs recension.

– Det var det som var roligast med jobbet.

Att hitta en liten krog på en bakgata där någon lagade mat med kärlek och känsla. Årstiderna mäste man ändå gå på och vinst kan det vara en upplevelse, men kicken får man av att hitta något nytt.

Säger mannen som sågat saväl Petri Pumpa i Lund som Steakhouse på Lilla Torg i Malmö under åren.

Men vilka har då varit kiekarna?

– Allra roligast var det när I r.o.k öppnade i den osannolika hörnan i vid KB. De serverade sin variant av tapas som var fantastiska i sin påhittighet och alla smaker de fick till. De vågade experimentera och hade dessutom oförtjänt låga priser. Sedan gillade jag när Hipp blommade upp runt sekelskiftet. Idag tycker jag Trappa ner är bäst sedan de flyttat till sina nya lokaler. Där finns experimenthustan utan att det blir för tillkrånglat och dyrt. Krogar som Vendel på Sturehof och Blooms gäll är lite för mycket show-off, tycker jag. Deras mat är helt enkelt inte värd pengarna. Även om man inte betalar sjilv.

Stefan Stenudd är oftast säker på vad han tycker om en krog sa hur skaffar man sig den säkerheten?

– Genom att äta ute ofta. Jag äter all mat på krogen. Lagar bara frukost hemma. Jag kan knappt laga mat även om jag brukar försöka någon gång i halvåret. Igår lyckades jag steka en bit fryst lax så den blev ganska bra.

Den äter han med kokt potatis och lite majonnäs. Enkelt, men fullt tillräckligt för en okej måltid. Fast lika bra som på krogen blev det inte.

– JAG HAR JU INTE TILLGÅNG TILL så bra ravaror som de har och då är det svårt. Sedan tycker jag det är synd att de fuskar med maten ibland istället för att lyfta fram råvaran.

– Till exempel gillar jag inte när de serverar fiskfilén rullad. Då kan man inte se om den är tillräckligt fin och då blir genast misstänksam. Har de använt en sämre fisk? Är den skadad på något sätt, och sa vidare?

Fast att ge så långt som att skicka tillbaka fisken gör han som sagt inte. Däremot antecknas det nog i det numera fiktiva protokollet.

– Det var det svåraste med jobbet. För

Stefan Stenudd
Bor: i Malmö
Ålder: 53 år
Sysselsättning: Frilansjournalist. Har tidigare skrivit mycket om rock och teater. Jobbar dessutom som aikidotränare.

hade jag haft block och penna liggande framme så hade jag varit misstänkliggjord direkt. Istället brukade jag om jag kom pisa som var med plocka upp våra kalendrar och låtsas jämföra datum medan jag skrev. Eller sa gick jag till toaletten och skrev. En gång hände det att jag skrev sa länge på toa att hovmästaren knackade på och undrade om jag tänkte smita från notan.

Han myser när han berättar sina anekdoter men säger att han inte saknar tillvaron som Bong ett dugg idag.

– Nej, det är skönt att komma ut. Dessutom misstänkte jag att en del krögare börjat komma på mig eftersom jag fick misstänksamma blickar varje gång jag var ute och åt. En gång var det till och med en kille som visade mig ett foto på mig som han fått i sin mobil med en varning om att jag var Bong. I de flesta fall kunde jag skämta bort det men till slut gick det inte längre sa då var det dags att lägga av.

EFTER INNEHÅLLSRIKA ÅR med både toppar och dalar finns ändå matintresset kvar. Det har han haft sedan barnsben.

– Min farmor var kokerska på Operakällaren men när hon lagade mat hemma fick vi aldrig vara med sa därför lärde jag mig aldrig laga mat. Hon stängde dörren till köket och skrek at oss ungar att vara tysta "för nu skulle hon steka fisk". Sedan fick vi fantastisk fisk.

– Min mor älskade att ga pa guldkrog så när lönen kom varje månad gick vi pa krogen en gång och åt sedan makaroner hem ma resten av månaden. Med en sådan uppväxt är det ju inte konstigt att jag blev matintresserad om än inte matlagningskunnig.

På krogarna i Malmö är Stefan känt ansikte. Är han då inte rädd för att vissa krögare ska bli arga när han dyker upp framöver?

– Nja, det tror jag inte. Visst får jag undvika vissa krogar, men numera tycker jag att krögarna lärt sig att det gäller att bjuda ge och ta. När jag började kunde de bli jät tearga och hota med både det ena och det andra men idag verkar de ha fått en större förståelse för att en krogrecension bara gör sitt jobb och att en dålig recension kan visa vägen mot en bättre framtid.

Så krögare som nu gläds åt att Stefan lagt ner Bongkarriären kan inte känna sig lugna. Bong kommer alltid att finnas därute, redo att slå ner på krogar som inte lagar mat med respekt och kärlek, samt alltid ser till gästens bästa.

Krogrecensenter med olika strategier

Den magsure kritikern Ego. FOTO: BUENA VISTA

Att vara matrecensent på en stor tidning är säkert många människors dröm. Att få gå på krogen och dessutom få betalt för att tycka till om den låter som ett enkelt och smärtfritt jobb med hög glamourstatus.

Sanningen är att jobbet som krogrecensent definitivt inte är någon dans på rosor. I botten måste det finnas någon form av matkunskap och förstås restaurangvana. Sedan gäller det vilken roll man själv tagit på sig att vara hemlig eller offentlig.

I den senaste Disneyfilmen Råttatouille är kökens skräck den ständigt magsure kritikern Ego. Mannen som älskar mat men inte funnit något riktigt gott förrän han hamnar hos råttan Remy och äter en ratatouille som får honom att minnas barndomen.

En annan verklig kritiker med hög svansföring är Jay Rayner i The Observer – som nyligen dömde ut stjärnbeströdde Alain Ducasses restau-

rang i London som varande medioker.

I SKÅNE HAR VI TVÅ offentliga kritiker. Mattias Kroon på Nöjesguiden och Måns Renntun på nyligen insomnade Allt om Malmö. Bägge skriver om kroglivet i Malmö/Lund, även om Måns Renntun inte vill kalla sig krogrecensent.

– Jag ser mig hellre som en som tipsar om bra krogar för en publik som inte är sa krogvan, säger han.

Sydsvenskans intervju med gamla Bong, publicerad den 20 januari 2008 i söndagsbilagan. De intervjuade också några andra krogrecensenter om jobbets villkor.

Krograce med Bong

► Om Stefan Stenudd får sätta samman en middag där man förflyttar sig mellan olika krogar i jakt på det bästa så blir hans kväll så här:

Förrätten
blir någonting från Trappa Ner i Malmö.
– Jag älskar deras sätt att experimentera med maten utan att det blir konstigt utan bara gott.

Varmrätten
är svårare.
– Kött blir det inte eftersom jag inte tycker det finns någon bra köttrestaurang i Malmö. Istället blir det fisk på antingen Årstiderna eller Johan P i Malmö.

Efterrätten
är allra svårast.
– Jag vill ha något mustigt och spektakulärt och det är svårt att hitta. Fast jag tror jag skulle ta efterrätten på Sofiero i Helsingborg. När de är som bäst har de ett härligt perverterat förhållande till mat och hur de komponerar rätterna.

– De flesta Malmöbor går väl på krogen kanske en fem sex gånger om året. Då tycker jag att de ska få tips om var de ska lägga sina pengar någonstans. För det är klart att de ska bli nöjda om de lägger en tusenlapp på en middag ute.

– Eftersom jag inte är särskilt matkunnig utan istället ser mig som en ordinär kroggäst som vet om det är gott eller ej nöjer jag mig med det. Det viktigaste för mig är hur det är att vara på krogen. Om servicen är bra och så vidare. Att tycka till om mjölmängden i såsen överlåter jag till Bong och andra som kan maten.

MATTIAS KROON PÅ NÖJESGUIDEN resonerar på liknande sätt även om han också anser sig vara matkunnig.

– Jag älskar att laga mat men tycker det viktigaste som krogrecensent är att veta om man som gäst kan förvänta sig av krogen som helhet och om de lever upp till det, menar han.

Inte alla kritiker väljer dock att vara offentliga. Sydsvenskan har länge arbetat på samma sätt som till exempel New York Times med en hemlig kritiker, Bong, som under tretton år spridit sina gracer över krogarna i Skåne.

Allra hemligast i Sverige och även den som troligtvis har störst trovärdighet är White Guide som kan kan sägas vara en svensk motsvarighet till Guide Michelin. Mikael Mölstad är både vd och recensent på White Guide och tycker sig ha sett en förbättring av krogrecenserandet de senaste åren.

– Det har blivit fler proffs som provar. De har både mat- och restaurangkunnande plus att de kan journalistiken. Det har i och för sig gjort att de ibland blir lite för ärliga i sina omdömen. Jag har sett sägningar som jag vet baserar sig på ett enda besök och det tycker jag nog inte är riktigt juste, säger han.

Hos White Guide försöker man besöka restaurangerna flera gånger innan det slutgiltiga omdömet fälls.
stina.sandberg@sydsvenskan.se

tillagningstid som krävs. Dessutom ser de där rullarna betydligt tråkigare ut än en filé som långsträckt får breda ut sig. Nå, det var en bagatell. Jag såg i alla fall ljuset i slutet av tunneln.

Intervjun publicerades den 20 januari i Sydsvenskans söndagsbilaga. På löpsedeln samma dag skojade de till det med en bild där de hade pixelerat mitt ansikte för att understryka det dittillsvarande hemlighetsmakeriet. Strax därefter kom intervjun även i gratistidningen Dygnet Runt.

Därmed kände jag mig helt fri att pladdra bäst jag ville om vad jag haft för mig under tolv år. Jag blev nog rätt tjatig, efter att i början ha känt stora svårigheter med att få det ur mig. Hemlighetsmakeriet hade blivit en betingad reflex, som visade sig svår att bryta emot. Jag fick liksom ladda för att få det ur mig och kände både ett gulp och viss hjärtklappning direkt därefter. Det satt i flera månader, rentav uppemot ett år. På det sättet gick det gradvis upp för mig hur påfrestande det hade varit att hålla denna del av mitt liv hemlig så pass länge.

Dygnet Runt tog också slut

Dygnet Runt som ny och poppig gratistidning gjorde sin debut i november 2006, när jag precis hade lämnat över den bongska facklan till en för mig okänd löpare. De hade satsat väldeliga med hjälp av pengar från marknadsavdelningen, som nog var mest ivrig och angelägen om projektet. De hade till och med glatt erbjudit Mattias fler anställda till redaktionen än han själv efterfrågat, vilket på tidningar idag är en sällan skådad lyx.

En känd formgivare, Mats Tejre, hade ritat upp en både elegant och frejdig tidning, där särskilt omslaget var riktigt läckert komponerat med heltäckande snedställda närbilder, men också diverse roliga knåp med insidornas utformning. En stiliserad silhuett av en fjäril fungerade som Dygnet Runts nya kännemärke och dök upp på så gott som varje sida.

Tyvärr var det innehållsliga inte lika raffinerat. Bilderna i

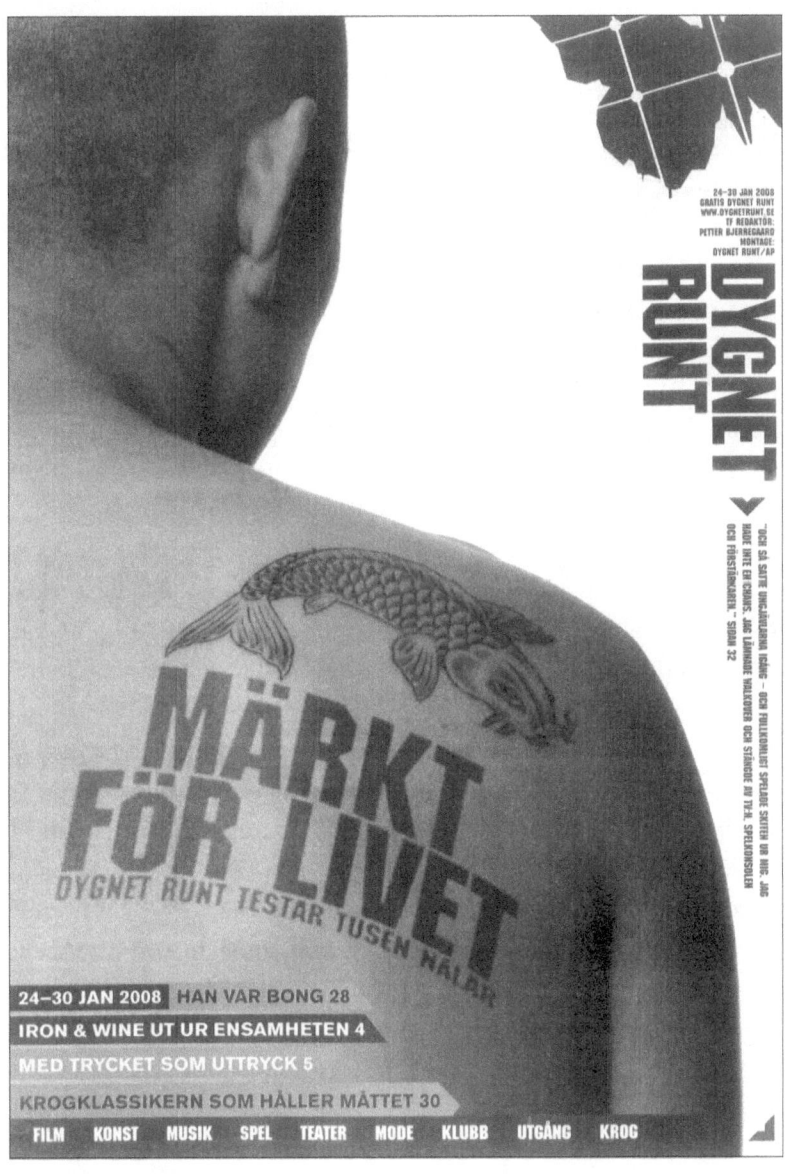

Omslag till gratistidningen Dygnet Runt, den 24 januari 2008.

tidningen kunde bli rätt slentrianmässigt platta, speciellt när de kom i plottriga collage. Redaktionen hade ett sätt att ideligen hacka sönder layouten i småbitar, vilket måste ha frustrerat formgivaren. Det stämde illa med ramverket han lagt upp. Inte heller var det särskilt lyckat, men sådan snuttifiering tillämpas på olika sätt i alla media som därmed hoppas verka pigga och folkliga.

Texterna hade ringa läsvärde, och det tror jag var sant för läsare av alla åldrar. Banaliteten och den flåsigt sökta ungdomligheten gjorde det mesta av innehållet likgiltigt, ofta fånigt. Så går det ofrånkomligen när ledningen för en tidning gör den för en annan målgrupp än där de själva känner sig hemmahöriga. Å andra sidan fanns det en och annan pärla bland de nya skribenterna och ibland kunde tidningen innehålla en del fyndiga reportage.

Mest slående var hur lite den skilde sig från gamla Dygnet Runt. Samma attityd, samma ämnen och samma sätt att tackla dem, lite grabbigt busigt, som om det vore en synd att plötsligt råka bli allvarlig eller tankfull. Som om man inte hade något vettigt att komma med.

När unga människor själva startar en tidning från grunden, utan pekpinnar eller för den delen påhejanden från en äldre redaktionsledning, blir resultatet sannerligen annorlunda. Då utgår de från allvaret och eftertanken, griper tag i de svåraste frågorna, skakar om såväl sig själva som sina läsare, provocerar så mycket de bara kan och aktar sig noga för att följa föregångarnas invanda spår. De skriver mångordigt om ting som den breda allmänhet uppfattar som perifera eller rentav kryptiska. De gör sina tidningar egensinnigt. Det är då de blir läsvärda och gör djupa avtryck i mediesamhället.

Vill man göra en ungdomlig tidning är det så man måste bete sig. Men det kanske man måste vara ungdom för att våga?

Jag räknade med att nya Dygnet Runt skulle komma ut i drygt ett år – bara tills det första helårets resultat var färdigräknat och dess ofrånkomligt stora förluster blev uppenbara även för tidningens styrelse. Projektet var dödfött och hade ingen chans att betala sig. Så gick det också. Gratistidningen lades ner i april 2008. I stället fortsatte den som några sidor i tidningen City, som Sydsvenskan hade köpt upp, fram till juni. Därefter var det definitivt stopp.

Bong fortlever dock i Sydsvenskans B-del varje fredag.

Nya Bong

Jag varken fick eller ville veta vem som skulle bli Bong efter mig. Som jag förstod det hade Mattias Oscarsson ingen särskild person i åtanke på förhand, så när jag sa upp mig fick han skynda sig att skaffa fram en ersättare. Ingen lätt sak, vill jag föreställa mig. Vi har alla ätit ute, många har gjort det otaliga gånger, men det är ingen garanti för att man ska bli en duglig krogrecensent.

Det visste Jan Wifstrand, som hade varit mycket genomtänkt och noga när han värvade mig. Han hade också eftersträvat att Bong inte skulle vara en bekant figur, varken i Malmös krogliv eller på Sydsvenskan. Så var det med mig, som relativt nyinflyttad till staden. Kanske var det en av de viktigare orsakerna till att han siktade in sig på mig. Han var också inriktad på att det måste bli en frilansare, inte någon av tidningens anställda journalister. De skulle allihop genast få misstankarna på sig – såväl från krögarna som kollegorna.

Väl medveten om svårigheterna var jag väldigt nyfiken på vad för Bong Mattias skulle lyckas skrapa fram, så jag kastade mig över den första recensionen så fort den publicerades. Det var en väldigt flåshurtig text om Malmökrogen Carib Kréol, som tog en mängd rader på sig innan den kom till maten, bland annat genom att beskriva en fördrink:

> *Vi går på knock direkt. En fördrink, En mojito, denna klassiska romdrink, en gång skapad på La Bodeguita del Medio i Havanna, och som med massor med kros-*

sad is och mynta genast får oss att bli på gott humör
efter att ha väntat aningen för länge på att få den
serverad. Pigg och lömsk som en karibisk tornado.

Minst lika hurtigt var det när en av förrätterna skulle beskrivas:

En annan förrätt, en vegetarisk chevice med lime-
marinerad avokado och apelsinbakad fänkål får oss
att famla efter mobilen för att boka två platser på
Caribbean Airlines. En smakupplevelse där man kan
stapla positiva omdömen ovanpå varandra. Fräsch.
Frisk. God. Mumsig, MER!

Det var svårt att ta på allvar. Krogrecension i lekstugan. Dessutom gjorde det yviga språket att upplevelsen i och för sig verkade sprakande men var svår att uppfatta nyanserna i. Och kökskonst handlar till stor del om just nyanser.

Följande vecka hade nya Bong varit på Svea, en elegant trendigt krog i lokalen som dessförinnan huserat Louisiana och numera djärva Bastard. Svea förtjänade en inkännande och varsam recension men texten var så så hurtig att det blev hispigt och bitvis obegripligt. Så här beskrevs servicen:

"Du sover, Svea folk! Vem vill din vila rubba?" skal-
dade en gång Tegnér. Vi är hungriga! Men Bong
behöver inte precis tuta i några lurar för att väcka
personalen. Detta ska sägas, först som sist – maken
till service kommer vi förmodligen att få leta länge
efter i Svea Rikes avlånga land! Snabb och seende,
personlig utan att bli flamsig, kunnig.

Utan att bli kunnig? Sedan följde åter beskrivningen av en fördrink, innan det blev dags för maten. Där blev vissa insikter om det kulinariska uppenbara, men dränktes i det yviga pladdret, som exempelvis om fiskrätten:

Fisken? Hade det inte varit för att torsken ugnats den där halvminuten för mycket just när något annat hände i köket så hade detta varit en rätt för det perfektas skrivblock. Nu är det nära. Kompositionen hundraprocentig. Något att bjuda storögda japaner och colombianer, "Se här är det svenska, detta ÄR Moder Sveas själ!".

Kanske finns det folk som roas av sådant. Jag har sett andra krogrecensenter trassla in sig i ungefär samma språkliga djungel, men själv tycker jag att det mest blir ett fyrverkeri som tar uppmärksamheten från vad som ska beskrivas. Det kanske hade fungerat i en visa med bellmansk ambition.

Jag blev också överraskad av att tonen inte var särskilt ungdomlig. Referenser och associationer kändes tämligen medelålders, fast jag hade fått det bestämda intrycket av Mattias att han ville föryngra såväl Bong som resten av sin stab. Men denna Bong drog sig inte blott mot Tegnér och diverse lekfulla arkaiserande vändningar i språket, utan slog dem mot begrepp som bara nyligen varit inne. Exempelvis beskrevs Sveas inredning "som om David Design hade reclaimat ett franskt brasseri", och om en consommé sades:

Denna klara starka buljong andas "fin de siècle" och "Den allvarsamma leken" snarare än IT-företag, varumärkeskonsulter och andra eventuella penningstinna kunder, lägg därtill kultiverade äpplebitar och blodpudding och vi har en högoddsare.

Någon som förstår vad det kan smaka? Dessutom missade

Bong att ange några som helst priser. Dessa och andra basfakta, som morgontidningars läsare förväntar sig, har det återkommande slarvats med av mina efterträdare. Jag vet att det är trist att rapa krontal och andra torra fakta då man helst vill skalda om raffinerade kryddor eller bristen på dem, men det hör till jobbet. När sådant försvinner beror det nog framför allt på att skribenterna slarvat med redigeringen av sina texter. Man måste läsa igenom sin text åtminstone någon gång – med rödpennan i hand – innan man skickar den till publicering.

Men några veckor senare kom en Bongtext som jag blev förtjust i. Den handlade om Di Penco, en ganska enkel men ändå snitsig pastarestaurang i Malmö. Här angavs priserna. Språket var både sansat och grammatiskt putsat. Jag skyndade mig att meddela Mattias min förtjusning i en email.

Den första tiden gav jag honom synpunkter på texterna när han då och då frågade efter dem. De var alltför stressade på den färska Dygnet Runt-redaktionen för att hinna redigera texterna med någon omsorg eller ens ge Bong assistans på vägen in i det ganska knepiga jobbet med att skriva krogrecensioner. Jag var förstås smickrad av att de alls brydde sig om mina synpunkter, så jag kom gärna med de råd jag hade – stundtals i ganska skarpa formuleringar. Men jag vet inte hur mycket nytta det gjorde.

Mattias måste ändå ha uppskattat det, för på vårkanten 2007 började vi prata konkret om att sammanstråla – han, jag och nya Bong, för att utbyta erfarenheter. Det blev inte av förrän i juni, på ett anspråkslöst ställe en bit utanför Malmö. Återigen en sämre lunch än vad våra gommar egentligen var trimmade för, precis som det varit vid alla möten jag hade haft med folk från tidningen.

Vi hade ändå en väldigt trevlig långlunch, där vi sprutade ord till varandra redan i Mattias nya, läckra Alfa Romeo på väg till restaurangen. Martin Andersson anslöt sig också, men tog sin motorcykel dit. Det var klokt av honom, för när vi skulle tillbaka till stan vägrade Mattias bil att starta. Gamla och nya Bong fick ta taxi, medan Mattias blev kvar och sedermera lyckligtvis fick igång sitt lilla vrålåk. Bilen rullar alltjämt, har jag fått veta.

När jag under det gångna dryga halvåret hade läst varje veckas Bong var det mitt bestämda intryck att olika personer bidrog, precis som Mattias hade tänkt sig. Det spretade rejält mellan texterna, men det gick att urskilja en vanligast förekommande röst – en som onekligen skrev lustfyllt om sina krogupplevelser, dock i en flåshurtig stil med krockande språkliga ingredienser och ett ganska fånigt användande av "hippa" engelska uttryck. Så där som man skriver när man försöker vara poppig.

Även andra röster trodde jag mig dock ana i texterna. Jag roade mig ibland med försök till språkanalyser för att försöka hålla isär dem, men det var ingen lätt sak. Jag misstänkte att medlemmar på redaktionen då och då själva lekte Bong – det är ju kul att få en gratismiddag.

Kanske var det så den i breda kretsar utskrattade recensionen 2008 av Malmökrogen Möllan kom till. Den fick högsta betyg, vilket inte ens krögaren själv kunde begripa. Det hade bara varit försvarligt, om än fortfarande tveksamt, om Bong alltjämt satte betyg enbart efter prisvärde. Själv gav jag vid mina totalt fyra besök Möllan näst högsta betyg varje gång, även det förmodligen rätt bussigt, fast jag var tydlig med att det i hög grad berodde på just prisvärdet.

Men nya Bong skrev närmast euforiskt om den enkla men charmiga krogen, som vid ett nostalgiskt skimrande återbesök på ungdomens favorithak, med tillhörande dryckesvanor. Detta praktiskt taget medgavs av Bong själv:

Restaurang Möllan är fortfarande något av en initiationsrit för unga och fortfarande en varm famn för de som tycker att Wham, pastellfärger och pudelfrisyer inte var sååå förfärligt länge sedan.

Vid en omläsning i backspegeln av den hånade texten tycker jag att den är riktigt käck och förvisso förklarar Bongs förtjusning måleriskt – men jag tvivlar fortfarande på att de många överorden om maten var berättigade. Se till exempel denna lovsång till sniglarna, som ändå för 59 kronor inte var så mycket billigare än på många andra håll:

Vitlöksgratinerade sniglar för 59 kronor Inget fel på dem. Inte alls. Verkligen inte alls! En sneglar allt upp mot whiteboardtavlan för att kolla om priset stämmer för dessa läckerheter. Jodå snälle goe herrn. Stinna potenta sniglar fräsandes (bokstavligt, när de kommer till bordet) i allehanda läckerheter som smör, vitlök och i allt en angelägen kryddning. Dessa Möllans små smakbomber skulle nog allt sopa banan med de flesta tävlande på den årliga snigelmässan i vilken fransk provins som helst.

Nå, sådant händer även de mest behärskade. En Bong ska vara ivrig på upplevelser. Lyhörd för dem kan man inte annat än förföras då och då. Det är själva poängen. Och kärlek uppstår inte blott på sidenlakan.

Åke Bong

Tillbaka till mötet mellan gamla och nya Bong, den där solstrålande sommardagen på en enkel krog i förorten, som lyckligtvis hade utomhusservering. Det stod genast klart för mig att Sydsvenskan hade skaffat sig en Bong, inte flera, vilket var vad jag från början hade kunnat slå vad om att det skulle landa på.

Det fungerar inte med något slags rullande schema mellan olika recensenter, speciellt inte om det ska var under samma signatur. Dessutom är det inte så lätt att hitta lämpliga skribenter, så när en fungerar tenderar denna att kvickt få rå om hela uppgiften.

Det är något av en förutsättning för att kunna göra krogbevak-ningen relevant och konsekvent.

Den de hade hittat var Åke Högman, en frilansjournalist som tidigare skrivit för Dygnet Runt och dessutom annorstädes en hel del om mat och krogliv. Ingen ungdom precis, även om han har några år kvar till min ålder. Jag hade hoppats att de skulle våga pröva en ung och ograverad talang, som kanske skulle kunna hitta nya infallsvinklar på ämnet och ett eget språk att måla det med. Åke hade varit med så länge att han redan hade rutinens bestämda uppfattningar och en stilistik förankrad i några decenniers tidningsspråk.

Han var också ett riskabelt val, eftersom han redan var tämligen välkänd bland regionens krögare. Det var inte alls säkert att han skulle få samma bemötande som vem som helst. Så även om hans kompetens inom ämnet och hans flyhänta penna var meriterande, slöt jag mig till att valet av honom mest hade att göra med att det var svårt att rycka en helt ny och oprövad talang ur hatten. Mattias upptäckte nog så gott som omedelbart att inte vem som helst skulle klara jobbet som Bong på ett tillfredsstäl-lande sätt. Jag vill tro att jag hade satt ribban rätt högt.

Åke hade ändå rutin nog att hitta ett eget språk och en egen approach till jobbet. Bland annat såg han till att beskriva maten med en air av den kultur den sprungit ur, vilket var mitt i prick för vår mångkulturella restaurangflora med världen pas-serande revy på tallrikarna. Jag tyckte inte att alla hans val var de bästa tänkbara, men jag hade efter så många år i jobbet fått en snäv uppfattning om saken. Oavsett vad jag tyckte var det alldeles nödvändigt att en ny Bong kändes ny, vilket hade sina risker men ändå var betydligt bättre än en tillkortakommen kopia på min stil.

Vi kom genast väldigt bra överens. Det visade sig dessutom att jag flera år tidigare hade haft Åke som elev på aikidon, som jag fortfarande leder på den stora kampsportsklubben Enighet i Malmö. Världen är som sagt liten. Även om jag hade invändningar mot hans sätt att skriva Bongtexter var det ingen tvekan om att han hade det viktigaste: en lustfylld passion för mat, dryck och krogliv.

Han saknade dock mitt tålamod för uppgiften, skulle det visa sig. Längre än två år höll han inte ut, fast han gärna medgav att uppgiften som Bong var både hedrande och lustfylld. Kanske gnagde hemlighetsmakeriet mer på honom än på mig. Det kan jag gott förstå, i så fall. Det är snudd på ett martyrium att ägna en stor del av sin kreativa kraft på något man inte få yppa för en själ.

Särskilt bra betalt var det ju inte heller. Arvodet jag hade jobbat upp så gott jag orkade stod kvar oförändrat. Åke kunde i alla fall glädja sig åt att jag hade uppfostrat tidningen till att inte gny om dyra krognotor där även dryckerna fick kosta.

Hösten 2008 skrev Åke sin sista Bongtext åt Sydsvenskan. Det var en final med fanfar. Han skrev en rent ekvilibristiskt väl-lustig recension av den köpenhamnska krogen Mielcke & Hur-tigkarl, som hade vad som krävdes för att inspirera en garvad krogrecensent. Han skildrade måltiden nästan oförtäckt som en allt intensivare kärleksscen:

> *Först kammusslor, hibiskus, kronärtskocka och purjo-lök. Kammusslorna upprätthåller den perfekta ba-lansen mellan fräsch råvara och tillagat, hibiskusen och kronärtskockan putsar ytterligare till det redan runda. Skira och milda smaker. En öppning som vore den en oavsiktlig strykning över huden, ändå medve-ten. Ett närmande... som blommar fullt i nästa rätt. Någon vill oss någonting. Slätvar, kinesisk kronärt-skocka och gurkmeja. Det sprödaste av fiskskinn som ett chips över den fasta men ändå så saftiga fisken, den krämigt karamelliga såsen på gurkmejan är en underström av lusta. Vi kommer att bli förförda, och vi låter det ske.*

Det fortsatte i samma stil. En text jag vore stolt över att ha skrivit. Recensionen publicerades den 19 december 2008 och jag skrev en förtjust hyllning om den på min blogg samma dag, utan att begripa att Åke hållit i pennan. Jag avslutade min blogg med att Sydsvenskan måste hålla hårt i denna fenomenala Bong som jag trodde var ny, fast det i själva verket var den strålande sortin för min efterträdare. Åke avslöjade det senare för mig med spjuveraktig munterhet.

Han skrev nog sina Bongtexter ganska lynnigt, och behövde inspireras av köket för att få till formuleringarna. Det kunde jag sannerligen också känna under min tid som Bong. Orden porlade fram om krogen var storslagen, i viss mån också om den var bedrövlig – men alla dessa mediokra krogar däremellan var det svårt att skriva något läsvärt om. Såväl krögare som krogrecensenter behöver vara konstnärer och är därmed beroende av att inspireras.

Åke hade också vett att släppa ur sig hemligheten när han var klar med jobbet. Det måste man för att kunna gå vidare. För säkerhets skull inhämtade jag hans godkännande till att namnge honom här, och det var fritt fram.

Vem eller vilka som har trätt till som Bong efter hans skift har jag inte den blekaste aning om. När jag skriver detta, i april 2010, konstaterar jag att de Bongtexter som publicerats på sistone är välskrivna och förtroendeingivande. De är inte lika yvigt vildsinta som Åke Högmans, ej heller sådana språkliga frosserier som mina kunde vara, men de har en klarhet och säkerhet som imponerar på mig. De ger intryck av en garvad journalist, som först och främst vill informera snarare än värdera. Det är som sig bör på en morgontidning, om än inte stor underhållning.

Bong på blogg

Jag följer inte Sydsvenskans krogrecensioner särskilt regelbundet längre. Tiden går och jag har annat för mig. Då och då blir jag nyfiken och tittar till Bong på Sydsvenskans nätupplaga, eftersom det är ett par år sedan jag fick tidningen i brevlådan. Sedan glömmer jag bort det flera veckor i streck, ibland längre. Ungefär som det var innan jag själv blev Bong.

I stället har jag lekt lite med egna krogskriverier, då och då, men blott på min blogg. Det började som en ren nyck i januari 2008. Jag tog en lunch på den hyllade finkrogen Vendel at Sturehof i Malmö, av ren nyfikenhet och för egna pengar. Det var en dyr men långt ifrån munter upplevelse.

Trots att krogen var så gott som tom och det var mot slutet på lunchtiden envisades servitrisen med att jag skulle sitta vid det absolut sämsta bordet, invid toaletten. Det är ett oförskämt sätt att markera att gästen inte är välkommen, så då borde man bara gå. Men jag höll ut.

Sedan krånglade det till sig rejält med vinet till maten. Servitrisen insisterade på husets och hade alla möjliga ursäkter för varför jag inte skulle få se vinlistan. När jag äntligen fick se den visade sig vinet jag valde vara slut, och sedan fick jag veta att hovmästaren förbjudit henne att öppna en flaska av husets vin, eftersom de hade för få buteljer kvar. Jag erbjöds i stället ett betydligare dyrare vin – för 150 kronor per glas. Några alternativ fanns inte.

Maten var i och för sig intressant och vällagad, men knappast till den grad att min torskrygg förtjänade priset 295 kronor på lunchen. Så när jag gick därifrån var jag sugen på att skriva om upplevelsen. Jag lät orden flöda på ett sätt som var omöjligt i Bongrecensionerna med sitt begränsade format. Texten blev lång och var riktigt rolig att skriva. Jag lade upp den på min hemsida och hade mersmak.

Snart därefter hade jag startat en blogg (på adressen *stenudd.blogspot.com*), som var ett ännu bättre forum för små restaurangnedslag – och diverse andra reflektioner. När våren kom och uteserveringarna blommade föll det mig också in att fotografera maten jag åt. Det gjorde allting väldigt mycket roligare. Jag kände

Ett glas grappa på Siestas utomhusservering. Foto från författarens blogg.

omedelbart att foton på anrättningarna vore perfekta illustrationer också för Bong, om inte hemlighetsmakeriet hade gjort det omöjligt. Text och bild i samverkan. Man borde absolut hitta en lösning för att få det till stånd i tidningarnas krogrecensioner. Det hade ökat deras läsarvärde mångfalt.

Sedan dess har jag då och då skrivit om krogbesök på min blogg under vinjetten *Xbong*, så gott som alltid med bilder på anrättningarna. Det är på skoj, som ett tidsfördriv och för att göra restaurangbesöken intressantare. Mest har det blivit krogar i Malmö och Stockholm.

Jag väljer spontant och skriver fritt om det. Ibland blir det ungefär som en traditionell krogrecension men oftare är det en särskild aspekt eller omständighet jag koncentrerar mig på. Såsom den traditionella planksteken på Azalee, ostron på Johan P, en sallad med 15 olika tomatsorter på Siesta, fantasilös trerättersbricka på X2000, eller för den delen ett barskt nedslag på Sveriges majestät bland krogar: Mathias Dahlgrens matsal i Stockholm, med brister ungefär lika pinsamma som de hos Vendel. I de flesta fallen är det just möjligheten att fotografera maten som också sätter fart på min penna.

Vill jag då återgå till jobbet som krogrecensent – på Sydsvenskan eller annorstädes? Inte om det vore på samma sätt som förr, det har jag gjort så att det räcker. Möjligen kunde det vara kul att försöka förnya krogbedömning på något sätt, pröva andra ramar eller vinklingar. Men bara om jag fick fotografera. Mat är läcker även på bild.

Egentligen räcker det gott för mig att göra enstaka nedslag för min blogg, som ingen redaktör har något inflytande över.

Siestas sallad på 15 tomatsorter. Foto från författarens blogg.

Bong går ronden

Varje krogrecensent har förstås sitt eget sätt att granska krogar och att betygsätta dem. Det nedanstående är blott en liten genomgång av vad jag begrundade när jag som Bong smög runt på etablissemangen i Skåne och Köpenhamn. Jag tror ändå att många av mina tankar och synpunkter delas av de flesta krogrecensenterna, så det bör i stora delar vara någorlunda allmängiltigt. Allraminst bör det ge en liten aning om hur en Bong tänker vid sitt krogbesök.

Sannfärdig meny

Varje krog borde ha sin meny synlig utomhus, så att potentiella gäster kan ta en titt på den innan de kliver in. Väl inne i krogen är det svårt att ändra sig, speciellt om man inte får se menyn förrän man satt sig till bords, kanske rentav accepterat kyparens förslag om en fördrink. Det är grisen i säcken. Jag har varit på flera sådana krogar, både som Bong och privat, där den sena läsningen av menyn var närmast avskräckande, men då var det så dags.

Just för jobbet som Bong var det ytterligare en poäng med menyn anslagen på krogens utsida eller i ett skyltfönster. Då kunde jag anteckna i smyg, antingen före eller efter besöket – ofta både och. Innan det där med internet slagit igenom så pass att krogar skaffat hemsidor där deras menyer stod att finna hade jag ett sjå att samla ihop all detaljinformation. Även därefter var det problematiskt, då många krogar slarvade med uppdateringen. Jag kunde aldrig lita på hemsidornas uppgifter, som det var si och så med. Så jag fick fortsätta att anteckna, om än inte alltid och inte lika mycket. Ibland smög jag fram min kamera dagen efter ett Bongnedslag och tog bild på menyn. Några gånger hade jag lyckats norpa med mig ett ex av menyn, när den var skriven på lösa blad. Ja, det var lite spioneri över alltihop.

Jag läste alltid menyerna väldigt noga. De berättade så mycket om krogarna att det sedan i väldigt många fall var ont om överraskningar under middagen. Framför allt var menyerna nog för att skilja agnarna från vetet. Det var inte i första hand priset som avslöjade om en krog var mästerlig eller klantig, för det fanns flera som uppträdde så att säga under falsk flagg. Men rätterna och deras kompositioner berättade massor om kökens förmåga.

En restaurang med slentrianmässiga förrätter, såsom SOS, alltså smör, ost och sill, eller vitlöksbröd, som i sig knappast borde få kallas en förrätt, toast Skagen eller något annat välbekant med räkor, kycklingvingar, nachos och liknande banaliteter, kan knappast husera en kock med självaktning. Det blir ännu tydligare om varmrätterna är lika standardmässiga, såsom plankstek, kycklingfilé praktiskt taget hur den än serveras, sammalunda med fläskfilé, friterad rödspätta, och så vidare. Om inget speciellt dykt upp så långt in på menyn sker knappast några överraskningar bland desserterna. Då är det glass med chokladsås eller frukt, friterad camembert, chokladtårta eller amerikansk ostkaka som gäller. En sådan meny är rena färdigmaten från början till slut. Köket har föga mer för sig än att ta fram varorna ur kylen och värma upp några av dem.

Finkrogars menyer ser förstås helt annorlunda ut och ändras ofta. Dessutom är de uppenbart påverkade av vilka trender som för stunden råder inom kökskonsten såväl i Sverige som resten av västvärlden. Man kan räkna med att stöta på en del exklusiva delikatesser redan bland förrätterna, såsom pilgrimsmussla, carpaccio på oxfilé som sig bör eller möjligen experimentellt på till exempel tonfisk, andra skaldjur än räkor och kräftor, kanske gåsleverpaté, som dock alltför ofta kallas blott *foie gras* fast det blott syftar på levern och inte en pastej gjord på den.

Förrätterna i menyn är krogars initiala signaler till gästerna och de kunniga krögarna bemödar sig därför om att redan där visa upp sin ekvilibrism och påhittighet. Vad man alltid kan förvänta sig på en kompetent krog i den högre divisionen är oväntade, udda inslag – råvaror man sällan stöter på eller kombinationer som man studsar till inför. Sådant väcker förstås en krogrecensents intresse.

Varmrätterna på krogar med snitsigt kök bygger på råvaror av exklusivare sort. Knappast kyckling, spätta eller fläskfilé, snarare anka, gös och oxfilé. Anrättningarna blandar en handfull utpräglade smaker i stället för bara sås, potatis och några skivor tomat. Ibland kan det bli lite väl tillkrånglat, men hellre det än det gamla vanliga. Efterrätterna kan vara omständliga verk, men också blott små klassiker som dock kräver duktigt *know-how* att få till, såsom allom bekanta crème brûlée, en mycket krävande pudding, eller en tarte efter konstens alla regler. Där måste förstås också finnas några ostar med eftertryck.

Sedan några år är det populärt bland finkrogar att i menyn inte ange hur råvarorna anrättats, bara vilka de är. Det må vara kul som omväxling mot uppsatser eller små poem om varje maträtt, men det ger gästen ringa bild, så det kräver kypare och servitriser som kan fylla i luckorna verbalt.

Oavsett hur en meny var skriven när jag som Bong gick på krogen, störde det mig om den gav ett missvisande intryck. En förrätt som beskrevs med pilgrimsmussla som första ord men visade sig bara ha en sådan på ett berg av sallad var inte särskilt sannfärdig. Det stötte jag på mer än en gång. Likaså anklever som blott var en dutt någonstans på en högrest konstruktion av diverse annat mindre lockande.

Det är inte blott med mängden som menyernas beskrivningar kan vara vilseledande. Även i smaker går det vilse om en karaktärsfull råvaras kvaliteter göms eller förvänds av tillredningen. Fisk drabbas inte sällan av det.

Menyns spännvidd behöver vara tillräcklig för att ge varje

Glassdessert på Mathias Dahlgrens Matbar i Stockholm. Foto av författaren.

gäst något att frestas av. Det betyder verkligen inte att den måste vara väldigt omfattande, som matsedlarna på Kinakrogar. Sådant gör mig bara misstänksam, eftersom det finns en snäv gräns för hur många olika rätter ett kök klarar av att göra exemplariskt under en och samma kväll. Snarare handlar det om svepet som menyn beskriver. Artistiskt säkra krogar skapar med blott tre förrätter, fyra varmrätter och tre desserter en regnbåge. Då vill man inte se en ingrediens dyka upp lite här och där, hur delikat den än må vara.

Folk har ju dessutom diverse matvanor, dieter och preferenser för sig. En krog kan inte tillfredsställa alla, men borde i alla fall ha såväl fisk som kött och vegetariskt att välja på, även någon smalmat som alternativ till det feta och digra. Det handlar om konsten att göra det mesta möjliga av en begränsad palett, eller snarare att begränsa sig fast paletten är oändlig. Som Picassos blå period, ungefär.

Passande vinlista

Jag läser alltid vinlistan med samma intresse som menyn, även när den på vissa gamla guldkrogar är tjock som en doktorsavhandling inom humaniora − och ibland lika kryptisk. Den behöver inte vara omfattande för att jag ska bli förtjust. Ett litet men kunnigt och genomtänkt urval imponerar lika mycket. Men den behöver ha några gedigna inslag för att jag inte ska surna.

Den punkt de flesta brister på är att samtliga deras rödviner är alltför unga. Där har även många riktigt fina krogar blivit väldigt slappa. Ett myndigt rödvin behöver åtminstone åtta år på sig, gärna tio. Sommelierer formulerar alla möjliga undanflykter när deras lista saknar sådana buteljer, men det är rent nonsens. De stora rödvinerna behöver tid.

Jag blir också betänksam om en ganska lång vinlista saknar franska flaskor, eller bara har någon enstaka, för att i stället drälla av märken från Kalifornien, Australien eller Spanien. Om det inte förklarar sig av krogens profil är det helt enkelt en brist.

Självklart behöver krogarna även en spännvidd mellan lätt och tungt, diskret och fullödigt, och så vidare, men framför allt imponerar det om vinlistan tydligt är rustad för den sorts mat som lagas på krogen.

Då är det förstås än mer anmärkningsvärt om en krog med huvudsakligen franskt kök saknar franska vinflaskor. Just franska viner har det senaste decenniet eller så blivit aningen mobbade på svenska krogar, vilket inte bara beror på att andra länders vinproduktion har fått en uppmärksamhet som inte alla helt och fullt förtjänar. Det började nog med den utbredda svenska bojkotten av franska viner efter en fransk provsprängning av en vetebomb 1995. Krogar och konsumenter vände sig mot andra länder och många av dem vände sedan inte tillbaka. Tragiskt på mer än ett sätt.

Krogar som kostar på sig ett brett utbud av vin på glas imponerar. Än mer imponerad skulle jag bli om de hade ett antal viner på halvflaska, men det är ytterst sällsynt. Bara om det är en ordentlig omsättning på vinet i öppnade flaskor klarar det sig från den kvicka försämring som kontakten med luft sätter igång redan när korken dras ur. Då är det säkrast att beställa en flaska som korkas upp vid bordet, men det är inte alltid man tar sikte på att hälla i sig alla 75 centiliter, speciellt om man vill variera dryck mellan rätterna.

Det förekommer både löjligt höga priser och en del oseriösa genvägar när det gäller många krogars vinlistor. De föredrar viner som inte finns på Systembolaget, så att gästerna inte upptäcker hur mycket krogen lägger på för buteljerna och har små chanser att avslöja när mediokra viner presenteras som om de vore storslagna.

Extra många sådan knep brukar krogar ta till i sina vinmenyer, som de brukar erbjuda jämte avsmakningsmenyer. Även på de allra mest exklusiva ställena kan dessa vinmenyer innehålla flera otillräckligheter, hur saftigt de än tar betalt för dem. Det är trist, för tanken är god – ett välvalt vin till varje rätt på en avsmakningsmeny. Dock, känner man sig som gäst det minsta osäker på hur ambitiös krögaren är med sin vinmeny bör man i stället sikta på att själv välja något eller några viner ur vinlistan. Ett klokt val av ett fint vin ska fungera till de flesta rätter på menyn – säkert bättre än en vacklande följd av bristfälliga viner, oavsett sort.

Även sortimentet av öl ägnar jag ett öga, men framför allt listan på avecer. Också krogar med begränsad ambition och omsättning kan kosta på sig några extra spritflaskor för att utöver bassortimentet erbjuda åtminstone någon grappa, calvados, armagnac och mörk rom. De fina krogarna brukar överlag ha ett imponerande urval av avecer, ofta även med flera riktigt fina märken och flaskor med många år bakom sig.

Det har dock en hake. Även starksprit förlorar en del av sin rikedom med tiden, när flaskan väl har öppnats. Egentligen bör en konjaksflaska vara tömd inom en månad eller så, sammalunda med andra ädla spritdrycker. Ett brett sortiment leder onekligen till ökad risk att några flaskor har öppnats för bra länge sedan. Man ska därför som gäst gärna titta till flaskan men är nyfiken på. Om det bara är en slatt i botten på den bör man hellre välja att smaka på en annan. Det är inget som krogens personal upplyser om.

Drinklistan struntade jag som Bong blankt i att studera. Sådant hör mer till nattklubbar än restauranger. Det hindrade inte att jag då och då testade hur de svängde ihop en Dry Martini. Den drinken bör varje krog klara, eftersom den är en utmärkt aperitif. Också champagne fungerar utmärkt som aperitif, det blir till och med festligare, så det är vad krogarna vanligtvis brukar erbjuda.

Jag tycker att det beror på vad som komma skall. Champagnen känns självklar om en avsmakningsmeny stundar, medan fördrinken snarare signalerar en gedigen trerätters där krönet är en saftig köttbit.

Varmt mottagande

En krog ska med sin inredning helst lyckas skapa motsvarigheten till en förälskelse vid första ögonkastet. Lokalen ska redan vid första anblicken i entrén upplevas som inbjudande. Det är ingen lätt sak, i synnerhet som alla krogar tävlar om att åstadkomma detta och därmed driver upp kraven.

Bland finkrogar de senaste decennierna har ett närmast spartanskt ideal rått. Det ska vara kala, enfärgade väggar, stramt möblemang och ett minimum av dekorationer. Detta ideal har varit så gott som obligatoriskt för krogar i den högre divisionen, med resultat att de är svåra att skilja från varandra. Det är lite väl enahanda, hur smakfullt det än görs.

I andra änden finns de engelskinspirerade pubar och österländska restauranger som fyller lokalerna med så mycket bråte att det knappt finns plats över för gästerna. Landskapet mellan dessa ytterligheter är dock tämligen outforskat.

Det finns hur många sätt som helst att åstadkomma en inbjudande atmosfär – förvisso också motsatsen. Precis som med maten är det fråga om smak – man måste ha det, men variationsmöjligheterna är näst intill oändliga. Fantasin sätter gränsen, och den är det si och så med.

Oavsett inredningens stil måste en krog vara bekväm för gästerna. Så är långt ifrån alltid fallet. Framför allt gäller det stolarna. Jag har under de tolv åren som Bong suttit och skruvat mig på ett stort antal obekväma stolar. Då undrar man om krögaren alls har provsuttit dem före inköpet. När det är på tok för trångt mellan stol och bordsskiva kan man vara säker på att så inte var fallet. Likaså när vinkeln mellan stolens sits och rygg är sådan att man omöjligen hittar en bekväm sittställning, eller när sitsen är så hård och platt att den mesta smak man erfar efter middagen är den av trä mot rumpan.

Belysningen är också en trivselfaktor. När det är för ljust känns det lätt som på flygplatser eller sjukhus, när det är för mörkt har man svårt att se sitt bordssällskap och maten på tallriken. Har man otur blir man bländad av en felriktad lampa eller ser bara hakan på bordskamraten under en lågt placerad lampskärm. Återigen misstänker man att krögaren inte har provsuttit.

Ljudet har ingenting att göra med maten men påverkar likafullt middagsupplevelsen. De snobbiga krogarnas nakna väggytor skapar ofta hård akustik där slamret från alla bord ekar hit och dit. Sådant är väldigt tröttande under en helkväll. Lika plågsamt kan det vara när musiken ur högtalarna är illa vald och alltför högljudd, eller för den delen så lågmäld att man omedvetet anstränger sig för att höra vad det är för låtar som spelas. Akustikens lagar är dessutom så komplicerade att ljudmiljön förändras beroende på antalet gäster i matsalen.

En fin krog måste inte ha dubbla borddukar, även om så ofta är fallet. Dock, är det fråga om nakna bordsskivor måste dessa vara särdeles sköna syner. Men det är svårt att överträffa fullt dukade bord, med blänkande bestick och ståtliga vinglas redan på plats när man kommer. Man får som gäst den distinkta känslan av att vara efterlängtad. Om dukningen i stället sker först vid gästens ankomst börjar man känna sig till besvär, som en avlägsen släkting på oväntat besök.

Hur det än är fatt med den saken finns en livsnödvändig "checklista" som ska träda i kraft genast då gästerna satts till bords. Menyerna ska fram, även den eventuella vinmenyn, och man ska genast få chansen att beställa något att dricka. Dessa drycker ska sedan serveras skyndsamt. Det gäller också om smör och bröd i någon form hör till vad krogen erbjuder. Alla krogar vet det men är si och så med denna självklara inledande rapphet.

De allra flesta gäster ser till att komma till krogen hungriga, oftast även törstiga. Därför är de första minuterna på plats viktiga för hur man upplever krogens service. Får man genast något att dricka, dessutom gärna lite bröd eller en *amuse* att peta med, då inträder ett lugn. Därefter har man tolerans med väntetider och små försumligheter från serveringspersonalen.

*Evert Taubes stambord på Gyldene Freden i Gamla stan, Stockholm.
Foto av författaren.*

Beställd mat kan ta tid på sig, det får man räkna med. Kanske till och med rätt lång tid, vilket går an om man bara fått bröd eller en liten sallad eller amuse, eller kanske förrätterna, innan saker och ting börjar ta tid. Vad som dock alltid måste gå raskt är påfyllning av dryckerna. Det ska inte få vara tomt i glasen mer än någon minut, helst inte alls, innan det åtgärdas av servitören eller servitrisen. I synnerhet om de har den överdrivet snobbiga vanan att förvara vinflaskan på annat ställe än gästernas bord – men också om gästerna beställer glasvis. Dryck ska levereras per express.

Det är också ett sätt för krogen att öka sin omsättning och vinst, eftersom det på svenska krogar framför allt är genom dryckesförsäljningen överskottet skapas. Ändå är det märkligt hur ofta man får vänta på drickat, rentav oftare på lyxkrogar än enklare hak. Det sker för att serveringspersonalen prioriterar galet eller har den slappa inställningen att bara folk har fått sin varmrätt så är det lugnt ett tag. Men det är väldigt frustrerande att mitt i biffen få slut i vinglaset.

Allra underligast är det att så många krogar är tröga med att leverera notan, när det är dags för den. Vill de inte ha betalt? Jag tror att det kommer sig av att serveringspersonalen anser gästerna vara avslutade kapitel när det är dags för notan och därför slut på ytterligare beställningar. I regel är det också så att tiden har passerat för att ge nya gäster plats vid bordet, om det inte är julbord med flera sittningar. Men de glömmer att det är just då man som gäst bestämmer sig för vilken dricks man vill ge.

Det är också serveringspersonalens jobb att presentera menyn och anrättningarna för gästerna. De som är skickliga och kunniga sätter en heder i att göra detta fullödigt och underhållande, med lyhördhet för gästernas önskemål. Vanligtvis är detta en skiljelinje mellan finkrogar och enklare matställen. De förra utvecklar denna dialog med gästerna till en konst, medan de senare inte ens har bättre svar på direkta frågor än "Det beror på vad du är sugen på" eller "Allt är gott".

Som gäst är det bra att veta att serveringspersonalen ofta har instruktioner från köket att rekommendera vissa rätter och inte andra. Det kan handla om vad köket excellerar med, men också sådant som tillgång eller vinstmarginal. De brukar förstås inte insistera och i de flesta fall är dessa rekommendationer väl värda att lyssna på, men inte till den grad att man ska låta det ersätta egen aptit och lust. Då är risken att bli besviken stor, oavsett krogens kapacitet.

Sammalunda med vinrekommendationerna. Jag har sällan stött på kypare eller sommelierer som anstränger sig för att lura på gästerna de dyraste dryckerna, snarare tvärtom. De föreslår glatt billigare flaskor och kan till och med påpeka att de är mer drickvärda än dyrare alternativ. Förmodligen beror det på den krassa realiteten att få gäster låter vinvalet kosta särskilt mycket ens om de tar för sig av de allra dyraste rätterna på menyn. Därför är det alldeles nödvändigt för exklusiva krogar med höga omkostnader att även ta duktigt betalt för husets vin. Detta bör dock vara i kvalitet därefter, vilket långt ifrån alltid är sant. Snarare satsar de ofta på okända märken som de ogenerat pratar sig varma för, oavsett vad dessa viner egentligen lever upp till.

Billiga krogar gör i stället framför allt det misstaget att de förvarar sina viner galet, så att de kvickt förlorar den kapacitet de må ha haft initialt. Dessutom tenderar de viner de säljer glasvis att vänta rätt länge i halvfyllda flaskor. Sådant förtar fort deras kvalitet, sådan den nu är. På enkla krogar är det därför alltid bäst att beställa hela flaskor, om man över huvud taget har den törsten – även om man inte räknar med att dricka upp varenda droppe.

Något liknande gäller även öl på fat. En sådan anläggning kräver skötsel och renhållning, vilket det kan vara si och så med. Också en viss omsättning på faten är av nöden. Anar man att det kan brista på någon av dessa punkter är det klokast att beställa öl på flaska. Det brukar också vara den öl som bryggerierna lägger ner mest möda och kärlek på. Många finkrogar saknar fatöl, delvis av detta skäl.

För att återgå till serveringspersonalens brister och förtjänster är mycket förlåtet dem om de bara genom hela middagen förmår en viss raskhet och påpasslighet. Är de där när man behöver dem eller kommer fort när man signalerar till dem, så är man nöjd även om de inte ler så man bländas av det eller är några underhållare. Men är det svårt att få dem att titta åt ens håll när man räcker upp handen, så att man börjar känna sig som ett mobboffer i grundskolan, då hjälper det inte om de ler med hela ansiktet eller berättar flödande och anekdotiskt om allt som serveras.

Riktigt begåvade servitörer och servitriser har förmågan att känna precis vilken grad av familjär ton man trivs med, och hur länge man vill pladdra med dem. Det är en sällsynt talang, som i sig är njutbar för en gäst. Annan serveringspersonal kan i stället ge det bestämda intrycket att de tycker sig egentligen bara vara på mellanlandning, på resa mot berömmelse och en strålande karriär annorstädes. Inte sällan har de anställts mer för sitt utseende än något annat, eller för den blygsamma lönen de klarade av att förhandla sig till.

Man ser sällan skymten av kockarna på en krog, varför de människor som förmedlar maten mellan köket och gästen är garanterna för den. Om de ger ett tveksamt intryck kan det vara svårt att njuta av anrättningarna, hur sagolika de än må vara. Det är märkligt hur många krogar som bara delvis visar förståelse för detta. Då misstänker jag att det beror blott och bart på att de inte vill betala de löner som duglig personal har all rätt att kräva. Snålheten får möjligen bedra visheten på billiga ställen, men absolut inte på de krogar där gästerna gjort sig beredda att betala dyrt för upplevelsen.

Mått på maten

På de vardagligare restaurangerna hoppar de flesta gästerna över förrätten för att gå direkt på en rejäl portion varmrätt. Inte hel-

Whiskygravad oxfilé, förrätt på Söderbloms i Malmö. Foto av författaren.

ler desserterna brukar det vara någon åtgång på. Därför är inte köket särskilt ambitiöst med annat än varmrätten. Det syns i regel redan på menyn, där för- och efterrätter är få och väldigt konventionella.

Krogrecensenten kan därför inte döma ut en sådan restaurang blott på dessa brister i menyn. Ändå måste för- och efterrätter prövas om de finns, och det kan leda till en del hårda ord om deras genomförande är alltför försummat. Det ska dock inte slå igenom i krogens helhetsbetyg på samma sätt som om dessa rätter vore mer allvarligt menade och sturskt prissatta.

Sådant kommer inte de exklusivare krogarna undan med, helt enkelt för att de förväntas visa samma omsorg om alla rätter på menyn och onekligen tar betalt för detta. Det kulinariska kökets röda tråd är att skapa fungerande helheter inte blott med varje anrättning, utan också med hela måltidens resa från första till sista fat. Då får det inte finnas några glipor eller platta fall.

Men det är en svår konst, som få bemästrar. Jag har varit på hur många i och för sig snitsiga krogar som helst, där förrätterna väckt förtjusta förhoppningar som sedan blott delvis har uppfyllts eller rentav grusats, eller där desserterna landar plumpt som föga mer än sötsaksbomber. Allra vanligast är det förstnämnda, att inspirerade förrätter följs av inte alls lika betagande huvudrätter.

Det har sina förklaringar. Med förrätter känner sig en krog friare att experimentera än med huvudrätterna. Då är det lättare att hitta på något som kittlar gästernas gommar. Dessutom är hungern den bästa kryddan, så när den i viss mån har dämpats efter förrätten blir gommen kräsnare. Ibland undrar jag om inte vissa krogar väntar avsiktligt länge med att servera huvudrätten för att återskapa denna effekt.

En annan sak är mängden. Förrätter är små, normalt blott några munsbitar, medan huvudrätten ska vara rejäl och mättande. Då är det svårare att hålla gästen kvar i den glädje som kändes vid de första tuggorna. Det kan jämföras med musiken, där en kort sång inte hinner trötta ut örat – vilket är främsta anledningen till att de medverkande i TV-programmet *Idol* sjunger förkortade versioner av gamla hitlåtar, åtminstone fram till finalomgångarna när rimligen blott de bästa ska återstå. På det viset hinner inte publiken upptäcka sångarnas otillräcklighet. Samma problem att brottas med har krogköken när de lagar sin mat i större portioner.

Man bör minnas det när man äter avsmakningsmeny på fem, sju eller ännu fler smårätter. Då är det munsbitar från första till sista fatet och därför inträder inte faran att gommen tråkas ut. I stället ska man begrunda hur suverän och originell varje miniportion är – och framför allt vad för upplevelse de beskriver i sin helhet, från första till sista smak.

Avsmakningsmenyns dramaturgi

Begreppet avsmakningsmeny, *menu dégustation*, syftar egentligen på en meny med smakprov på samtliga rätter kocken vill framhäva, rentav allt som finns på matsedeln om den inte är alltför lång. Så görs på många krogar, där avsmakningsmenyn helt enkelt är mindre portioner av ett antal rätter på matsedeln, men minst lika ofta är den i stället en separat komposition där ingen av dess ingående rätter finns på den ordinarie matsedeln.

Det kan kvitta lika, så länge den är välkomponerad och visar vad köket är stolt över. Och den får inte vara för kort. Inget under fem rätter kan kallas en avsmakningsmeny, det är bara larvigt. Även vid fem rätter är jag tveksam, i synnerhet om amusen eller den smakbrytande sorbeten är medräknad. Först vid sju rätter börjar det bli allvar. Detta fuskas det åtskilligt med på krogarna.

Det finns en viss logisk ordning på rätterna i en avsmakningsmeny som är lika vansklig att göra avsteg ifrån som när långfilmer missar dramaturgins grundregler.

Om det börjar med en amuse, eller *amuse-bouche* ("munroare"), ska den vara så liten att den inte påverkar aptiten ett dugg, dessutom gärna avvika tillräckligt från i alla fall de närmast kommande anrättningarna, så att man inte blandar ihop dem ens i minnet efteråt. Den ska visa något av vad för kulinariska principer köket arbetar efter, och då gärna ta ut svängarna. Det är som dramats premiss. Här visas hur djärva smakkombinationer köket tillåter sig och hur originella sådana möten man eftersträvar. Gärna ska också något sägas om vad för slags råvaror man med störst kärlek ger sig i kast med.

En amuse ska inte nämnas i menyn, för då är det helt enkelt en första förrätt. Några krogar kan inte motstå att ange i sin avsmakningsmeny att den inleds med en amuse, men då är det inte längre den angenäma överraskning som begreppet står för. Sådant ger snarare intryck av snålhet.

Den första förrätten kan vara baserad på exempelvis en grönsak eller kaviar eller annat som senare inte har någon huvudroll under föreställningen. Den får gärna vara kall. En andra förrätt kan, om det är en lång radda som ska följa, vara en soppa eller försiktig consommé, men i så fall bör det som därefter följer vara varmt. Annars kan det vara en till kall anrättning, helst baserad på fisk eller skaldjur, som då ej får dyka upp igen längre fram i menyn.

Mer än två kalla förrätter känns enahanda. Temperatur behöver varieras, precis som smaker och råvaror. Sista förrätten i denna rad behöver nog vara en köttbit eller åtminstone fisk tillredd lite tuffare och smakrikare. Någon inälvsmat kan också fungera utmärkt, vilket i så fall ger möjlighet till ytterligare en förrätt, som då nog måste vara kött.

Därefter är det dags för varmrätten på fisk, som bör kännas som en komplett anrättning och inte blott en liten smakbit. Inte för stor, dock, men definitivt en generösare portion än de tidigare faten, om inte annat så för att markera skillnaden. Definitivt varm mat, med de tillbehör på tallriken som man normalt associerar med en komplett maträtt. Väldigt viktigt är att fisken, som bör vara av exklusiv eller i alla fall markant njutbar sort och mästerligt tillredd, har en tydlig huvudroll på tallriken och inte

*En av förrätterna i en avsmakningsmeny med sparristema på Paul &
Norbert i Stockholm. Foto av författaren.*

skyms eller dränks av allt möjligt bus. Nå, en finurlig krog kan tillåta sig brott mot sistnämnda regel om det tydligt signaleras i hur anrättningen har sammansatts och hur den presenteras.

Om ännu en fiskrätt ska serveras måste det förstås vara på en helt annan fisk, men också med annan tillagningsmetod och ett helt annat smakregister. Gärna också en helt annan konsistens på fisken. Och är det två fiskrätter bör förstås formatet på portionerna anpassas därefter, men de måste ändå vara något större än förrätterna.

Sedan är det dags för en smakbrytare, som ska rensa gommen och sålunda förbereda för kötträtten. Det brukar vara en sorbet eller granité, så att även kylan bidrar till avbrottet. Helst inga rart fruktiga smaker, utan citrus eller strama bär eller någon örtkrydda, men inget alltför påfluget som gommen sedan har svårt att glömma. Champagnesorbet är en utmärkt klassiker som gör jobbet riktigt bra, men det finns förstås massor med alternativ.

Raffinerade krogar brukar inte nämna avbrytaren på menyn, eftersom den framför allt är ett sätt att ladda om för nästa anrättning och därmed noga räknat inte är att betrakta som en anrättning i sig själv. Det kan också hända att denna smakbrytare kommer redan före fiskrätten, efter den sista förrätten, vilket är helt som det ska utifall smakerna som föregår och följer den motiverar det.

Nu är det dags för kötträtten. Den ska kännas som själva krönet på hela menyn. En praktfull sak anrättad med all kärlek köket är förmöget. Det bör också vara något att sätta tänderna i, efter allt smått dessförinnan. Precis som fiskrätten ska det kännas som en hel måltid med alla därtill förväntade tillbehör. Framför allt ska det vara en stolt skapelse. Då duger knappast kyckling eller de mindre ädla delarna på gris och kossa. Här duger föga mindre än sådant som oxfilé, vilt eller anka. Kött som kan tala för sig.

Om det är två kötträtter i stället för en ska portionerna förstås anpassas därefter. Det bör även vara radikalt olika typer av

Fisk- och skaldjursrätt på Byn i Stockholm. Foto av författaren.

kött och anrättning. Ändå måste det leda uppåt, så att den andra kötträtten klart och tydligt övertrumfar den första. Jag ser ogärna något så enkelt som kyckling ens i den första av två kötträtter, men ungtupp skulle gå an. Dock hellre exempelvis en smakrik bit på grisen festligt tillagad, eller kanske något annat djur, som kanin. Ej heller inälvsmat duger på denna punkt i måltiden, annat än som tillbehör, utan bör i så fall ha klarats av bland förrätterna.

Efter köttet är det dags för ostarna. Innan dess kan det egentligen vara på sin plats med ännu en avbrytande sorbet, som i så fall får vara lite sötare än den tidigare. Annars kan man helt enkelt skölja ner köttet med vad som må råka återstå av rödvinet. Är det gott om vin i flaskan bör det gå att dricka detta även till ostarna. I annat fall är det lämpligt att pröva ett sött vin till dem, vilket också hjälper till att rensa bort föregående anrättningar och med sin sötma ger lite energi att ta itu med osten.   Även portvin kan vara makalöst gott med ostar.

Ost räknas som första desserten och kan vara allt ifrån en enda med lämpliga tillbehör eller en hel kavalkad av ytterst olika sorter, som då behöver ringa tillbehör. Bröd är man efter en lång måltid egentligen bara sugen på om det inte är så mycket smak på osten. Däremot kan det alltid fungera med något behärskat sött, såsom fikon- eller kvittenmarmelad, men inte alltför fruktiga sylter och marmelader. Annars ska utmärkta ostar gå att äta utan minsta assistans av andra matvaror.

Ostar kan vara formidabla underverk och ändå besvikelser i munnen om de har fel temperatur eller konsistens. Direkt från kylen är så gott som alla ostar meningslösa. Fina ostar behöver inte bara få rumstemperatur, dessutom måste de mogna i den ganska länge för att komma till sin rätt. Det gäller även hårdostar, men framför allt mjuka ostar som camembert och brie. De är bäst när de ser ut att hålla på att bli flytande. Det kräver ett antal timmar i rumstemperatur. Krogar som serverar ost i annat skick måste tänka om eller snarare tänka till.

Efter osten är det dags för söta desserter. Långa avsmak-

Jordgubbshalvor på en crème brûlée. Foto av författaren.

ningsmenyer kan innehålla flera av olika sorter. Enkla presentationer av färsk frukt, raffinerade bakverk och puddingar, samt kanske någon glass allra sist, eftersom dess kyla tenderar att döva gommen. Även om menyn avslutats med mer än en dessert är det elegant om kaffet därefter kompletteras med någon liten sötsak. Det är ett enkelt sätt att avsluta med ett litet pling av lyxig omtänksamhet. Sedan har gästerna bara att mödosamt ta sig upp på fötter och rulla hem.

Egentligen ska en avsmakningsmeny vara komponerad så att man inte blir värst mycket mättare av den än av en vanlig trerätters, men i praktiken är det sällan sant. Framför allt är det den långa raden av nogsamt framkallade smaker och dofter som skapar en långvarig mättnad. Man klarar definitivt inte att stoppa i sig en sådan räcka rätter särskilt många gånger i månaden, vilket är en av anledningarna till att jag tvivlar på omdömet hos Guide Michelins krogtestare, som äter brakmåltider så gott som dagligen.

Men då och då är det en fröjd, speciellt om krogen klarar det där med dramaturgin, så att aftonen får ett stimulerande förlopp och en skön final. Det skiljer onekligen katterna från hermelinerna i krogbranschen.

Priser

Lyxkrogar tar betalt så att man baxnar, men lyckas långt ifrån alltid prestera så glimrande aftnar att man ändå går därifrån med ett lyckligt leende på läpparna. Mycket med de dyraste och mest beryktade krogarna är hokus pokus. De få som verkligen lever upp till sina priser ger dock minnen för livet – och det betalar man förstås gladeligen för. Sådant är så gott som omöjligt att avgöra på förhand, oavsett vad menyn signalerar eller diverse krogrecensioner utlovar. Man chansar för att man helt enkelt vill ha minnen för livet. Då är ett och annat fiasko acceptabelt, fast det svider i plånboken.

Köket på Johan P i Malmö. Foto av författaren.

Undantaget de exklusivaste guldkrogarna är det märkligt nog ungefär samma priser på allt från krogar som är bländande duktiga men inte siktar på Guide Michelin, till sådana som svänger ihop föga mer än uthärdliga plankstekar. Det är en av de förbryllade slutsatser jag kunde dra efter tolv år som Bong. Skillnaden mellan en helt ordinär krog och en med betydande snits är oftast blott några tior per maträtt – fast kokkonsten på alla sätt skiljer sig väsentligt.

Vårt land dräller av restauranger som fuskar grovt med halv- och helfabrikat, slarviga genvägar och undermåliga råvaror. Väldigt många av dessa tar ändå nästan lika mycket betalt för sina rätter som de krogar med skickliga kockar och prima livsmedel i köket. Där ligger den stora skillnaden mellan restauranger, och jag är inte alls säker på att jag som krogrecensent lyckades peka ut detta tillräckligt tydligt.

En krogbesökare som vill ha goda odds att få sina kronor vettigt spenderade behöver egentligen bara undvika den där skogen av syltor som gör pizza med ena armen och ryggbiff med den andra, serverar alla rätter med isbergssallad, tomat och gurka som enda grönsaksinslag, pytsar pommes frites från frysen till fritösen och har boxviner till husets.

Nästa snäpp upp på restaurangstegen jobbar helt annorlunda, med svindlande mycket bättre resultat, men bara småpengar i prisskillnad. Jag hoppas att deras vinster ändå är större, men jag tvivlar. Var och en vars hjärta klappar för kärleksfull matlagning ska se till att lägga de flesta av sina slantar hos dem. Då bidrar man som kroggäst allra mest till krogkulturens utveckling. Dessutom får man definitivt mest för sina pengar – och har råd att göra om det.

Bong vid spisen

Någon kock har jag sannerligen aldrig varit. Inte ens i särskild omfattning lekmannamässigt hemma vid den egna spisen. Förutom kortare perioder har jag under mitt vuxna liv ätit så gott som alla mina måltider utom frukostarna på restaurang. Vid närmare eftertanke har det även blivit en hel del frukostar utanför hemmet. På så vis är jag onekligen en professionell kroggäst.

Men visst har jag även lagat mat själv och gör det sedan jobbet som Bong tog slut med allt större frekvens och förtjusning. Det har blivit min lyx, efter alla dyra måltider på skoningslöst prissatta guldkrogar: hemlagad mat för egen hand. I mitt fall ett exotiskt äventyr.

Nå, jag överdriver en smula. Periodvis genom åren har jag av nöd eller lust ägnat mig åt en del matlagning. Men nu gör jag det med en ny upptäckarglädje – såväl vad gäller landvinningar som tillkortakommanden och svårlösta hinder. Av alla tre sorter finns åtskilliga.

Ta följande synpunkter för vad de är värda. De kommer från en som mestadels fått allt serverat för sig.

Svårfunna råvaror

Jag frågade en gång en duktig kock jag känner vad han hade för tips för att få hemlagat att smaka mer som fin krogmat. "Mer salt", var hans lakoniska svar. Visserligen inte helt fel men ej heller ett fullständigt svar. Det är inte lätt att få hemlagad mat att mäta sig med guldkrogarnas finesser. Det beror inte främst på saltet eller deras kockars raffinerade matlagningskunskaper, utan på deras tillgång till råvaror av betydligt högre kvalitet än vad vi vanliga dödliga hittar i livsmedelsbutikerna.

Krogarna hämtar sitt material från helt andra håll – specialiserade grossister, utvalda lantgårdar och så vidare. De vet dessutom att välja och förstår att betala för den kvalitet de begär. Ändå kommer de inte sällan undan billigare än en vanlig konsument gör på ICA, Coop, Hemköp och de andra kedjorna.

Men det är inte priset som skiljer mest, utan vad man får för sina pengar. Krogar med gedigen branschkunskap och ett kontaktnät odlat under lång tid får fram de bästa bitarna av det möraste köttet, den färskaste fisken, de smakrikaste grönsakerna, de vällagrade ostarna, även de finaste vinerna av de bästa årgångarna. Det är svårt att tävla med, hur snitsig och omständlig man än är i köket.

Bara en sådan sak som kött kan man begråta länge. Livsmedelsbutikerna sålde fordom köttet över disk och skar upp lämpliga skivor enligt kundernas instruktioner. Nu är bitarna färdigförpackade, ofta så att de inte är särskilt lätta att inspektera. Dessutom är nötköttet varken prima eller hängt som sig bör. Det sistnämnda har länge berott på en märklig svensk rädsla för mörknande kött, men det har börjat ändra sig på senare år.

Med fisk är det ännu sämre ställt, utom på de bättre butiker där de har en bemannad fiskdisk. Annars får man hålla tillgodo med färdigförpackad lax och sällan mer. Ändå vet varenda människa att vi borde äta betydligt mer fisk än vi gör.

Jag tror att butikerna avsiktligt försummar det där med färskvaror för att de gör mycket mer vinst på färdiglagat, djupfryst och andra lösningar. Och för att vi går på det, förstås. Helst vill de nog att vi lever på enbart snask, som de tjänar allra mest på.

Färska eller någorlunda färska grönsaker har varje butik dock ett hyfsat sortiment av, men även där är kvaliteten ofta otillräcklig. De smakar sällan särskilt mycket, vilket säkert förklarar sig i industriell odling som så att säga suger musten ur dem. Att hitta tomater som är så friskt söta och sprudlande i smaken som

Körsbärstomater på kvist. Foto av författaren.

de ska vara kan bli en livsuppgift. Jag brukar använda körsbärs-tomater, gärna på kvist, om inte annat så för att de är dekorativa inslag i en anrättning – och så finns det en kulinarisk poäng med att ta hela tomaten i en munsbit.

Med grönsaker är det också märkbart hur säsongsberoende de fortfarande är, trots att de skeppas kors och tvärs över hela världen. Det är på sätt och vis en tröst att den moderna tekniken inte helt har lyckats avskaffa naturens rytm.

Även bland förädlade livsmedelsprodukter kan det vara si och så vad gäller både kvaliteten och urvalet. Sådant som är inne finns i en uppsjö varianter, exempelvis fruktjuicer, pastasorter, för att inte tala om olivoljor, men annat är det betydligt sämre med. Många typer av varor finns blott från en eller ett par producenter. Se på buljong, som man i och för sig borde göra själv, men varför finns det bara ett enda märke i de flesta butiker – även om det heter Bong? Jag skulle vilja se något franskt märke också. Överlag skulle jag vilja hitta fler franska varor i livsmedelsbutikerna.

När det gäller kryddor är det också ganska ensidigt, med i regel blott ett märkes sortiment representerat. Det är i och för sig lätt att förstå med tanke på hur mycket plats alla dessa olika kryd-dor tar, men nog bör det finnas utrymme för åtminstone några kryddor i exklusivare utförande. Kvaliteten gör en väldig skillnad på kryddor, även de mest basala, såsom svart- och vitpeppar, pap-rika och timjan. Märk bara den underbara doften på en riktigt fin svartpeppar, till exempel. Med tanke på hur viktiga kryddorna är i all matlagning är det obegripligt att inte butikerna satsar mer på ett brett och fint sortiment.

Den valfrihet som marknadsekonomin älskar att skryta med är i själva verket ytterst begränsad, förvisso även i livsmed-elsbutikerna. Vilken av dem man än besöker är sortimentet så gott som exakt detsamma, likaså varumärkena. Det är inte mycket till valfrihet att man kan gå till väldigt många butiker för att hitta precis samma saker. I detta begränsade konkurrensläge är det klart att kvaliteten dalar medan priserna stiger.

Vitpeppar. Foto av författaren.

Vi får förmodligen bara en omfattande kvalitetshöjning på livsmedel om det dyker upp fler oberoende butiker, som inte ingår i de få dominerande kedjorna. De som bor centralt i stora städer har tillgång till en del specialiserade och självständiga livsmedelsbutiker – det kan vara handlare i fisk, kött eller ost, ännu oftare butiker med någon främmande kulturs matvaror, såsom kinesiskt, japanskt eller persiskt. Där går det betydligt lättare att hitta alternativa produkter som kanske inte alltid har så mycket högre kvalitet men i alla fall bjuder på ovanliga smaker.

Man tager vad man finner

Så vad gör en gourmand på ICA, Hemköp eller Coop? Man strosar runt förutsättningslöst och baserar sin middag på vilka livsmedel som lockar mest just där och då. Helst bör man utgå från någon eller några färskvaror som det ser ut att vara något extra med. Så gör jag praktiskt taget jämt. Strunt i kokböckernas recept. Kombinera utifrån vad i butikerna som ser ut att kunna bli välsmakande.

Jag är då inte ett dugg rädd för att föräta mig på vit sparris när det är vår eller brysselkål framemot hösten. Säsongsbunden tillgång på olika livsmedel är vad vi människor haft att förlita oss på sedan urminnes tid, så det klarar våra kroppar att hantera. Det märks på att gommen inte protesterar. Inte heller drar jag mig för entrecote ett par dagar i rad om jag kommit över några fina skivor.

Man ska inte heller vara så hysterisk med kostcirkeln. Vi behöver inte ha den komplett vid varje måltid, bara vi varierar oss i längden. Kött och fisk finns det människor som klarar sig utan hela livet, så varför skulle inte vi andra förmå det under några av veckans måltider? Potatis, ris eller pasta passar visserligen till de flesta anrättningar man kan knåpa ihop, men det är ingen anledning till att alltid ha det med. Ja, även de heliga grönsakerna kan man då och då klara sig utmärkt utan.

Därmed tillåter jag mig att göra enkla rätter med ytterst få ingredienser, om jag inte varit särskilt lyckosam i livsmedelsbutiken. En fin råvara klarar sig i så gott som ensamt majestät. Det är särdeles sant för många grönsaker. Kokta rödbetor behöver inte mer än smör och lite salt. Sparris i säsong klarar detsamma, eller en hollandaise om man vill bli något mer sofistikerad. Rädisor när de är färska och stolta behöver bara salt.

Inte bara smak

De flesta grönsaker och andra råvaror behöver dock kompletteras med en eller ett par smaker, för att gommen begär det. Numera talas ofta i restaurangkonsten om att låta de fem grundsmakerna – sött, salt, surt, beskt och umami – mötas och balanseras i så gott som varje anrättning. Det är att gå till överdrift. Alltför många smaker på samma tallrik spretar och splittrar. Dessutom måste man minnas att en råvara kan innehålla fler än en av de fem smakerna. Forskningen dryftar också förekomsten av fler grundsmaker.

Och självklart är det inte bara smakerna som utgör den kulinariska upplevelsen. Vårt luktsinne gör skillnad på en väldig mängd olika dofter och nyanser av dem. Det medverkar förstås till vårt intryck av maten redan innan vi stoppar den i oss, vilket bör begrundas noga. Även konsistensen spelar stor roll för matupplevelsen, vilket varje kock är djupt införstådd med. Sammalunda med utseendet. Vackert kombinerade färger på ett fat får det att vattnas i munnen, likaså tjusiga former.

Det går inte att bryta isär en matupplevelse i tungans, näsans, tändernas respektive ögats förnimmelser. De samverkar och deras intryck blandas till en helhet, som kan vara aptitlig eller ej, oavsett vad de olika beståndsdelarna var för sig gör för intryck.

Det är samma sak med vin. Vinkännare älskar att spjälka upp ett vin i de olika inslag som däri kan skönjas, men man dricker inte varje inslag för sig. Därför är det endast helheten, det samlade intrycket, som berättar sannfärdigt om vinet. De stora vinerna har också det gemensamt att de excellerar i en komplex och samtidigt ytterligt välbalanserad helhet. De är exempel på skön förening, praktiskt taget fusion, och inte motsatsen.

Man bör vara öppen för denna mångfald när man kombinerar ingredienser i en maträtt. Det är bättre att vara sparsmakad än att ösa på, annars riskerar alltihop att bli pannkaka – och då syftar jag inte på rätten med samma namn.

I min egen matlagning roar jag mig så gott som alltid med att försiktigt och eftertänksamt lägga till en ingrediens i taget, där den första ingrediensen får vara bas och förutsättning för allt det övriga. Det gäller förstås även kryddningen. Samma metod hade konstnärer fordom i oljemåleriet. De skissade motivet med endast en färg, såsom Verona grönjord eller någon ockra, för att därefter fylla på med andra färger och en tilltagande kontrast av ljus och mörker. Så försäkrade de sig om att färgerna skulle fungera ihop.

Jag är inte särskilt intresserad av recept i kokböckerna. Dem använder jag mig egentligen blott av för att få råd om hur länge en viss rotfrukt behöver kokas eller vilka proportioner som är av nöden i somliga såser, och liknande närmast tekniska basfakta. Nog skulle jag väl gräva ner mig ytterligare i recept på sofistikerade maträtter om jag tog mig ytterligare tid i köket, men än så länge trivs jag bäst med improvisationer som kan råka gå fel. Det beror framför allt på att jag allra oftast har ett primärt villkor för min matlagning: det ska gå fort.

A la minute

Jag är en slarver med få regelbundenheter under dygnet, så jag brukar vanligtvis börja med matlagningen när jag redan har blivit nästan övermäktigt hungrig. Ingen framförhållning. Därför ska det gå fort. Uttrycket *à la minute* betyder egentligen blott att maten tillreds på stunden, inte i förväg, men i mitt fall är det nästan bokstavligt sant. Det ska gå undan.

Färskpotatis från Israel. Foto av författaren.

Jag går så långt att jag klyver potatisarna för att de fortare ska bli färdigkokta – och resten av matlagningen bör ändå ske under samma korta tidsrymd. Det ger mig sådär tjugo minuter, räknat från att jag slår på spisen. Om jag inte använder kokt potatis kan det gå ännu fortare. När jag är extra förutseende kan jag möjligen lägga en köttbit i marinad en tid dessförinnan, men det är så gott som den enda förberedelse jag har tålamod med.

Det beror också på att jag finner en särskild fröjd i hastig tillagning av de flesta råvaror, för att detta bevarar deras egna smaker och dofter. Det är även så de oftast – men inte alltid – får sin njutbaraste konsistens. Alltså använder jag både med ingredienser och deras tillredning principen *less is more*.

Sålunda är mina favoriter rätter och ingredienser som kommer mest till sin rätt när de ägnat kort tid på spisen. Ugnen är annorlunda. Där är tid ofta berikande. Därför använder jag inte den så ofta, fast jag egentligen är rent barnsligt förtjust i smakerna som ugnen framkallar i många anrättningar. När jag ger mig själv mer tid i köket är det helst ugnen jag spenderar den på.

Kött som går fort

De flesta bitar kött ska stekas hastigt, fast de vid kokning behöver massor av tid. Nötkött dessutom i riktigt hög temperatur. En oxfilé som bara är någorlunda anständig ska inte ens vara blodig, *rare*, utan vad fransmännen kallar *bleu*, vilket är så gott som rå. Det är en fråga om sekunder snarare än minuter i stekpannan eller på grillen. Fin och välhängd ryggbiff klarar nästan detsamma, likaså filéskuren rostbiff, medan en entrecote kräver aningen mer tid.

Jag marinerar alltid nötkött och lamm, även om bitarna sällan får bada särskilt länge. Oftast är det en väldigt enkel marinad med olja, citron eller ännu hellre lime, några droppar soja för att bättra på stekytan, samt diverse kryddor efter smak och lust. Det är inte så mycket för att påverka köttets konsistens som för att göra stekytan roligare och sätta lite mer smak på anrättningen.

Lamm måste man örtkrydda ganska häftigt, vilket går an men inte är nödvändigt för nötkött. Lamm har också en tendens att ställa ganska stora krav på sällskapet det presenteras för på tallriken. Många må vara kallade men få är utvalda.

Fläskkött är svårt redan när det gäller att hitta kvalitet i butiken. Om det är rimmat eller rökt kan det användas lite hur som helst, men fläskfilé har jag svårt att se vitsen med. Det är verkligen inte grisens motsvarighet till oxfilé, oavsett hur det hänger ihop anatomiskt. Flera andra delar på grisen är betydligt intressantare – till och med karrén. Många krogar serverar fläskfilé som om det vore fattigmannens oxfilé, men det är alldeles galet. Det är dessutom väldigt sällan jag har serverats saftig fläskfilé som varit en fröjd att tugga i sig.

Men sidfläsk i tjocka skivor eller tunn bacon kan man ha skoj med på alla möjliga sätt. Helst i stekpannan, och absolut så att de blir åtminstone delvis knapriga. Bacon behöver egentligen inga som helst kryddor, sannerligen inte salt, medan sidfläsk i rejäla svenska skivor gärna får kryddas på alla möjliga sätt.

Kinesiskt kök, när det utförs någorlunda autentiskt, är riktigt skickligt på fläskkött och hur man lyfter dess smak. Själv gör jag det enklare för mig och litar på köttets egen charm. Men ymnigt med svartpeppar och timjan är en snabb metod att få lite mer att hända. Äpple också.

Som liten pojk var jag rätt förtjust i skolbespisningens pölsa, tills jag fick reda på vad det bestod av. Kräsmagade svenskar behövde nog namnbytet från den ursprungliga beteckningen lungmos. Vi har reflexmässiga betänkligheter mot inälvsmat, vilket är begripligt men också beklagligt. De flesta inälvsdelar behöver tillredas korrekt och skickligt för att inte skapa olust i gommen, men när det sker kan några av dem vara stora kulinariska upplevelser.

Den välsignade matfågeln anka har en lever som bör njutas försiktigt stekt, tillsammans med exempelvis ett litet inslag av syrlig frukt, gärna också ett element av tydlig sälta. Anklever är en dröm. Sammalunda med kalvbräss, som dock är riktigt kinkig att steka till exakt rätt konsistens.

Hur som helst, det är sällan man hittar dessa råvaror i de vanliga livsmedelsbutikerna, så det blir mest något för restaurangbesöket, där man tyvärr får betala så det känns för läckerheterna.

Med köttfärs går man lite längre från råvarans urtillstånd än jag har lust att göra, även om jag verkligen kan uppskatta resultatet. Pannbiff, köttbullar, *cevapcici* och de många andra varianterna i snart sagt varje kultur har stora poänger, som i och för sig främst beror på kryddor och annan smaksättning. Men i mitt otåliga kök tar intressanta köttfärsrätter lite för lång tid, utan att ge upplevelser som i motsvarande grad överträffar vad helt kött kan ge.

För få fåglar

Kyckling gödslas det med i köken såväl på krogen som i många hem, men sällan presenteras den på ett sätt som stimulerar aptiten särdeles. Det är den minst intressanta av alla fåglar vi plägar se på matbordet. Jag använder den ytterst sällan hemma, utöver de kycklingklubbor och *Buffalo wings* jag har i frysen som ett slags nödproviant för sena kvällar.

Grillad kyckling i butikernas färdigmatmontrar kan se väldigt läcker ut, men köttet är oftast torrt och trådigt. Bara det småknapriga skinnet är skoj att tugga på. Kycklingfilé är ofta vattnig och därmed nästan gelé i konsistensen, men även när den fått behålla sin naturliga konsistens är den måttligt spännande, hur man än kryddar och har sig. Det franska köket föredrar att använda sig av ungtupp, men vilka svenska livsmedelskedjor håller sig med sådant?

Fågeln som ger den förnämsta matupplevelsen är anka, vilket man känner till på många håll i världen. Vad jag minns har jag aldrig tillrett någon hemma, inte främst för att det skulle ta längre tid än jag brukar unna min matlagning, utan för att den är svårfunnen, dyr och dessutom svår att ana kvaliteten på när man ser den i hårt försluten plastförpackning, som det oftast är fråga om. Därför äter jag den i stället titt som tätt på krogen, även på Kinarestauranger, där den mestadels är det överlägsna valet på menyn och ofta anständigt tillredd.

Gås serveras i Skåne av någon märklig orsak blott runt Mårten i november. Det är ju annars en fågel som nästan kan hävda sig mot ankan. I stället vräks det ut kalkon i butikerna. Jag har inte imponerats av dess kött, fast många försäkrar att det går att göra stora ting med. Amerikanerna torde kunna det, så viktig som den fågeln är för dem, men inte heller där har jag haft några minnesvärda måltider med kalkon. Jag tycker mest att dess kött verkar vara ohjälpligt torrt och smakfattigt. Ungefär som papper.

Ett tag blev struts på modet, var det i slutet av 1990-talet? Den står fortfarande att finna lite här och där, men blev knappast en varaktig fluga. Det överraskade inte mig. Strutsens kött har tydligt tuggmotstånd men det går inte att gnaga några angenäma smaker ur det.

Annars finns i vår natur en lång rad vilda fåglar som tveklöst pryder ett middagsbord. De verkar dock ha blivit alltmer sällsynta där. Jag tänker på fasan, tjäder och orre. Duva kan man däremot få, och några andra mindre fåglar. Min gamle DN-kollega Nils Hansson, som jag nämnde i denna boks inledning, har nyss dinerat kråka och lovat att berätta om det nästa gång vi ses.

Hemmavid kan man dock så gott som glömma dylika äventyr, eftersom våra livsmedelsbutiker knappast har dem i sitt sortiment. De verkar insistera på att vi ska hålla tillgodo med kyckling, som vräks ut i parti och minut.

Fisk försiktigtvis

Fisk kräver förstås lika kvick tillredning som fint nötkött – oavsett om den steks eller kokas. Det visste redan Lao Tzu för över tvåtusen år sedan i sin berömda visdomsbok *Tao te ching*. Tyvärr är det i de flesta butiker svårt att hitta något annat än lax, som likt oxfilén helst ska vara så gott som rå, sill och möjligen enstaka vitfisk som torsk, kolja och rödspätta.

Lax borde egentligen vara evinnerligt uttjatad, men denna ståtliga skönhet med sin sensuella konsistens vet varje gång att förföra på nytt. Den blir, som sagt, alltid bäst om den får vara så gott som rå, men man kan ha skoj med dess yta i en het stekpanna, om man är snabb, likaså i ugnen där det inte handlar om sekunder. Den kan också kryddas vildsint och kombineras med andra stöddigt smakande ingredienser. Hovmästarsås är väl att ta i, men brännande chili kan faktiskt fungera, dock allrahelst den grovkorniga chiliblandning som det japanska köket föredrar.

Vitfisk är lustigt nog sådan att antingen ska den kombineras med ytterst diskreta och milda smaker, eller med raka motsatsen – kryddig eld, som ofta sker i östasiatisk matlagning. Märkligt nog förmår riktigt het kryddning lyfta fram fiskköttets lågmälda karaktär. Motsatsernas förening. Yin och yang.

Många vitfiskfiléer blir riktigt läckra om de vänds i ströbröd och steks helt kort på rimlig värme. De klarar förstås salt och vitpeppar, men det är få örtkryddor som förhöjer smakupplevelsen. Jag är inte särskilt förtjust i friterad fisk, speciellt inte med det tjocka hölje av frityr de får på många Kinakrogar. Skaldjur klarar det, som i den berömda japanska rätten *tempura*, där även en del grönsaker visar sig må bra av sådan behandling, men knappast någon fisk vad jag kan komma på. Inte heller bläckfisk, vill jag påstå.

Man får med djärv smakbrytning överrösta även de vänaste vitfiskar, men man bör inte skapa ett gytter av smaker runt dem. Då går de vilse, om ett sådant uttryck kan tillåtas, och anrättningen förlorar kompassriktning. När det gäller riktigt sofistikerade vitfiskar, såsom framför allt sjötunga men även bergtunga, är det klassiskt försiktiga att föredra. *Meunière* är en metod svår att överträffa.

Sushi är ett härligt sätt att smaka fisken mycket nära sitt urtillstånd, som jag väl borde ge mig på då och då i köket, om inte annat så för att få ytterligare samurajsk övning med den slipade eggen. Men det är så bökigt och tidskrävande att få till riset. Inte heller är det någon bagatell att hitta lämplig fisk i butiken. Förutom lax, som i och för sig gör sig förträffligt som sushi, men det är rätt uttjatat.

Tyvärr är det väldigt svårt på de flesta håll i Sverige att hitta anständig sushi på restaurang, så jag äter inte *nigiri* lika ofta som jag skulle önska. *Maki* är jag ganska likgiltig inför, vilka mer eller mindre sökta innovationer de än gör med den. Däremot borde jag definitivt leka mer med den japanska pepparroten *wasabi* i min matlagning. Det sker sedan några år oförskräckt och mestadels lyckat på många svenska krogar. Wasabi med sin både lena och fräna styrka är ett säkert kort, även när den inte görs på den autentiska japanska roten.

Skaldjur nämnde jag hastigt men de förtjänar fler ord. Bland dem finns några av den marina världens främsta läckerheter. De flesta är också rätt kvicka i tillredning, även om det ibland kräver vissa kunskaper för att göras rätt – sammalunda med att äta en del av dem.

Pilgrimsmusslan är en av mina absoluta favoriter, som tyvärr inte hör till de billigaste råvarorna. Den ska helst halstras eller stekas så att den får en aningen bränd yta och en konsistens som gör att den nästan smälter på tungan. Det kräver rätt temperatur och timing. Sedan tål den såväl pepprig som annan distinkt kryddning men behöver så gott som ingenting. Den bör i detta skick helst serveras med något som har lite krispig konsistens och aningen syrlig smak, exempelvis allra enklast en färsk sallad med noga valda blad och vinägrett. Man kan experimentera en hel del även åt andra håll men bör alltid låta pilgrimsmusslan ha huvudrollen på tallriken.

Räkor är härliga när man hittar saftiga och smakrika sådana, vilket bara är då och då. När det sker kanske man ska låta sig nöja med rostat bröd till dem, för de smakar mer än vi vanligtvis ger dem erkännande för. Skagen är inte fel tänkt, för såväl majonnäs som dill trivs med dugliga räkor. Löjrom är inte nödvändig därtill, jag är inte ens säkert på att det är lämpligt annat än för krogar som därmed ogenerat kan höja priset. Det viktiga är kvaliteten på räkorna, som även vinner på att inte vara för små – för ögonfröjden och tuggupplevelsen.

Hummer kan man grilla, gratinera och lite av varje, men man ska först hitta den och ha råd med den.

Kräftor däremot kan man lika gärna klara sig utan, undantaget den underbara havskräftan som de förstår så väl i Göteborg. Insjövarianten kräver brännvin för att den annars skulle vara en alltför tråkig upplevelse. Jag gillar inte heller de bitar av kräftkött som många krogar har dille på att addera till vissa maträtter. Sällan meningsfullt. Kräftköttet har inte mycket att skryta med och är dessutom svårt att få i bästa konsistens.

Ostron ansåg jag länge vara överskattade, tills en handlare från Göteborg lärde mig att skära ut den bit av ostronet som kan jämföras med nötkreaturens filé. Det är dock en väldigt exklusiv vana. Dessutom vill jag nog gå till en riktig fiskhandlare för att lita fullt och fast på ostronen jag köper.

Apropå dyrbarheter erbjuder den marina faunan kaviar av många sorter, men få av dem går att få till sådant pris att man kan ta för vana att basera hela anrättningar på dem. Det vore annars kul, som en Hollywooddröm. Högar av rysk kaviar på silverfat med champagne flödande i glasen. Löjrom är något mer tillgänglig och ändå fröjdefull, laxrom ännu mer så med sina stora korn, för sikrommen gäller det motsatta men den är ändå njutbar. Japanerna är ytterst förtjusta i sillrom, som de betalar stora pengar för och helst äter vid sitt nyår, men jag har tyvärr aldrig fått mig den till livs. Varför finns den inte överallt i vårt silltokiga land?

Hur som helst, vare sig den kommer från stör eller mindre förnäma fiskar äter jag helst rommen på samma sätt: med rostat bröd, gärna gräddfil, kanske lite rå lök, möjligen någon droppe

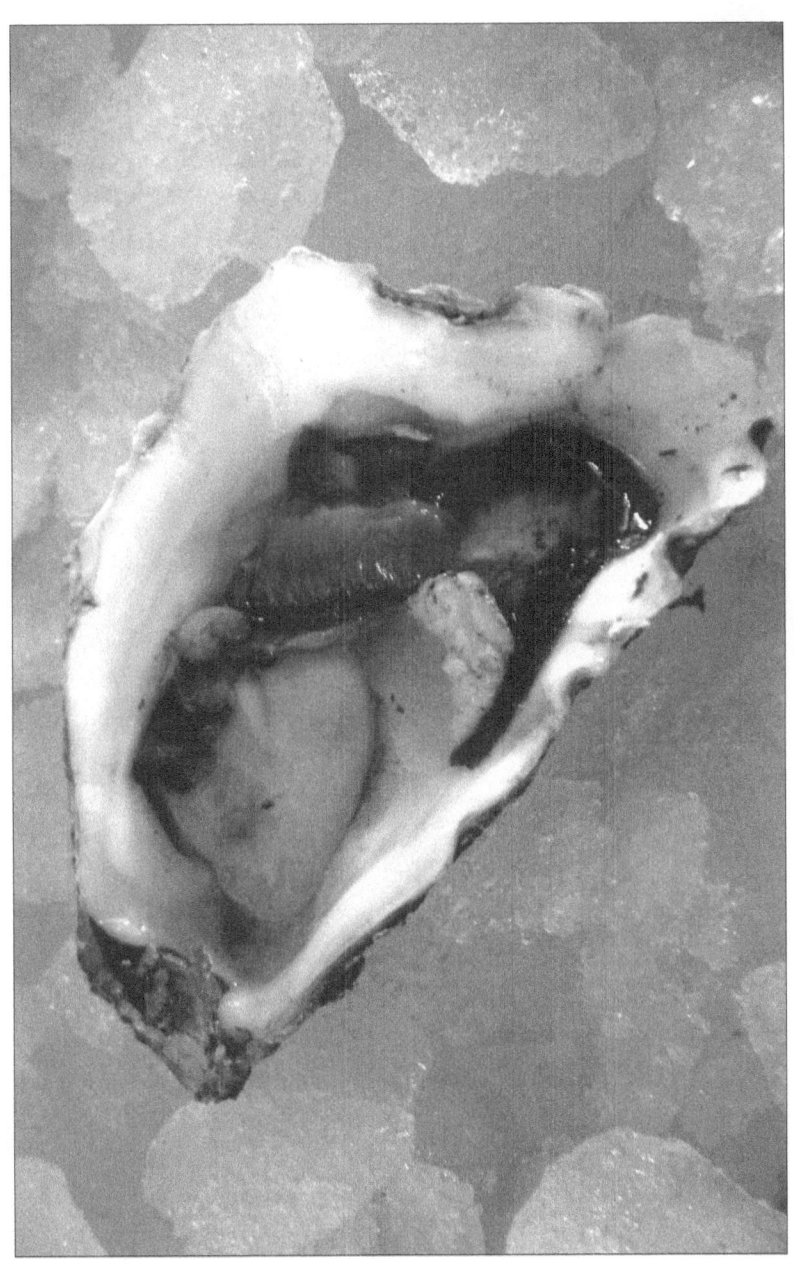

Ostron. Foto av författaren.

citron, samt framför allt en lämplig dryck med eftertryck – antingen ren vodka i måttliga doser eller champagne i stora klunkar. Sistnämnda är nog att rekommendera av flera skäl.

Visst kan man också använda rom som tillbehör i andra rätter, men lite synd är det allt på så rara pärlor. Små amuser går i och för sig alltid an, där man kombinerar romen med vad helst man kommer på, gärna tokigt. Även rom på sushivis är behagligt. I båda fallen gäller dock att tilldelningen rom måste vara generös, för att den ska kunna hävda sig som den förtjänar. Den bör hellre portioneras med matsked än med tesked.

Måltidsdryckerna dikterar

Det är alldeles uppenbart att våra matvanor sedan långt tillbaka gått i symbios med våra dryckesvanor. De samverkar intimt och utvecklas gemensamt. Såväl husmanskost som *fine dining* har utvecklat sina recept för att passa särskilda drycker. Säkert är också det omvända sant. Detta samspel påverkar våra matvanor mer än vi vanligtvis är medvetna om.

Nog behövs nubben för att smälta sillen eller göra kräftan rolig, visst kräver oxfilén ett myndigt rödvin medan sjötungan ropar på vitvin och skaldjur inte sällan på champagne. Många korvar sköljs helst ner med öl, likaså flertalet fläskrätter. De flesta av kokböckernas recept är så komponerade att de med automatik låter sig förenas med vissa drycker, och dessa är så gott som alltid alkoholhaltiga.

Många restauranggäster nöjer sig numera med mineralvatten, i alla fall på luncherna, men de bör då märka att flera rätter tappar en hel del av sin tjusning. Strängt taget, om man vill nöja sig med vatten kan man lika gärna vänta med drickandet tills hela måltiden är förtärd. Det kan förvisso ändå vara en ljuv upplevelse – såväl maten utan regelbunden utspädning av dryck, som de efterlängtade klunkarna av ett fint mineralvatten, vilket helst inte ska vara distraherat med kolsyra.

Kanske kommer i framtiden nya rätter som anpassats just till att sällskapa med mineral- eller bordsvatten? De kommer i så fall säkert att vara rent vidunderligt nyttiga.

Tills dess, förhoppningsvis också därefter, finns en uppsjö av nobla drycker som gör fest av vilken mat som helst och dessutom kan bli rent förklarande med många anrättningar. Det viktigaste är inte vilken dryck som passar vilken mat, utan kvaliteten på drycken i fråga. Så fort man väljer kvalitet är man hemma även med mat som anses höra andra drycker till.

Sofistikerade vitviner, som inte är alltför skira, klarar sig bredvid även burdusa kötträtter. Till hett kryddad mat är halvtorra viner befriande. Myndiga rödviner kan möta även försiktigt tillredda och så gott som okryddade vitfiskar hänsynsfullt. En konstfullt bryggd öl sköljer ner så gott som allt. De noblaste dryckerna har förmågan att anpassa sig till maten, ofta med fascinerande resultat.

Tyvärr är Systembolaget ganska fattigt på den allra viktigaste punkten: storslagna rödviner som nått mogen ålder. För många år sedan slutade de att lagra viner före försäljning. Sedan dess är det svårt att hitta rödviner som är mer än några enstaka år gamla, i synnerhet om de ska vara från distrikt med någon ryktbarhet. Man får ta vad man finner och har råd med. Hittar man exempelvis en Bordeaux som hunnit bli i alla fall åtta år och är slottstappad (*Mis en bouteille au Château*) är det bara att slå till, så gott som oavsett vad man ämnar äta därtill. Eftersom det är så rara fynd bör man helst låta flaskan bestämma mat, i stället för tvärtom.

En sådan raritet måste också skötas med aktning. De flesta rödviner har sin ideala temperatur vid 18°, vilket kan verka lite kylslaget men förklarar sig i gommen. Det är dock svårt att åstadkomma i våra kök. Rumstemperatur får duga. Jag vill ogärna dekantera ett rödvin av mogen ålder, än mindre om det är aktningsvärt gammalt. Därmed försvinner i en pust det mest sofistikerade i deras doft. I stället tar jag ibland till luftningen för att väcka ett ungt vin ur babyslummern, så att det öppnar sig åtminstone något. Bottensatsen i gamla myndiga rödviner ska man inte vara rädd för. Det räcker gott att låta flaskan stå någon timma före middagen och sedan hälla försiktigt.

En stor poäng med en riktigt förnäm gammal butelj är att varje nytt glas man häller upp smakar lite annorlunda. Vinet vaknar sakta ur sin långa sömn och öppnar sig allt vidare efterhand, som en blomma slår ut i solskenet. Den processen är fascinerande och bör inte göras om intet genom dekantering.

Det talas särskilt vad gäller rödviner om skillnaden på olika årgångar. Det är inte nys. Viner, särskilt de av någon dignitet, kan skilja sig betydligt från år till år vad gäller såväl *bouquet* som kvalitet. Krogar plägar ogenerat byta årgångar allt efter tillgång utan att ens nogsamt ange det i sina vinlistor, så det bör man hålla ögonen på. Samma slarv sker på Systembolaget.

Årgångstabeller är lätta att hitta på internet, men de är måttligt tillförlitliga när det gäller nyare årgångar. Jag vet inte hur många år som signalerades som vidunderliga medan de ägde rum och därefter har dalat i tabellerna. Säkert har vinproducenternas eget önsketänkande något med saken att göra. Dock brukar de flesta tabeller vara tillförlitliga när det gäller rödviner som har blivit de 8-10 år som mestadels krävs för att de ska vara optimalt drickbara. Somliga storheter kan ta uppemot 20 år för att nå sitt krön. Man kan vid provsmakning intuitivt känna ungefär hur många år som kan tänkas återstå för ett vin innan det når sin topp, och det är sannerligen värt att vänta på. Kunnigt skrivna vinguider brukar ha uppgift om när ett vin bör drickas. Det är en stor olycka och ett hån mot vinkulturen att Systembolaget inte längre lagrar sina buteljer.

Vita viner är det inte alls lika noga med, varken vad gäller ålder eller andra hänsyn. Jag föredrar dem utan all den extra smaksättning som det numera ofta frossas i vid fatlagringen, men också det går an när det har gjorts artistiskt och med viss behärskning. Och jag uppskattar dem kylskåpskalla fast jag vet att det är burdust. Dock har kylskåp den märkliga egenskapen att deras kyla liksom smaksätter såväl dryck som mat, och inte på ett angenämt vis. Allt får en bismak av kylskåp – fråga mig inte hur.

Det ideala är därför att använda ishink, om man har tålamod och lite framförhållning. Jag är dock inte lika säker på att vinet ska förvaras så ända till sista droppen har lämnat flaskan. Det ligger något gemytligt och naturligt i att vinets temperatur får stiga gradvis från glas till glas, jämförbart med hur gamla rödviner öppnar sig efterhand.

Champagne har det nästan gått troll i numera. Konnässörer uttrycker sig lyriskt om framför allt brödigheten, som inte tänder mig det minsta. Jag vill inte betala sådana priser för baguette. Tjeckerna kallar skojsamt sin öl för flytande bröd, men snarast som en ursäkt för att ta för sig mer av ölen än maten. Annars är det ju en rent olustig tanke. Champagne ska inte smaka bröd, utan vara en yster dryck man reflexmässigt tar riktigt stora klunkar av och dricker så fort som om man helt struntade i vad det kostar. Champagne ska vara lekfull, inställsam till den grad att den nästan upplevs som vulgär.

Sådan skumpa fungerar utmärkt till så gott som all sorts fisk och skaldjur. Kaviar också, förstås, om man har möjlighet att vara så slösaktig. Eller varför inte blott med friska jordgubbar? Det kan även vara skoj att pröva champagne i oortodoxa sammanhang, såsom en tuff gorgonzola eller carpaccio. Det ska vara lekfullt och därför gärna några vilda experiment. Inte glass, dock. Dess kyla förtar såväl smaken som bubblornas muntra dans.

Roséviner fanns det länge så gott som enbart banala sorter av på Systembolaget, men de senaste åren har intresset stigit och därmed även utbudet. Rosé hör sommar till. Jag blir sällan sugen på det vid andra årstider. Säkert är det lite trångsynt av mig, men å andra sidan är den svenska sommaren en så korttida gäst att den behöver firas på några högst egna vis.

Öl behandlas sällan med samma högtidlighet som vinbuteljer, särskilt inte i den svenska traditionen av kolsyresprutande

Champagne. Foto av författaren.

pilsner som skiljer sig minimalt från märke till märke och pytsas ut på löpande band. Men det är förstås skillnad även på pilsner. Man är trygg om man håller sig till de tjeckiska och tyska varianterna, men nu finns en hel värld av öl på nästan hur många vis som helst. Amerikanska mikrobryggerier kan ibland göra små underverk, belgarna hittar på allehanda tokigheter, engelsmännen excellerar med ale och liknande nästan gräddigt mjuka sorter, Irland har sin Guinness, och så vidare. Till och med Sverige har ett och annat elixir, såsom Carnegies ljuva årsgångsporter.

Det senaste decenniet eller så har ölbryggandet genomgått sköna förvandlingar och förädlingar som i sin omfattning nog överträffar vad som händer inom vintillverkning, där saker och ting mestadels är som de alltid har varit. Man kan göra härliga ölresor till och med på Systembolaget, men framför allt på de många krogar och barer som utvidgat sitt sortiment med såväl god instinkt som ett hjärta bultande hårt för öl.

När det gäller pilsner tycker jag att kolsyran är en irritation som man ska försöka decimera så gott det går. Fatöl ska inte hällas upp kvickt med lutat glas, utan det får ta sin tid med en lång stråles höga fallhöjd. Då får man en skönt lättdrucken öl med tjock skumkrona. Om jag på krogen får en fatöl som sprakar av kolsyra brukar jag vispa i den med gaffeln tills det har lugnat sig. Omgivningen stirrar förbryllat men det förädlar verkligen ölen och gör drickandet så mycket angenämare. Flasköl har sällan samma problem.

Avecerna, för att använda ett kanske lite väl generaliserande uttryck, är ett antal världar med mången fägring. Jag är själv inte så glad i cognac numera, annat än de sofistikerat dämpade sorterna. Mycket i den vägen är påflugen parfym utan raffinemang. Vår egen Grönstedt är förvånansvärt förtjänstfull i sammanhanget, i alla fall dess XO och Extra. Ändå är det roligare med en kvalificerad armagnac, fast dess framställning är enklare, eller någon intrikat calvados. Tyvärr är sortimentet av dessa rudimentärt på Systembolaget.

Bäst till kaffe är absolut mörk rom och inget annat. De gifter sig tveklöst och innerligt, medan de flesta andra avecer har en tendens att bita till när de dricks med kaffe. Annars är jag rätt förtjust i grappa som magborstare efter en omfattande middag. Denna dryck hade oturen att bli mode för några år sedan och då uppstod en rad grappor som i sin förädling var bleka kusiner till den ursprungliga drycken, som ska vara tuff och rå, med en distinkt ton av flygplansbränsle. Den franska varianten, *marc*, är i fransk ordning skickligt balanserad fast den inte saknar den där råheten.

Eftersom jag redan har bekänt att jag under många och långa perioder lagat föga mer än frukost hemma är det på sin plats att avsluta med några ord om dess drycker. Den vanliga svenska kaffebryggaren är det flera år sedan jag förpassade till ett köksskåps djupa inre. I stället har jag en espressobryggare – ingen märkvärdig sak – och en elektrisk kaffekvarn på bänken.

Sistnämnda hade jag kunnig hjälp med att välja, för det är många fabrikat som inte gör jobbet väl särskilt länge. Att mala kaffebönorna direkt före bryggningen spelar större roll för aromen än vilka bönor man väljer, likaså att dessa förbrukas ganska snart efter att förpackningen har öppnats. Därför köper jag så små påsar som 250 gram om det finns att få, och aldrig mer än 500 gram åt gången.

Jag kan verkligen inte mäta mig med en barista. Det är långt ifrån varje gång jag lyckas särskilt väl med min espresso. För att få ett gott resultat och en skön *crema* är kaffets färskhet viktig. Även hur fin malningen är och hur hårt kaffet packas i filtret spelar stor roll. Jag gör vad jag kan. Vid frukosten har jag mjölk till min espresso, i en flytande skala från cappuccino till latte beroende på humöret.

Periodvis dricker jag i stället te till frukosten. Även där är färskheten av stor betydelse, vilket många inte är tillräckligt uppmärksamma på. Teblad förlorar med tiden mer och mer av sin kraft och smakrikedom. Så jag håller mig även där till små

Teprovning. Foto av författaren.

förpackningar, sällan mer än 100 gram. Te är en så ekonomisk dryck att man kan kosta på sig riktigt dyra blad. Även om de kostar över 100 kronor per hekto blir priset per tekopp blygsamt. Kvalitet och pris följs intimt åt, vilket inte i samma grad gäller alla livsmedel. I Malmö finns den kunniga och välsorterade tehandeln Five O'Clock, som även har tillräcklig omsättning och omsorg för att man ska kunna lita på att bladen är så färska som de bör vara.

Grönt te är snällast mot kroppen men de flesta morgnar behöver jag ett barskt svart te för att vakna, exempelvis någon myndig Assam eller en finmald Kenya. Lapsang Souchong när jag har lämnat sängen särdeles motsträvigt. Vill jag ha socker i så ska det vara rårör, annars honung – allra helst på apelsinblom. Mjölk efter behag och för att slippa vänta på en drickbar temperatur. Gröna teer blir det mest på kvällen, när man behöver det lugn de tenderar att skapa fast de innehåller väl så mycket tein som svarta sorter.

Bland de gröna finns riktigt dyrbara sorter, men sådana blad kan användas flera gånger. Det bör man pröva, för de har en fascinerande förmåga att ändra smaken på teet mellan varje bryggning, som ska vara kort – gärna markant mindre än en minut. Jag har prövat te som genomgått små metamorfoser ända upp till sjunde bryggningen.

I Kina och Japan är tekulturen väl så avancerad, omfattande och sofistikerad som vinkulturen i Frankrike och Italien.

Dör gör vi ändå

Välfärdsmänniskans gissel är fetman och annan ohälsa till följd av överkonsumtion. Inte heller äter vi på bästa tänkbara sätt, trots att de flesta av oss har goda förutsättningar att kunna göra det. Så bredvid den kulinariska utvecklingen växer en skog av allehanda dieter och hälsosamma alternativ till den rent njutningsmässiga kosthållningen. När jag var Bong tog jag ganska ringa hänsyn till dessa, utom vid besök på krogar som specialiserade sig på dylikt.

Hemma är jag inte heller särskilt eftertänksam på den punkten. Jag fortsätter att hålla fast vid den naiva tron att kroppen själv har vett att välja vad den behöver och att dess trivsel är bästa vård av densamma. Visst finns fällor, men överlag är det en princip så god som någon. Hälsoråden tenderar att variera, till och med kastas om från stund till annan, medan gommen är tämligen konsekvent i sina preferenser. Den har också förmågan att anpassa sig till varje given situation på ett sätt som jag anar vara sunt av naturen.

Fällorna är framför allt fett och socker. I naturen är de ganska svårfunna lyxer, så vi har svårt att värja oss när det moderna samhället erbjuder dem i obegränsad mängd. Vi stoppar i oss. Ändå har jag märkt med mig själv att jag sedan barndomen blivit allt mindre intresserad av sötsaker. Det enda godis jag alls äter är choklad, helst mörk sådan med hög kakaohalt, och även det är blott undantagsvis. Också med desserter är jag behärskad. Hemma blir det nästan aldrig någon.

Fett är svårare att hålla sig ifrån, eftersom det i de flesta former och maträtter är en så skön smakförhöjare.

Ändå oroar det mig knappast alls. Vi ska, som det heter, i alla fall dö, och det är i hög grad ett mysterium när det sker och hur vi bäst utnyttjar tiden dit. Dock hejar jag i smyg på hälsokostivarna, för de gör stor nytta i livsmedels- och krogkulturen. Utan deras vaksamhet skulle maten bli alltmer förgiftad av diverse kemikalier och förfalskad av underliga smakämnen. Kravmärkt och ekologisk mat är inte alltid markant överlägsen vanliga livsmedel, men de medverkar till att vår mat får behålla sina genuina kvaliteter någorlunda och att framställningen av den fortfarande har åtminstone någon beröringspunkt med det naturliga, som sällan går att överträffa på industriell väg eller i laboratorier.

En stor del av mänskligheten svälter, medan de som frossar tenderar att förgiftas av märkligheter i livsmedelsindustrin. Förhoppningsvis ska en rättvisare värld i sinom tid råda bot på det förstnämnda och hälsokosttänket hålla stången mot det sistnämnda. Men vegan har jag inga planer på att bli, ej heller väljer jag alltid de ekologiska alternativen i livsmedelsbutikerna. Det är inte varje gång de lockar mig mer. Jag är inte heller övertygad om att de innebär så stor skillnad ens i produktionsmetoder. Enhetlig standard och effektiv kontroll verkar saknas. Industrin är svår att få ner på knä och ännu svårare att hålla på plats där.

Därför fortsätter jag att lita på ögonen och instinkten när jag handlar min mat i butikerna. Kravetiketter på produkterna påverkar mig blott marginellt. Det allra viktigaste är nog att undvika halv- och helfabrikat, för att i stället laga mat på riktiga råvaror. Nyttigare än så behöver man inte vara.

Variationer i form

Vi njuter av mat och dryck med alla våra sinnen. Matlagning handlar verkligen inte alls blott om smak. Det går knappt att avgöra vid en måltid exakt vad som påverkar smakupplevelsen och på vilket sätt. Våra sinnen är sällan så finstämda och avancerade som när vi stoppar i oss föda, varför vi får en flod av intryck som inte låter sig sorteras. Därför kan det vara värt att experimentera med sådant som sunda förnuftet skulle avfärda som oväsentligt.

Jag tänker så gott som alltid på det när jag skär upp råvaror i bitar inför matlagningen. Jag prövar mig fram i hopp om att någon gång hitta det optimala sättet att skära en lök, en champinjon eller en morot.

Sistnämnda är ett gott exempel. Praktiskt taget varje salladsbord på restaurang har en skål med strimlad morot. Det må vara bästa sätt att göra rå morot smidigt tuggbar, men det förtar mycket av denna grönsaks egenart. När den ska kokas är i och för sig slantar en skojig form, där dess inre blottas och visar mönster som påminner om träds ådring, men det är också tämligen utslitet. Om jag gör så, vilket är sällan, ser jag till att skära riktigt snett, så att slantarnas cirklar blir ovaler. Då framträder deras inre mönster ännu tydligare. Men det blir inte mycket att tugga på. Oftare skär jag bitar som är några centimeter långa, men på sistone slänger jag helst ner morötterna hela i kastrullen, om de inte är alltför stora. Då får man skära upp dem under själva måltiden, där aptiten avgör hur det ska gå till.

En annan sak jag roar mig med är att i samma gryta eller soppa leverera till exempel lök i tre olika tillstånd. Jag börjar med att fräsa lök med olja och smör tills den praktiskt taget har smält och sedan låta den koka med buljong och allt vad det kan vara. Halvvägs igenom kokningen tillsätter jag lite mer lök, och sedan ytterligare lök precis när jag är på väg att ta kastrullen från spisen. Därmed vill jag inbilla mig att jag riktigt kramar ur denna grönsak allt vad den kan ge. Lite som de tre aggregationstillstånden: gas, vätska och fast form. När jag är på ambitiöst humör varierar jag även hur jag skär upp de tre omgångarna lök.

Form är också av stor betydelse i hur mat presenteras, alltså porslinets utseende, och hur besticken är utformade. En aldrig så elegant anrättning förlorar en hel del av sin tjusning om den serveras på fånigt dekorerade tallrikar. Även färgen har betydelse. Jag har berättat om det goda kaffet i Izakaya Kois blå muggar. Annat skulle tappa sin aptitlighet av samma färg. När man väljer sitt porslin bör man nog sikta på en relativt neutral eller i alla fall dämpad färgsättning, så att all möjlig mat går att servera på det. Bestick stoppar man i munnen, så de behöver kännas behagliga redan i handen.

Allra tydligast är formens betydelse på dricksglas. Rödvinsglas behöver vara stora – större ju finare vin man häller i dem. Öppningen ska vara tillräckligt generös för att man ska kunna sticka ner näsan djupt och låta sig berusas av vinets bouquet. Jag föredrar glas med oval form och hög fot, men det finns andra tillfredsställande lösningar. Nå, foten måste nog vara hög för att lyfta glasets kupa ovan matbordets gytter och i stället omringas av blott luft. Färgat glas är en styggelse.

Vitvinsglas får gärna vara likadana, men det är inte lika

Rödvinsglas. Foto av författaren.

noga med dem. De brukar vanligtvis var något mindre än rödvinsglasen men det är knappast nödvändigt. Snarare är det trist om de blir för små och därför snåla på både doft och visuellt prakt. Man vill se färgen också på ett vitvin, så helfärgade glas går inte an, men de får ha en försiktig ton eller någon krumelur i färg, om det är konstfullt gjort. Själv nöjer jag mig mestadels med att dricka mitt vita vin ur rödvinsglasen.

Ölglas ska vara stora och höga, så att jag kan hälla upp min öl med en lång stråles höga fall för att bli av med kolsyra och skapa ett tjockt skum. Ölmärken som utformar sina egna reklamglas annorlunda ska man förstås akta sig för – de kan knappast veta hur denna dryck bör bryggas. Dessa glas behöver inte ha fot. Finns det en så bör den inte vara hög som på rödvinsglas, för det är som om ölen har fått dille och inbillar sig saker om sig själv. Jag skulle nog inte klara av att dricka öl ur vinglas och jag tvivlar på att det skulle smaka öl.

Snapsglas är det också noga med. Jag är väldigt förtjust i en sort jag har hemma, som gissningsvis är från 1920-talet eller däromkring. På antikbodarna hittar man utan stort besvär vackra glas från förr – dessutom ofta till vänliga priser. Mina snapsglas är sirligt utformade med vackra kurvor och tydlig midja. De påminner lite om schackpjäser. Det enklaste brännvin blir riktigt gott i dem. Dock rymmer de inte många centiliter, vilket kanske bara är bra. Sämst tycker jag om raka snapsglas som ser ut som miniversioner av *tumblers*, de glas man brukar använda till whisky.

Jag är inte särskilt förtjust i konjakskupor, även om de i och för sig på ett förföriskt sätt kapslar in doften och är behändiga om man vill värma sin konjak i handen. Men man måste hälla i rätt många centiliter av den dyra vätskan innan det går att studera dess färgprakt. Och den blaskar runt därnere i kupans botten, som bränningar på en öde strand. Jag föredrar mindre glas med behärskad vidd på kupan, eller den form som liknar kemilabbens kolvar och används till framför allt grappa men även många andra avecer. I något större skepnad används de som vinprovarglas men

Snapsglas. Foto av författaren.

det är olyckligt. Vin behöver riktiga vinglas för att njutas i sin helhet.

Tekoppar vill jag ha stora, i alla fall till frukosten. Fina japanska teer dricks traditionellt ur riktigt små och delikata koppar utan öra, men vem står ut med det på morgonen? Espressokoppar ska vara små och ganska smala, så att kaffet bildar skönt hög crema när det droppar ner däri. Insidan bör vara vit eller i alla fall ljus, så att man tydligt ser dryckens färg. Det gäller i synnerhet för tekoppar.

När jag gör cappuccino använder jag den kända svenska koppen Zebra, som debuterade på Helsingborgsutställningen 1955. Denna vackra skapelse fanns i mitt barndomshem men de kopparna har sedan länge gått i kras, så jag var själalycklig när jag återupptäckte dem för några år sedan. Dyra saker hos antikhandlarna, fast de på 1950-talet serieproducerades i mycket stort antal. Zebra borde tas upp till nyproduktion, utan att ändra mönster och form ett endaste dugg. Kaffet blir himmelskt gott i dessa koppar, men i vilken grad det beror på mina barndomsminnen har jag ingen aning om.

Konsten att kombinera

Jag nämnde oljemåleriet ovan. Varje oljefärg är i sig ett under av komplexitet och lyster, men de måste ändå kombineras artistiskt för att inte skära mot varandra på tavlan. Sammalunda med musikens alla toner – det är hur de sätts samman som avgör våra örons förtjusning, oavsett vilka instrument som frambringar dem. Kokkonsten är också i allra högsta grad konsten att kombinera. Det bör därför göras lyhört, som när man stämmer sitt instrument, och aktsamt om helheten, som när målaren ideligen hejdar sig och tar ett steg tillbaka för att betrakta sin tavlas framväxt.

Kokböckernas recept är rika resurser, som kan lära oss särdeles lyckade smakkombinationer, men de är också fällor om de används för flitigt. De lurar oss att inte lita på den egna smaken

Tekoppen Zebra. Foto av författaren.

och de egna infallen. Vi följer de detaljerade anvisningarna och glömmer därmed att själva känna efter.

Jag är mycket mer intresserad av att experimentera med stöd av föga mer än den egna intuitionen, och låter sedan resultatet, sådant det nu blir, berika min erfarenhet och öka min träffsäkerhet inför nästa experiment. Är jag osäker på en kombination brukar det räcka med att titta, känna eller lukta på ingredienserna för att avgöra om de ska inkluderas i anrättningen och även i vilket skick. Människan har förstås ätit och druckit genom hela sin arts historia, så vi bör kunna lita på instinkten och impulserna.

Därför är det ingen fara med att tänka vildsint, för att sedan låta instinkten och sinnena fälla domen. Bara så kan man komma på nya roliga sammansättningar. När man bryter invanda mönster föds nya finurligheter, som kan falla platt men ibland bli rena sensationerna. *Out of the box*, som det heter på engelska.

Det måste vara så kockar började med grovmalen vitpeppar på vissa frukter i desserterna, eller för länge sedan lingon började kombineras med kött. Sammalunda med en så etablerad självklarhet som att hälla vin i grytor och såser.

Ofta känner man med en gång på sig om en idé är lyckad eller ej – men först måste man komma på den. Lyckade laborationer blir återkommande rätter i mitt kök, men inte heliga. Också dem kan jag gott trixa med gång efter annan. Annars målar man lätt in sig i ett litet hörn av några få säkra kort. Det är outhärdligt i längden.

Detta är också anledningen till att jag inte ens kommit på tanken att här skriva ner några egna recept. Det är inte så jag jobbar vid spisen och det är inte så jag tror att andra matintresserade stimuleras till aptitligare prestationer. Jag stannar vid allmänna ordalag.

Som tidigare nämnts föredrar jag att utgå ifrån den ingrediens som ska ha huvudrollen i min rätt, och det är i regel den som gjorde störst intryck på mig i livsmedelsbutiken. Oftast är det en bit kött eller fisk, men det kan också vara en särdeles vacker grönsak eller rentav något sådant som en örtkrydda jag är hågad att hitta vitsen med. Jag låter också tiden jag har lust att lägga ner, mestadels generande kort, ha sitt ord med i laget. Inte sällan ger också min gom någon antydan om den vill ha stekt, kokt eller rå mat. Eller har jag hittat en butelj som dikterar mycket bestämt i vilket sällskap den vill öppnas.

Sedan är det bara att börja fantisera.

Inne på Siesta i Malmö. Foto av författaren.

HiPP

RESTAURANT
CAFÉ

```
        MALMÖS RESTAURANT
NOTANR.        5           SIDA    - 1 -
04.02.95  00101   BORD-NR. 23

1   ANKSRÖST                   144.00
1   HÄLLEFLUNDRA               160.00
1   ALSACE RIESL               231.00
1   CHOKLADASSIE                58.00
1   KANELPARFAIT                52.00
2   CAPPUCINO        18,00      36.00
8   KÖPKE             5,00      40.00

SUBTOTAL                       721.00

MOMS  25.00%   576,80   144,20  721.00

TOTAL    KONTANT          721,00


***MALMÖS  RESTAURANT***
```

TEL. 040-97 40 30
KALENDEGATAN 12, 211 35 MALMÖ
Reg.nr 556481-2187

Bong i urval

Under mina tolv år som Bong skrev jag uppemot 700 krogrecensioner. Alla dessa finns det förstås inte plats för här. I stället har jag gjort ett litet urval, som jag hoppas ska vara intressant. För enkelhets skull kommer de i kronologisk ordning från 1995 till 2007.

Jag har inte tagit med blott de bästa krogupplevelserna, även om de förstås ingår och dominerar. Dessutom är en del recensioner med för att de till exempel berör kända krogar eller udda nedslag. Några av de värsta krogupplevelserna är också inkluderade.

Betydligt fler av recensionerna – om än inte heller där alla – finns på min hemsida: *www.stenudd.se/bong*

Hipp, 1995

Kalendegatan 12, Malmö BETYG: en stjärna
Teaterrestaurangen Hipp lovar festligheter redan i sin logotype, där i:et skrivs med sin prick i form av hatt på sniskan. Och visst borde det kunna bli en lokal som fylldes av muntra skådespelare, vimlare och beundrare, ungefär som Café Opera i Stockholm.

Väggarnas och takets pråliga dekorationer, och de ståtliga pelarna med sina förgyllningar, är på sin plats, eftersom det så kallade vackra folket plägar uppskatta en praktfull inramning åt sig. Samtidigt är de rutiga borddukarna just den vardagliga detalj, som likt Caesars slav ska viska: kom ihåg att du bara är människa.

Dock är servetterna av papper, vilket kan tyckas lite väl profant.

Salongens storlek och nakna väggar ger en akustik som förstärker och sorglöst blandar sorlet från alla bord till en kakofonisk tjocka, där tyvärr enskilda samtal från grannborden inte låter sig urskiljas men en härlig stämning av pladder infinner sig.

Ändå fattas något för att Hipp ska bli en oas för festligt folk. En ofullbordad ambition åt det luxuösa gör att atmosfären liksom stelnar en smula. Det kan nästan bli pinsamt när servitriserna omsorgsfullt vårdar sina gäster och den sirligt skrivna menyn talar om såväl ostron som tryffel, medan maträtterna faktiskt inte leds hela vägen i mål.

Förväntningarna som skapas av de ytterst tjänstvilliga servitriserna och de exklusivt sammansatta rätterna, infrias inte av det som kommer på tallriken.

Den ugnsbakade hälleflundrafilén för 160 kronor är en smula torr och dess kött faller inte för gaffeln lika lätt och villigt som det borde. Det är ont om tryffel i tryffelskyn och den kokta potatisen är en aning vattnig.

Det ugnsgrillade ankbröstet för 144 kronor har delvis blivit grått i köttet och saknar ett tydligt rosigt innanmäte, den tillhörande jordärtskocks- och äppelkompotten smakar varken det ena eller andra. Kombinationen är över huvud taget svår att förstå, likaså spenatbädden som köttet ligger på.

Endast potatisgratängen som serveras till ankan är en uteslutande positiv upplevelse – gräddigt len i smaken och utan den råsop av vitlök som annars brukar vara obligatorisk.

Förrätterna på menyn verkar allihop väl kraftiga för att lämna behaglig plats åt varmrätterna, detsamma kan sägas om desserterna. Det är klart att man inte går på en sådan krog för att banta, men menyn ger inte mycket chans att kombinera ihop tre rimliga åtaganden för en normalt funtad buk.

Å andra sidan är det märkligt att restaurangens Grand Meny för 270 kronor endast innehåller tre rätter.

Nå, det är desserterna som imponerar mest. Kanelparfaiten är helt acceptabel, om än mer kanel än parfait, och assietten med blandade chokladanrättningar är minst lika läcker som den är mastig. Båda desserterna kostar strax över femtio kronor, vilket är helt acceptabelt – ett rent fynd för chokladassietten.

Vinlistan är kort, med åtta vita och tolv röda viner. Bara ett av dem har en årgång före 90-talet, vilket är alldeles obegripligt. Vitvinet serveras med den sorts plastbunke som sägs hålla kylan, men inte alls är så festlig som en riktig ishink. Och café au lait serveras i de uttjatade reklamkoppar som finns på minst vartannat fik.

Hipps hatt på sned är nog mera en följd av att någon snubblat, än äkta galej. Vore inte priserna relativt behärskade och miljön lika charmerande som servicen, skulle det vara svårt att glädjas.

PÅ MUGGEN   BETYG: en rulle
Toaletter finns både på bottenvåningen och en trappa upp, fastän bara fem inalles. Damernas nedre toa är också handikapptoalett. De har kakel på vägg och golvar, men inga dekorationer – trots att miljön i övrigt påfordrar det. Pappershanddukar och flytande tvål. Inget extra alls, så man kan lika gärna hålla sig.

Le Mirage, 1995

Saluhallen, Malmö   BETYG: en stjärna
I Saluhallen ligger restaurangerna så tätt inpå varandra att de blir som ett enda långt smörgåsbord. Mot denna effekt är det Le Mirage, före detta Vinhörnan, som bäst håller stånd. Den ligger så till, ute på kanten, att man lämnar Saluhallen bakom sig när man stiger in.

I samma ögonblick uppenbaras restaurangens främsta attraktion: borden. Le Mirage fylls av nätta bord med träskivor som omsorgsfullt behandlats så att de fått samma gulnade skimmer som antika möbler. De är så behagliga för ögat, att även den hungrigaste sörjer när de döljs under tallrikar och fat.

Såsom flera av Saluhallens restauranger är Le Mirage lite av kvarterskrog, som omsorgsfullt serverar en dagens rätt för den som är mer kräsen än sparsam. Priset är 63 kronor, 66 för dagens pastarätt, men då ingår varken måltidsdryck eller kaffe. Det finns ytterligare en handfull rätter på menyn, från köttbullar för det väl tilltagna priset 78 kronor, till en trerätters affärslunch för 198.

Betjäningen är älskvärd och kapabel, personlig utan att vara påträngande. Maten, denna dag hjortragout med råa lingon och kokt potatis, kommer överraskande kvickt. Trots fransk stavning på ragun har den inga uppenbara kulinariska förtjänster. Varken viltet eller såsen kan i smak hävda sig mot de skarpt syrliga lingonen.

Visst är maten vällagad, men den har inte fått karaktär. Smaklökarna har mer äventyr att vänta av vilken kalops som helst. Däremot är det mjuka, hembakta brödet härligt att tugga i sig – och det bjuds i många skivor på brödfatet. Smöret i liten bytta har fått tina så att det är bredbart även på så mjukt bröd.

Vidare kan restaurangen erbjuda espresso i dess olika varianter, samt en förnäm prick över i:et i form av belgiska chokladpraliner. Inte ens på lunchen får man låta bli att unna sig en sådan liten delikatess.

Man får förstås betala för sig – med en lättöl passerar lunchen hundra kronor, vilket inte ens den vackert gulskimrande bordsskivan ursäktar.

PÅ MUGGEN   BETYG: en rulle
Le Mirages toalett ligger innanför en rekorderlig plåtdörr. Ytterligare två dörrar leder in till den, så det känns som att uträtta sina behov i en korridor. Dessutom är det spegel i taket! Toaletten är välskött, med tyghandduk på rulle och rejält med plats, men man undrar vilka behov den egentligen är ämnad för.

Petri Pumpa, 1995

S:t Petri Kyrkog. 7, Lund   BETYG: överkorsad stjärna

Varje krog signalerar på många sätt vad gästerna har att förvänta sig av den. En av de betydelsefullaste signalerna är förstås prisnivån. Att döma av den måste Petri Pumpa i Lund ligga mycket nära de himmelska ängderna. Restaurangen har också fått mycket beröm.

Inredningen är långt ifrån prålig, snarare stram med de gråmålade väggarna, de mörka träpanelerna och parkettgolvet. Stolarna är bekväma. Bordet vickar men kyparen ordnar det ögonblickligen med en träkil.

Menyn erbjuder ingen mångfald – tre specialkomponerade menyer och lika många fristående rätter. Billigast – om ordet alls hör hemma här – är en dessert för 85 kronor, dyrast är den största menyn om fem rätter för 535 kronor. Ostbrickan kostar 120 och kaffet 33 kronor. Vinlistan är omfattande, med flaskor från två hundralappar upp till 3.200 kronor.

Det finns förstås dyrare restauranger i vårt land, men de är svårfunna. Alltså har gästen rätt att förvänta sig en ypperlig middag, med smakupplevelser som räcker längre än den höga kostnadens bittra eftersmak. Dit når inte Petri Pumpa.

Redan den lilla aptitretare som bjuds – en tartar på tonfisk, paprika och fänkål – väcker oro. Ingredienserna slår omkull varandra, smaken är inte precis oangenäm men ett stort frågetecken.

Vinet väcker också förvåning. Vi följer kyparens varma rekommendation av en Bordeaux för 520 kronor, den prisklass där de flesta vinerna på listan ligger. Årgången är god men inte excellent, inte heller vinet. Faktiskt är det ganska fattigt på karaktär, trots dekantering. Man har rätt att begära mer av såväl slanten som av kyparens rekommendation.

Vi prövar rätter från två av de komponerade menyerna, man får pussla efter behag mellan dem. Den exklusivaste förrätten är ett dragonglacerat ostron- och selleriflarn för 115 kronor. Konsistensen liknar en potatisbulles, smaken är sur och skarp av all selleri. Visst känns också ostronet tydligt, men precis som med aptitretaren är smakkombinationen mindre lyckad. Det är i alla fall mycket att tugga på.

Mellanmenyn för 405 kronor har en intressantare förrätt – stenbitssoppa med ljummen sallad på spenat, där ingredienserna serveras på fat bredvid sopptallriken. Det är en fyndig presentation, som ger chans att njuta av själva soppan på fiskspad och grädde.

Också vad gäller varmrätten är mellanprismenyn ett snäpp angenämare än den dyraste. Vildsvinssteken med bakelse på svartrötter, sparrispotatis och persilja är en behaglig komposition och steken ömt hanterad.

Med samma omsorg har paradrätten kotlett och filé av dovhjort stekts. Till denna serveras citrusinkokta majrovor och rosmarin. Både vildsvin och hjort är stekta med sådan försiktighet att de fått perfekt avgränsade färgskikt. Det får dem att se ut som vaxmodeller, vilket är intressantare för ögat än för gommen. Borta är både dovhjortens viltsmak och den lätt bestialiska touche som bör höra kötträtter till.

Servitören presenterar varje anrättning med en smått lyrisk liten föreläsning, och är på alla sätt förfaren i att skämma bort sina gäster. Märkligt nog är han försvunnen när vi väl fått in notan och vill betala.

Kanske är det samvetet som håller honom borta – notan landar på 1.456 kronor för två personer. Även om både mat och miljö höjer sig en bra bit över det ordinära, återstår en hel del för att motivera den kostnaden. Det ger nog bättre valuta för slantarna att slå sig ner i Petri Pumpas anspråkslösare baravdelning.

PÅ MUGGEN   BETYG: en rulle

Toaletterna är eleganta, men tyghandduken är slut i rullen och flera behållare tomma på flytande tvål. Alldeles rent är det inte heller. Ventilationen är dock mycket god, luften är frisk som på högfjället.

Rådhuskällaren, BETYG: två stjärnor
Kåsebergaterrinen, BETYG: överkorsad stjärna
Fjörurain, BETYG: två stjärnor
Malmö Sjöscouter, BETYG: en stjärna
Làngosboden, BETYG: en stjärna
Filippinska tältet, BETYG: en stjärna
Zorba, BETYG: en stjärna
Nigeriansk tallrik, BETYG: överkorsad stjärna
Comffy's Nigerian Kitchen, BETYG: en stjärna
Kantuta, BETYG: två stjärnor
Drakbullar, BETYG: två stjärnor
Brasil, BETYG: en stjärna
Aloha Hawai, BETYG: överkorsad stjärna
Amerikanskt stekhus, BETYG: två stjärnor

Det är ingen överdrift att kalla Malmöfestivalen i första hand en fest för gommen. Bland alla dessa mängder av stånd och tält är det ont om annat än serveringar av mat och dryck – från många hörn av världen. Förvisso är det gott nog för en festival.

Det här året har ledningen reglerat det hela så, att olika delar av festivalområdet tilldelats olika geografiska hemvister. Det må vara ett självklart sätt för en ledning att skapa ordning, och sådant brukar ledningar vara förtjusta i, men det blir en krystad form för festivalen och en olägenhet för besökaren. Nu måste man vandra väldiga sträckor för att få festivalmatens spännvidd klar för sig.

På så vis slår festivalledningen i år ett slag för segregationen – ett märkligt sätt att fira FN:s jubileum.

Vidare har festivalledningen i sina direktiv endast tillåtit tre rätter för vart stånd, som om större variation i utbudet skulle skada någon. Som väl är har en smula civil olydnad insmugit sig bland stånden. Det tänjs i världskartan på sina ställen, likaså i menyerna.

För att börja den kulinariska världsomseglingen korrekt, vänder vi oss till Hjälmarekajen, där det ska vara skånsk mat. En och annan dansk har smugit sig in, men det har ju sina belägg i historien.

Vid kajområdets scen står två stora tält, som sköts av en handfull idrottsföreningar i samarbete med Rådhuskällaren. Det vänstra bjuder diverse ganska ståtliga rätter, det högra har en omfattande sillbuffé för 69 kronor. Det är en ringa slant för denna myckenhet, även med festivalmått mätt. Fem sorters sill, potatis, köttbullar, prinskorv, Janssons frestelse, smör, bröd och grönmögelost.

Ingenting har fuskats bort. Sillarna är förträffliga och ordentligt smaksatta – i synnerhet tomatsillen, som med sin djärva kryddning leder tankarna till cajun. Ingen senapssill, förvånande nog, den enda gula inläggningen är curry. Vitlökssill, nymodigheten som det går att diskutera förtjänsterna med, finns också.

Dessa varor, precis som kräftor, kräver drycker med en viss dos alkohol. Där säljs också starköl på fat för 35 kronor. Man lämnar tältet med trind buk och förnöjt smil. Två stjärnor är inget överbetyg.

Ungefär mitt på kajområdet, invid vattnet, ligger Korpens pyttelilla röda stuga med vita knutar. De serverar Kåsebergaterrin för det lilla priset om 20 kronor. Innehållsförteckningen för denna rätt är lång, med rögad ål, gädd- och kycklingfilé med mera – men anrättningen är lika pytteliten som stugan. Det känns snopet.

Terrinen är bara hälften av kavringskivans format, och smakar inte mycket mer. Det får bli den medföljande klicken av kompott på lök och äpple som tröstar, men inte tillräckligt för att ge högre betyg än en struken stjärna.

På Stortorget har ledningen bestämt att det ska vara nordeuropeiskt. Det inkluderar Island, som ståtar med en skön utskänkning kallad Fjörurain, vid sidan om scenen. De har också ett antal sittplatser inne i ett stort tält med tipi-form, byggt av smäckra stockar och täckt med beige presenning. Man sitter utmärkt därinne, med utsikt över en vit hästfäll uppspänd på tältväggen och muntra islänningar i pittoresk klädnad, som serverar eller sjunger Elvis-låtar i det egna bandet.

På menyn finns till exempel grönsakspanna för 45 kronor – för 15 kronor extra får man en lammburgare till, men något som heter burgare passar inte riktigt in i sammanhanget. En fatöl kostar 30 kronor.

Grönsakspannan består av en omfattande portion blandade stekta grönsaker med lite yoghurtdressing. Det är en rik sammansättning av grönsaker, inte utan kryddning. Anrättningen har en viss syrlighet som känns både frisk och nyttig, trots stekningen. Tallriken är inte den mest prisvärda man hittar på festivalen, men inte dyr heller. Hur som helst är miljön värd fler kronor än så. Det måste bli två stjärnor.

Vid skulpturgruppen Optimistorkestern har Malmö Sjöscoutkär ett litet stånd där de säljer bananplättar för 20 kronor. En kopp kaffe kostar 5. De har helt enkelt blandat banan i pannkakssmeten, vilket tillsammans med glass och sylt ger en lustig smak av barnkalas. Det är gott om glass på fatet, men underligt snålt med just plättarna. Dessutom är såväl glass som sylt av väl enkelt märke. I stället är flickorna som serverar glatt älskvärda, och kaffet är hyggligt. Det blir, med nöd och näppe, en stjärna.

På Södergatan strax efter Baltzarsgatan ligger Làngosboden, i det östeuropeiska området av festivalen. Làngos är ett ungerskt friterat bakverk – mitt emellan pizza och wienerbröd – som sedan kan garneras på många olika vis. En festival-làngos får gräddfil, rå lök och svart kaviar, och kostar 35 kronor.

Det är en härligt fluffig och frasig sak, nästan lika stor som en pizza. Varken med lök eller kaviar är det snålt, men yoghurten är lite tunn. Det blir en stjärna, men den tindrar ovanligt starkt.

Gustav Adolfs Torg intar en central plats på festivalen, i synnerhet vad gäller maten. Nu ska här vara plats för medelhavsområdets och Afrikas kök, men det stämmer inte på varje fläck.

I ett tält på torget, mellan Burger King och kinarestaurangen, serveras filippinsk mat. Det är den filippinska restaurangen vid

Möllevången som för veckan flyttat hit med verksamheten. Deras anrättning av revben kostar 35 och kyckling 20 kronor. Någon festivalöl serverar de inte, i stället har de lite olika varianter av burköl för 15 kronor från Åbro bryggeri – det är en tacknämlig omväxling.

Revbenen är stora och ganska saftiga, med en smaklig sås och ris. Det är inte alls kryddigt, kanske lite väl tamt, men ändå en måltid man gärna tuggar i sig. Dessutom är personalen så nästan spralligt munter att de utgör den bästa kryddan. Det räcker till för en stjärna.

Ojämförligt störst servering på torget har den grekiska restaurangen Zorba, med mängder av bord och plats för horder av folk, invid trottoaren i riktning mot Södra Tullgatan. Man sitter hyfsat på bänkarna och borden täcks av vita pappersdukar, vilket förhöjer trivseln betydligt. Det blir nästan som en riktig krog. Några vita grekiska kolonner här och där hjälper också till.

Zorba serverar framför allt ett grillspett med sallad, tzatziki och bröd, för 40 kronor. Vill man ha två spett på tallriken kostar det 55, men då ska man ha en glupande aptit. Här råder förstås massproduktion med standardportioner. Ändå är det inte mycket att anmärka på. Grillspetten är aromatiskt kryddade, köttet mört och saftigt, tzatzikin tjock och mjukt smaksatt. Det är bara just den fabriksmässiga omsättningen som dämpar upplevelsen och gör serveringen opersonlig. Därför får en stjärna räcka.

Till Zorbas mat skulle vin passa bäst, men det bjuds inte – frågan är om kulinariska skäl skulle blidka tillståndsgivande myndighet. Det får i stället vara dags att pröva festivalölen för 15 kronor.

Årets festivalöl har ordentlig färg, tjockhet och tydlig sötma. Den skummar fint, smakar mycket rikt och gott. Helt klart en festlig öl. Också burken ser festlig ut – snitsigt kromblänkande med ordet öl i röda penseldrag.

Kanske är det för att understryka all denna festlighet som burkens text mäter alkoholhalten till 3,4%. Det måste vara i volym räknat, eftersom det ändå är fråga om folköl.

De flesta bodarna på Gustav Adolf Torg ligger runtom plaskdammen, som tömts på vatten – vilket visar att kommunen saknar humor. I längan på samma sida som Zorba, ner mot busshållplatserna till, ligger två nigerianska stånd intill varandra – fast de har olika ägare.

Det högra är namnlöst och serverar enbart en tallrik med tre smakprov för 25 kronor. De tre ingredienserna är ett slags bönpaté vid namn moi moi, kryddat ris samt en bit marinerad, grillad kyckling. Ris och paté har värmts i mikrougn, en lika gräslig som behändig uppfinning.

Maten är ordentligt och spännande kryddad, men också med tveksamma bismaker som får en att undra hur kvaliteten på råvarorna må vara. Kycklingen är torr. Kanske hade det varit att föredra, om man bara fått pröva en knivsudd av själva kryddorna. Då hade det kunnat bli mer än en struken stjärna.

Grannen heter Comffy's Nigerian Kitchen och verkar veta lite bätre vad de håller på med. De serverar grillspettet suya för 25 kronor, med lite sallad och en tegelröd pulverkrydda som är oväntat diskret i smaken. Till detta tar man gärna akkara för 5 kronor, en liten friterad bönkaka med intressant och mild smak.

Köttet är däremot ganska torrt och sotigt i smaken, men ger i detta fall en exotisk, autentisk prägel, som inte är helt fel. Det får bli en stjärna.

Ungefär mitt emot de nigerianska stånden säljer den bolivianska föreningen Kantuta en härlig korv för 25 kronor, som de säger är på spanskt recept – men det kanske är för att försvara bodens läge. Korven är grillad, till utseende och konsistens påminnande om isterband – men här är kryddningen betydligt kraftigare. Den är i dubbel mening het, serverad med lite sallad och chilisås i en bit baguette.

Det vita brödet står till tjänst med att dämpa kryddans eld. Korven är en delikatess, som man inte bör gå förbi. Eftersmaken är lång, skön och uppiggande. Sedan kan man gott ta sig en korv till. Två stjärnor är inget överbetyg.

Nu behövs inte många steg för ytterligare en härlig upptäckt. På Södra Tullgatan vid Spies resebyrå säljs thailändska drakbullar i en liten bod, som inte har annan mat på menyn. Det räcker med drakbullarna. De är en ypperlig delikatess, dessa friterade bullar med inbakad kryddig frikadell. Man får en generös portion av fyra sådana bullar för 25 kronor, vilande på lite grönsallad som har sin egen förträffliga, söta dressing. Över bullarna hälls valfria såser, men det lämpligaste verkar vara starksås och en skvätt soja. De frasiga bullarna är en läckerhet, i behaglig smakbrytning mot de fina frikadellerna inuti och den söta salladen.

Detta festivalrecept måste vara svårt att överträffa – en delikat smårätt, med tydligt exotisk prägel och ändå en klar attraktionskraft på varje gom. Det är också ständig kö vid den här boden – ändå är personalen kvick och vid gott mod. Två stjärnor är en självklarhet.

På Davidhallsbron lämnar vi Asien och hamnar i Sydamerika. Där finns en bod med namnet Brasil, som serverar bolinhas och cozinhas, inbakade fragment av kyckling eller köttfärs, som friterats ordentligt till bollar av pingpongstorlek. Det är mycket frityr på festivalen, men just här kanske mer än nog.

För 30 kronor får man en boll av varje sort, men de är svåra att skilja åt. Till detta serveras en rejäl klick Rhode Islandsås, sallad och en brödskiva. Smaken är ändå inte så dum på någon av ingredienserna. Mycket kött hittar man inte innanför all frityr och deg, men kryddor är det plats för och dessa hänger kvar i gommen en god stund efteråt. En stjärna kan det vara värt – med minsta möjliga marginal.

Större blir besvikelsen när vi i och med Södra Förstadsgatan kommer till Nordamerika. Där är glesare än på andra kontinentavsnitt, och mer än lovligt krystat med "Texasburgare" och "kofösarkorv". Sådär halvvägs ner mot Triangeln, i närheten av butiken Guldmagasinet, ligger en hawaiiansk servering som borde kunna vara ett strålande undantag.

Så är det inte. Aloha Hawaii serverar Luau menu i liten eller stor portion, för 25 respektive 45 kronor. Även den lilla tallriken är så belamrad att människor med normal magsäck skulle kalla den stor. Anrättningen består av ris, råkostsallad, revben i ananassås, sallad med laxbitar och strimlat fläskkött.

Det ser mycket ut, som så många andra ting från USA, men är ändå inte mycket för världen. Den lilla revbensbiten är mest ben, fläsket smakar höna och laxsalladen är alltför salt. Några tydliga intryck av hawaiiansk matlagning får man inte – inga tydliga intryck av något alls, faktiskt. Kokosnötter finns bara som dekoration på bardisken.

Möbleringen i tältet är i alla fall rejäl, stolarna har till och med stoppning. Eftersom man näppeligen får slå sig ner här med mat från andra kök, kan det inte bli annat än en struken stjärna i betyg.

Vid Triangeln tar festivalområdet och därmed även resan slut. Här finns ytterligare en stor scen och intill den en omfattande serveringsbyggnad i två plan, ännu odöpt vid vårt besök. På bottenvåningen finns maten och ovantill serveras starköl och vin. Bord finns på båda våningarna, med god utsikt över scenen.

Det här är ett stekhus i amerikansk stil. På menyn finns rejäla kötträtter, kompetent tillagade. Biff Louisiana kostar bara 60 kronor men är en hel måltid, med två rejäla skivor ryggbiff och två olika såser. Det enda som saknas är potatis, men bröd och lättmargarin kommer till i stället.

En sådan rätt är ett utmärkt skäl att äntligen dricka lite vin, på övervåningen med utsikt över folkvimlet. Rödvinsglaset för 18 kronor kan inte rymma mycket mer än en deciliter. Kanske vin är ett stort ord för drycken, som kommer ur pappförpackning – det har visst blivit mode. Smaken är ändå duglig.

Och maträtten är excellent. Köttet är mört, av hög kvalitet och skickligt anrättat, såserna är smakrika. Frågan är bara vad lättmargarin har i detta sällskap att göra. Det kan i alla fall inte beröva restaurangen någon av de två stjärnor den tydligt förtjänar.

PÅ MUGGEN   *BETYG: överkorsad rulle*

Festivalens toaletter – de så kallade bajamajorna – är förstås på tok för få, dessutom många av dem märkvärdigt svåra att hitta. Vid så gott som samtliga är kön lång. När man väl kan stiga in i ett av dessa trista, smutsiga plaståbäken, är åsynen sådan att man ångrar sin konsumtion av festivalöl. Stackars den som behöver sätta sig ned!

Retro, 1995

Ängelholmsg. 14, Malmö   BETYG: en stjärna

Det är nog bara Lilla Torg som kan mäta sig med det folkliv som Möllevångstorget visar upp, men de skiljer sig tydligt åt. Det senare visar betydligt större variation såväl etniskt, som vad gäller åldersgrupper och smakriktningar. Restaurangen Retro, alldeles invid själva Möllevångstorget, skulle kunna beskrivas som ett trendigt ställe för dem som principiellt tar avstånd från trender.

Inredningen är rejäl, lite ruffig och munter, trångt mellan borden och måttligt med luft i lokalen. Den experimentella kan ta plats vid ett bord där stolarna är cykelsadlar på påkar.

Sommartid är ändå uteplatserna att föredra, trots att de utgörs av enkla trädgårdsmöbler av plast. Stolarna har åtminstone dynor. Man får akta på stegen, för den kedja som nattetid ska hålla möblerna på plats ligger kvar på marken även under öppettid, och är lätt att fastna med foten i.

Något privatliv kan gästerna inte räkna med, vid dessa bord trängs man om de få lediga platserna. Det är förstås en del av charmen. Däremot blir det efterhand allt svårare att charmeras av serveringspersonalens dröjsmål. De är definitivt underbemannade och någon av dem tycks från början ytterst likgiltig, för att inte säga motvillig.

De tätt handskrivna små menyerna är svårlästa, men har en hel del att erbjuda. Den dryga handfullen förrätter kostar runt 50 kronor, desserterna är ungefär desamma till antal och pris.

De fem fiskrätterna kostar mellan 45 respektive 75 kronor för fisksoppa i halv eller hel portion, till 100 kronor för pocherad hälleflundra med pepparrot. Av de nio kötträtterna är den sotade oxfilén för 115 kronor dyrast. Dessutom finns diverse smårätter, såsom hamburgare för 50 och revben för 70 kronor.

Vinlistan är hyfsat sammansatt, de allra flesta flaskorna kostar under 200 kronor och ingen mer än 250. Till de dyraste hör en Rioja från 1987, som är väl värd pengarna. En stor stark kostar 32, men det finns också en del flasköl att välja på. Kaffet kostar blygsamma 15 kronor.

Som en "starter" bjuder restaurangen på vitlöksbröd – i all enkelhet en trevlig gest. Annars har detta tilltugg blivit ett tröttande obligatorium på restaurangerna, liksom vitlök över huvud taget.

Bland förrätterna prövar vi friterade jalapenos för 35, som visar sig vara en smaskig anrättning med både spetsig kryddighet och arom, tillika en skönt mumsig konsistens i den generösa frityren. Sallad med mozzarella för 55 kronor är dock ganska alldaglig. De friska grönsakerna piggar upp i sommarvärmen, men osten är alldeles menlös i smaken – trots att den kryddats.

Fläskfilén med curry- och jordnötssås är en läckerhet. Köttet är så saftigt man kan begära, kryddningen härlig utan att behöva vara het. Även potatisen som serveras till är läckert kryddad. Priset 90 kronor är det inget att säga om.

Den mozzarellagratinerade entrecôten med cajunsås kostar en tia till, men det skulle man kunna diskutera. Köttbiten är inte pjåkig, men överdrivet stekt. Såsen är lite väl tam i smaken för att kallas cajun och mozzarellan – återigen – intetsägande. Anrättningen är i och för sig smaklig, men man väntade sig något mer.

Desserterna är också kluvna upplevelser. Den vita chokladmoussen för 30 kronor serveras i ett rart litet krus och är inte så förfärligt söt som annars vit choklad brukar vara. Dess lena smak hinner man inte tröttna på innan kruset är barskrapat. Jonathans frestelse, som kostar 45 kronor, sägs innehålla massor av jordgubbar. Det är en vaniljglass i coupe, med Pernodspetsad grädde och inte särskilt många jordgubbar alls. Dessutom passar Pernod inte så lysande ihop med de övriga ingredienserna.

Det finns en lekfullhet över Retros anrättningar och man glufsar dem gärna i sig, men såväl betjäning som möblemang gör besöket en smula obekvämt. Å andra sidan – det hör till stilen, och har en förmåga att göra stämningen ledig.

PÅ MUGGEN   BETYG: en rulle
De två små risiga toaletterna går kanske i restaurangens lediga stil, men det gör dem inte mera inbjudande. De har i alla fall den nödvändiga utrustningen.

Kockska krogen, 1995

Stortorget, Malmö   BETYG: överkorsad stjärna
Det hus som Kockska krogen bebor har anor från renässansen, när Malmö var stort nog att mäta sig med Köpenhamn. I de källarvalv som är krogens matsal känns såväl storheten som allvaret från dessa svunna tider. Lokalen med sina gamla tegelvalv är dunkel till sin natur, och den måttliga elbelysningen samt ljusen på borden gör inte mycket åt den saken. Detta mörker kunde vara gemytligt, men bidrar i stället till en viss kyla, en anad kallsinnighet, såsom hos källarhålor för andra gäster än de frivilliga och betalande.

Detta drag av kallsinne går igen hos serveringspersonalen, som samtliga är herrar i mogen ålder. De är inte oartiga eller bristfälliga, men inte heller särskilt vänliga eller tillmötesgående. De håller en distans, lite grann som på en dyster statlig myndighet. Kanske skiner de upp om de får servera furstar och andra högdjur, som restaurangen verkar rikta in sig på.

Priserna gör onekligen sitt bästa för att skrämma bort pöbeln. Flera av förrätterna kostar över hundralappen, såsom sill i kruka för 110, löjromstoast för 130 och laxsymfoni för 179. Varmrätter närmar sig ofta 300 och ett par av dem – sjötunga och renfilé – passerar den gränsen. Scampi kostar 285, ox- och kalvmedaljonger 237 och råbiff 245.

Även om de flesta desserterna håller sig under hundralappen kommer några av dem ganska nära, till exempel punchmarinerade jordgubbar för 79 och Creme Royal för 86. Dyraste desserten är katrinplommonsufflé för 127. Det skulle vara svårt att klara sig under tusenlappen vid en trerätters middag för två här.

Menyn är outhärdligt talför, med många onödiga och svulstiga ord om varje rätt. Eftersom rätterna är många blir det i all denna ordrikedom faktiskt svårt att få tillräcklig överblick för att göra ett val.

Vinlistan är inte omfattande som en telefonkatalog, men inte heller något telegram. De flesta flaskorna ligger mellan 300 och 400, husets vin finns både som franskt och spanskt för en bit över 200 kronor. Många av vinerna är Kockska krogens egen import, en ansträngning som inspirerar. Husets spanska röda för 240 kronor är ett sådant, årgång 1992, och visar sig ha god auktoritet utan att bli tungt. Det är mycket prisvärt.

En helt annan sak är det med prisvärdet på maten, trots de många superlativen i menyn. Förrätten hummerragu i kappa för 148 kronor är mjuk och blaskig, som om den väntat för länge på att serveras, och såsen är menlös. Ungefär detsamma gäller den betydligt billigare förrätten svartrötter gratinerade med emmentalerost för 64. Anrättningen är torr, segtuggad och trist, som från mikrougn. Någon särskild smakupplevelse låter den inte heller ana.

Det honungsstekta ankbröstet med apelsinsås och rösti borde med sitt pris om 297 kronor vara en av krogens främsta varmrätter. Den talföra menyn menar också att det är de finaste bitarna av ankan som valts ut. I själva verket saknar ankan karaktär, den har inte förärats någon särskilt spännande stekning. Såsen smakar mycket apelsin men sedan inget mer. På tallriken finns ingen som helst garnityr, inte en enda grönsak. Det ser därmed rätt alldagligt ut.

Den grillade gödkalvlevern för 185 är en av de billigaste varmrätterna. Portionen har skylts under ett berg av capris och bacon, som för att dölja själva leverns brist på karaktär. Baconbitarna är i alla fall helt rätt i konsistens och smak. Det är mycket mat på tallriken, men inte mycket smak.

Desserterna får agera räddande ängel för middagen. Creme Royal för 86 kronor har inga skavanker, men inte heller något som helst extra. Paradnumret bland efterrätterna, katrinplommonsufflé med punchgrädde för 127 kronor, är en härlig skapelse. Stor som hel hatt och precis så fluffig, söt och skön som man vågade drömma om. Portionen är stor nog att mätta en hel familj. Denna sällsynta dessert är värd sina pengar.

Det var den dock ganska ensam om. Gäster rekommenderas att bänka sig runt en sådan sufflé och glufsa i sig, men se till att dessförinnan äta varmrätterna på annan plats.

PÅ MUGGEN   BETYG: överkorsad rulle
Toaletterna syns vara under renovering, men det är ingen ursäkt för att papperet är slut i rullen, dessutom ska gäster nöja sig med en gemensam frottéhandduk.

Anno 1900, 1995

N. Bulltoftav. 7, Malmö   BETYG: tre stjärnor
Några steg från Lundavägen i Kirseberg ligger den ålderdomliga stuga som inhyser Anno 1900, lunchrestaurangen som skulle kunna slå de flesta guldkrogar på fingrarna. Endast på söndagar har de öppet kvällstid. Det är en skön poesi att i motsats till de allra flesta krögare hänge sig åt det dagtida vardagsmålet – och i gengäld göra detta till en särdeles fest.

Maten kan inte göra någon besviken. Dagens rätt för 65 kronor inkluderar smör och läckert hembakt bröd, en sallad diskret spetsad med den finurligaste dressing som smakar sockervatten och lite citrus, samt kaffe. Måltidsdrycken kostar extra, en lättöl så mycket som 17 kronor, vilket förstås skapar viss betänklighet.

Förutom dagens rätt finns en handfull dyrare alternativ, delvis varierande från dag till dag. Den här dagen finns till exempel stekt sill i ättika med creme fraiche och västerbottenost för 95 kronor, grillad entrecôte med fransk senapssås för 165, biff Greta för 175 och pocherad hälleflundra med syltad purjo och dragon-creme för 165.

Menyn innehåller också några desserter, såsom parfait med ripplad choklad och konjak eller mandel- och toscatårta med konjakscreme, som båda kostar 45 kronor.

Denna dag är den billiga lunchrätten kalops, och varken på menyn eller tallriken görs några särskilda tillägg. Köket har i stäl-let valt att skapa själva arketypen kalops, med rejäla bitar nötkött, morots- och rödbetsskivor, samt den typiska såsen. Köttbitarna har det relativa motstånd som ska höra en kalops till, rödbetorna är delikata utan att vara det minsta märkvärdigt kryddade, till och med den kokta potatisen är perfekt till såväl konsistens som smak. Detta är husmanskost, vardagsmat, som får ståta utan re-galier i form av några exotiska tillägg – helt enkelt: kalops.

Inredningen följer lekfullt stugans riktmärke, med mycken pa-tina och charmerande detaljer. Det rejäla möblemanget är av trä och knarrar gärna. På väggarna hänger ett stort antal porträttmål-ningar från gångna tider.

Man beställer och betalar sin mat vid kassan, där man också tilldelas glas, dryck och bestick. Det är krögaren själv som sköter ruljansen, med en ton som brukar kallas rå men hjärtlig. Det påminner om mindre franska restauranger, där "le patron" inte drar sig för att ha åsikter om sina gäster och uttala dem högt. Det kan vara värt några hårda ord att få smaka på dessa anrättningar.

PÅ MUGGEN   *BETYG: en rulle*
Två toa, varav den ena i restaurangens relativa mitt är stor som ett

hus, charmigt inredd och i gott skick. Kanske kunde man vänta sig annat än pappershanddukar.

Ikea, 1996

Bulltofta, Malmö   BETYG: en stjärna

I det väldiga möbelvaruhuset med så pass omfattande sortiment, kunde man tro att dess restaurang skulle inredas iögonfallande. Så har inte precis skett. Inte mycket har gjorts för att dölja den industrifastigheters arkitektur som råder, snarare verkar man ha gjort sak av att framhäva den.

Väggarna är gulmålade, golvet blekt och diskret mönstrat, genom det gallerförsedda innertaket skymtar tydligt ventilationstrummorna, som också målats gula. Själva möblemanget är i behärskat stram stil, av ljust trä. Trots att restaurangens yta är ordentligt tilltagen och borden närmast oräkneliga, syns ingen vidare variation i möbleringen.

Det är nog Ikeas profilering av stor omsättning med måttliga priser som varit tongivande också här. Däremot är det där med prisvärdet inte så sant som det först verkar – åtminstone inte vad gäller dagens rätt.

Dagens, som serveras på vardagar mellan 11 och 15, kostar blott 39 kronor – men då ingår ingenting utöver själva varmrättstallriken. Vill man ha lättöl, smör och bröd, lite grönt från salladsbordet, samt kaffe, då kommer man upp i 71 kronor för lunchen. Det känns snopet.

Förutom dagens rätt har menyn en handfull alternativ från salladstallrik för 34 till den så kallade festmenyn med dessert för 59 – en tia billigare för Familymedlemmar. Den här dagen består festmåltiden av fläskschnitzel, samt en glassbakelse till efterrätt. Köttbullar med gräddsås och rårörda lingon kostar 44, gravlax med hovmästarsås inte mer än 42. Dessutom finns diverse smörgåsar.

Maträtterna ligger fullt synliga för inspektion vid kökets disk, och de ser aptitliga ut. För dagen består 39-kronorslunchen av pytt i panna med stekt ägg och rödbetor, vilket inte är så lockande, men på fyraveckorsmatsedeln syns att luncherna ofta är betydligt mer fantasieggande.

Pytten är i och för sig inte något misslyckande, om än inte särskilt välsmakande heller. Faktiskt smakar den inte mycket alls. Man kan förstå att köket inte känt sig särskilt inspirerat – de gör ofta betydligt bättre ifrån sig.

Som bröd till maten kan man välja mellan flera olika sorter av såväl hårt som mjukt, den minibaguette vi prövar är frasigt färsk och smaskig. Lättölen får man på flaska – det vore besynnerligt annars, med tanke på att den kostar 13 kronor. Kaffet, som kostar en femma på maten, kommer i förutbestämd portion ur en stor maskin och är beskt och trist. Man skyndar sig tillbaka till shoppandet – kan det vara avsikten?

PÅ MUGGEN   BETYG: en rulle
Toaletterna vid restaurangens entré är rymliga och ganska välskötta, men inte precis några blickfång.

Kommandanten, 1996

Ny Adelgade 7, Köpenhamn   BETYG: Tre stjärnor
Kommandanten ligger något kvarter från hotell d'Angleterre och visar redan genom fönstren en betagande vy. Här går allt i behärskat blått, inte långt ifrån det himmelska, och lyckas trots ordentlig ansträngning med dekoren hålla en avspänd, nästan folklig ton.

All serveringspersonal är draperad i underskön naturlinne, stolarna är snitsigt designade med svetsade stålskenor och tjocka kuddar, som ändå inte lyckas göra en lång sittning helt smärtfri. I taket syns nakna takbjälkar av välbehandlat trä och på väggarna har mönster i ton med det blå temat målats. Allt är ytterst genomtänkt. På borden står kandelabrar i nysilver, som är en aning för pråliga – den enda misstämmande tonen i ackordet.

Menyn är lagom omfångsrik med dels en femrättersmeny för 520 danska kronor, dels ett urval om cirka handfullen förrätter för dryga hundra, varmrätter för ungefär det dubbla samt desserter som kostar runt hundra. Vinlistan är inte den ymnigaste i mannaminne, men inte heller bristfällig. Stora viner finns för upp till 6000 kronor, men de flesta kostar 1200 eller 2400. De av måttlig förfining är färre, och enklare viner saknas helt. Man kunde önska att de hade några fler viner som tar mindre andel av notan än maten gör.

Till stora menyn kan man för 345 kronor få en vinmeny om lika många sorter som det är rätter. Detta är egentligen ett påfrestande sätt att dricka sig igenom en måltid, men så sällan som det erbjuds på krogar måste det prövas. Undertecknad offrar sig gärna för att stilla läsarnas nyfikenhet.

Stora menyn börjar den här dagen med sprött inbakad kammussla och en enkel sallad. Den är ett mästerverk, där musslornas kött kommer till bättre rätt än de ens själva kunnat drömma om. Från à la carten prövar vi grodlår för 120, som visar sig vara just låren och inte hela benen, vilket annars ofta händer. De är alldeles utmärkta med en passande och diskret garnering.

Menyns fiskanrättning består av stekt piggvar och en stor bit formidabel hummer – saftig, smakrik, underskön. Bättre går inte att föreställa sig. Till detta kommer en skopa risotto gjord på vetekorn, också det en minnesvärd upplevelse. Avbrottet som bjuds före varmrätterna är här små bitar av fänkål smaksatta med anis, samt en synnerligen diskret och frisk sorbet därtill – inte stort mer än lätt smaksatt, krossad is. Den fyller sin funktion oklanderligt.

Menyns varmrätt är duva, stekt med en perfekt kombination av hårdhänthet och ömhet. Köttet kunde inte komma bättre till sin rätt, fågeln borde le saligt i sin himmel. Ungankan från à la carten för 245 kronor är inte lika omedelbart förtrollande, men inte heller på något sätt bristfällig. Till båda rätterna serveras kokt potatis, men till duvan är det fråga om dansk nypotatis av charmerande minimalt format.

Menyn erbjuder därefter getost på ett äppelbakverk, som är en djärv men utmärkt kombination – också som uppföljare till den närmast bedövande varmrätten. Först med desserten skymtar en blind fläck i kockens sensitivitet. Där kombineras en mjukt sofistikerad champagnefrommage med sorbet och fruktbitar av sådana skarpa smaker som rabarber och tomat, vilka har en tendens att knuffa champagnen ut ur bild.

Om de viner som serveras till var och en av rätterna finns dock bara gott att säga. De är ett härligt urval, av hög kvalitet, allihop, och med en behaglig passform till sina respektive rätter – varken så att de blott betjänar dem eller uppkäftigt kivas med dem.

Till kaffet, som kostar modiga 35, erbjuds minimala tilltugg av flera sorter, som sig bör på en krog med dylika anspråk. Möjligen kunde man på detta fat också gärna ha hittat någon chokladpralin av dignitet. Det hade inte gjort ont, men denna lilla brist är inget man begråter. Både gom och mage har blivit så väl trakterade att man betalar notans 1800 kronor utan tårar.

Det går inte att hävda annat än att sådant kök som Kommandantens är svårt att hitta mången like till, även utanför vår region. De måste ha alla stjärnor vi kan erbjuda.

PÅ MUGGEN   *BETYG: En rulle*
På Kommandantens toa är det ännu blåare än i matsalen och egen handduk får man – men tvålen, som alla får dela på, är svart redan från början.

Värnhemsskolans elevrestaurang, 1996

Kungsgatan 44, Malmö   *BETYG: tre stjärnor*
På mången skola är det tveklöst inte särskilt kul att vara elev, när det kommer till bespisningen. Kommunala besparingar drabbar

skolmaten i dråpslag efter dråpslag, så att det på sina ställen snart inte är långt kvar till vatten och bröd.

Hur går det då när eleverna själva får stå för matlagningen? Ja, om de får vederbörlig utbildning, som på Värnhemsskolans restauranglinje, blir resultatet alldeles lysande. Turligt nog är allmänheten välkommen att förvissa sig om saken, i den restaurang som för utbildningssyfte drivs av skolan och håller öppet mellan 11.30 och 13.30 varje vardag. Här bjuds, till skrattretande låga priser, luncher som är lika ståtliga som mången krogs aftonmål.

Naturligtvis är det inte rent spel att som krogtestare granska en restaurangskolas elevarbeten med samma stränga öga som de professionella krögarna utsätts för, men eftersom jämförelsen inte alls skämmer skolan tillåter vi oss detta pressetiska övertramp.

Redan miljön är ytterst sympatisk, med enkelt men sobert möblemang i en ljus lokal. Borden är rymliga, stolarna bekväma, eleverna stilenligt uppklädda i sina roller som servitriser och kypare. Man har till och med garderobiär.

Menyn skiftar varje dag och är överraskande komplett, med ett litet urval av såväl för- som varm- och efterrätter. Den otålige kan kasta sig över "Kvicken", en ymnig buffé för blott 40 kronor, den här dagen bestående av ärtsoppa och diverse varianter på fläskkött. Men det vore ändå en sorglig försummelse att inte ge sig bättre i kast med skolans resurser.

Förrätterna och desserterna kostar runt 20 kronor, varmrätterna upp till cirka 60 – och man bör försöka orka pröva alla tre grupperna. Notan kan ju inte skrämma någon enda själ. Skolan har – förvånande i detta land av moralkakor – fullständiga rättigheter. En flaska starköl kostar 18, en flaska vin från hundralappen upp till 124 för Chablis (näppeligen Premier Cru, men ändå härligt skamligt billigt), ett glas vin får man för 20. Det finns också snaps och avec à 20 kronor för 3 centiliter.

Vi prövar till förrätt den avredda champinjonsoppan för 19 kronor, som visar sig vara härligt aromatisk och len för tungan, med spänstiga champinjonskivor i stort antal. Varmrätten glacerad flundrafilé Bonne Femme för 61 kronor är alldeles utmärkt, med sinnligt gräddig sås och perfekt gyllenbruna potatismostoppar. Den färska fruktsalladen kostar blott 16 och är lika enkelt anrättad som den är frisk i smaken, med klickar av vispgrädde och utmärkt vaniljglass.

Om man nödvändigtvis måste leta upp några brister, och det måste ju undertecknad, skulle det vara att rätterna är en smula konventionellt anrättade. De har inte givits den personliga touche som är den bästa kryddan i all matlagning, men det är också lätt att förstå, eftersom en skola först och främst måste lära ut grunderna – originaliteten får eleverna förhoppningsvis utveckla när de går ut i arbetslivet. Det vore ju på tok om utbildningen fastnade i dagens kortlivade krogtrender.

Störst charm har besöket ändå inte i de utmärkta maträtterna, utan i åsynen av dessa ödmjukt angelägna elever som sköter serveringen, inte alltid med de säkraste händer men alltid med hoppfull välvilja. Det är väl att man får ge dricks, annars skulle denna deras hängivenhet ge varje gäst obotliga samvetskval.

Det kan förstås vara svårt att få plats på Värnhemsskolans restaurang, så man bör försöka boka i förväg. Och man bör se till att komma med en glupande aptit.

PÅ MUGGEN   *BETYG: två rullar*
Toaletterna i entrén är rymliga och synnerligen välskötta, men mycket till charm har de inte.

La Couronne, 1996

S. Förstadsg. 36, Malmö   *BETYG: tre stjärnor*
Kronan som får vara symbol för den nyöppnade restaurangen med samma namn är tecknad i en lekfullt grovhuggen stil, vilket nog är alldeles nödvändigt. Annars skulle regalien tillsammans med det franska namnet antyda en pretention som vore missvisande. La Couronnes främsta charm är just det mått av

anspråkslöshet med vilket en överraskande hög kvalitet erbjuds – åtminstone på maten.

Lokalen ligger ganska undanskymt på gågatan ett stenkast före Triangeln. Inredningen är lika naken som de stora skyltfönstren. Väggarna saknar dekorationer, förutom här och där små målningar av köksattiraljer i en enkel stil som känns väldigt 50-tal. Taket, högt däruppe, är vitt och begåvat med en stuckatur där små kronor av högtidligare utformning än restaurangens logotype bildar återkommande inslag. Som en bård strax under taket sitter nakna glödlampor med markerad solgul glödtråd.

De enda mer överdådiga utsmyckningarna är annars blott några sofistikerat eleganta blomvaser i fönstren och den närmast högteknologiskt designade bardisken. I denna stora yta blir alltså helhetsintrycket en smula spartanskt. Det generöst tilltagna avståndet mellan borden, som i all enkelhet täcks med vita dukar, ändrar inte på detta första intryck.

Serveringspersonalen är gästvänlig men varken den kvickaste eller mest erfarna i branschen. Det kan ha sin charm men blir då och då lite besvärande. Menyn byts varje dag och förevisas på ett vikt A4-blad. Antalet rätter är minimalt, vilket skänker förtroende. Tre förrätter, lika många varmrätter – i båda fallen med ett vegetariskt alternativ – och dito desserter.

Priserna är behärskade. Dyrast bland förrätterna är svensk hummer i sallad för 70 kronor, bland varmrätterna det grillade gödtuppsbröstet för 120 – biligast den vegetariska varianten, denna gång svartrötter och valnötter i balsamico med gräddglacerad grönkål för 75. Desserterna kostar allihop 50 kronor.

Vinlistan återfinns på samma enkla meny – fem var av vita och röda mellan 130 och 210 kronor, ett par mousserande samt två dessertviner som endast serveras på glas. Också övriga viner kan fås på glas, fast det inte anges på menyn. Det är inga giganter men en välvald samling.

Av förrätter visar sig parfait på anklever med grillat olivbröd för 45 kronor vara en långt mer skön inledning än priset fordrar.

Anklevern framträder med just den mjuka distinktion man kunde hoppas, brödet är en lagom lekfull kamrat till denna udda parfait, dessutom har rätten dekorerats lika välfunnet med lite russin.

Den vegetariska entrén blomkål-persiljecrème med marinerad svamp för 40 är en lika genomtänkt anrättning, om än inte lika generös mot gommen – detta är nu i de flesta fall vegetarianernas lott i livet. Dock har rätten insiktsfullt givits den sorts smakregister och karaktär, som vegetarisk diet utvecklar en gom för. Det imponerar. Cremen är tjock som risgrynsgröt och nästan lika mild i smaken, medan svampen – blott champinjoner, vilket i och för sig kunde bekännas i menyn – har marinerats med viss skärpa och därmed blir en välfunnen kontrast.

Huvudrätten grillat gödtuppsbröst med rödvinskokta mungbönor och spröda palsternackor kostar 120 kronor, vilket är rena underpriset. Portionen är generös utan att vara överdriven, köttet vackert och välsmakande, bönorna ett lika nyttigt som passande tillägg och de sprödrostade papperstunna skivorna av palsternacka är läckra som det mest syndiga snask.

Den halstrade siken med cocotte på vitkål, jordärtskockor och äpple för 110 kronor är en ren delikatess. Det är svårt att hantera fisk bättre än såhär – köttets sjok faller villigt för besticken och har all sin smak och karaktär i behåll. I den vackra cocotten märks tacknämligt jordärtskocka mer än äpple.

Till båda rätterna serveras kokt potatis skuren i klyftor. Den har kokats något kortare tid än brukligt och därmed behållit en viss grad av tuggmotstånd, som gör den intressantare och mera uppiggande att förtära. Det kunde vara ett lyckat misstag i köket, om inte samma princip applicerats på mungbönorna till tuppen.

Även de läckra desserterna chokladparfait med aprikos-passionsfruktscoulis respektive saffran-vaniljkokta clementiner påvisar en genomtänkt idé, där maten utan att vara trist mager eller återhållen ändå behåller en spänstig nyttighet, som gör att man har energi och lätt sinne även efter en trerättersmåltid.

Detta tillsammans med så måttliga priser att två personer

klarar sig med under 700 kronor, samt det faktum att krogen är tillhåll för unga kulturknuttar, vilket så att säga bidrar till underhållningen, gör att man inte kan undanhålla La Couronne den tredje stjärnan. Också baren i källarvåningen har sina många poänger.

PÅ MUGGEN   BETYG: två rullar
Toaletterna, som saknar könsbestämning, är flera till antalet och smått kallt kliniskt prydliga och rena.

Tabemono, 1997

Vårfrugatan 8 A, Lund   BETYG: tre stjärnor
Den är inte alldeles lätt att hitta till, Lunds lilla japanska krog med det anspråkslösa namnet "saker att äta", där den ligger inne på gården i ett hus vid Botulfsplatsens tämliga kakofoni av bussar, bilar och passerande folkliv. Men den som ändå lyckas hamna här ska nog se det lite som en guldfyndighet.

Läget har en närmast idyllisk charm på den avskilda gården, där det också finns flera utomhusbord – en välkommen resurs när vädret vill, eftersom krogen inomhus inte har alltför många platser. Den är inte stort mer än ett krypin, eller en studentlya, med köket så gott som mitt i lokalen och ett smärre antal höga bord med långbenta pallar som sittplatser. Det är förstås inte så fasligt bekvämt men det skänker i alla fall en lättsamhet och spänst åt middagen.

Borden är rödaktiga till färgen och väggarna mestadels vita, annars är det en djupblå färg som bildar tema åt inredningen – samma färgton och samma dominanta användande av den, som hos konstnären Yves Klein. Det ger en märklig rymd åt den trånga lokalen. Både inne och ute spelas välvald musik – inte så lite blues – på trivsam volym.

Menyn är inte så gruvligt omfattande som ofta hos restauranger med österländsk mat. Här finns tio smårätter – närmast tilltugg – för enhetspriset 33 kronor, men man kan välja sex av dem för jämnt 150, vilket är ett utpräglat japanskt sätt att äta på. Varmrätterna är en dryg handfull, däribland yakisoba för 95 och yakiniku för 115. Sushi finns i tre storlekar, för 85, 119 respektive 155 kronor. Dyrast på menyn är den andra rätten med rå fisk, sashimi moriawaze, för 175. Desserterna är blott två – dels japansk glass för 38 och dels den glada anomalin med en amerikansk cheesecake för 52. Till synes allt på menyn finns också för avhämtning.

Här finns förstås såväl öl som vin, av förstnämnda också ett par japanska sorter, som i och för sig inte är de billigaste alternativen. En flaska Sapporo kostar 43 kronor – men det är också en stilig flaska. Vill man vara riktigt traditionellt japansk, vilket inte längre lär vara fallet ens med japanerna själva, bör man dricka det gröna teet ocha till maten, vilket här kostar 18 kronor.

Hos personalen råder en munter för att inte säga lycklig stämning, där de ledigt hjälps åt och skojar med såväl varandra som – ändå respektfullt – gästerna. De ger verkligen intryck av att ta allt på lek, även när det brådskar och gästerna blir många.

Maten är en upplevelse som överträffar de många andra poängerna. Köket gör sig stort besvär med råvarorna och presentationen, precis som i god japansk tradition. Porslinet är noga valt, alla de många olika varianterna som finns, anrättningarna är små konstverk – och ändå blir man inte ett dugg besviken när man tar för sig av dem.

Bland småtugget för 33 kronor styck har den japanska omeletten en form som påminner om medeltida befästningsverk och en smak med skönt rundad sötma, bläckfisken är osedvanligt mör och saftig, den inlagda laxen skapar av denna välbekanta fisk en ny angenäm upplevelse. Det är inte en genuint och exklusivt japansk smak som varit gällande i komponerandet av dessa små delikatesser – här har också ett svenskt sinne tillförts, i en kulturkrock med utmärkta följdverkningar. Man frestas allvarligt att beställa alla tio varianter.

Tabemonos sushi är inte lika överväldigande men inte alls någon besvikelse. Fiskbitarna är vackra, om än inte allihop i bästa tänkbara dager, och riset som de draperar har uppenbart ägnats en viss kärleksfull omsorg. Mellanportionen för 119 kronor har sex bitar av den sort som draperas med fisk – eller i ett fall omeletten – och fyra bitar rullade i sjögräs. Det är god valuta för pengarna.

Shake teriyaki, den grillade laxen för 105 kronor, är samma sorts höjdpunkt som smårätterna – en stor och livfull bit lax med fin färg, överströdd med sesamfrö. Tre sorters grönt serveras till – den starka koreanska blandningen kimchi, en röd inlagd ingefära, samt inlagd gurka i lövtunna skivor. Riset till är fylligt och generöst portionerat.

Japanska krogar är kända för att vara dyrbara men här får man glufsa i sig en hel del för att passera 500 kronor. På andra ställen blir summan lätt den dubbla. Ändå är förtäringen klart angenämare – för både öga och gom – än hos många av konkurrenterna, dessutom är stämningen inte mindre angenäm. Sådant ger förstås stjärnor i boken.

PÅ MUGGEN   BETYG: en rulle
Den enda toaletten i hyfsat skick är handikappanpassad, med japansk karta på ena väggen och dess flaggas röda sol målad på den andra.

Brogatan, 1997

Brogatan 12, Malmö   BETYG: tre stjärnor
De senaste åren har Brogatan fått konkurrens när det gäller stil, snits och nivå – men inte tappat ansiktet för det. Här erbjuds gästerna en kompetens och kvalitet som känns orubblig. Konceptet tycks vara som gjort för att stå emot tidens tand.

Inredningen är mycket genomtänkt och placerad precis på den lyckade gräns där det finns ögonfägnad men inte till den graden att gästerna själva hamnar i skugga. Miljön är lagom pittoresk, lagom medveten och påträngande. Direkt vid entrén är den rymliga baren, där möblemanget troget följer syftet – att ta några glas och umgås i ledig stil. Matsalen är långsmal med två bordsrader från ena änden till den andra – vita dukar förstås och en inbjudande renhet.

Gästerna sitter på detta finurliga vis så att de kan umgås otvunget över sällskapsgränserna men också kan låta bli. Det betyder förstås att man gärna växlar några vänliga ord med sina grannar, just för att man inte känner att man måste.

Serveringspersonalen är tveklöst kapabel, samtidigt som något otvunget i hela krogens väsen ger känslan av att allt liksom sköter sig självt, men de är också ibland snudd på arroganta. Det hör säkert till stilen och stör inte nödvändigtvis, kanske är det många som beskriver det som charmigt. Ändå ger denna attityd intryck av en viss stöddighet. Nå, de har sina skäl för det.

Menyn är av behärskat omfång och varieras från tid till annan. Maten är överlag mycket vällagad och ytterst prisvärd – så pass mycket får man för pengarna att man undrar hur det är möjligt. Ja, det kan kännas som om man som gäst blir tillhandahållen rena allmosorna.

Handfullen förrätter håller sig runt femtiolappen, med fisksoppan i helportion för 75 som undantag i högre prisklass – men den är väl mer att beteckna som huvudrätt. Halvportionen kostar 55. Varmrätterna håller sig tätt inpå hundralappen, på båda sidor om den. Dyrast är oxfilé för 145. Desserterna kostar som förrätterna.

Man kan också välja två olika trerättersmenyer. Den ena praktiskt taget bortskänkes för 120 kronor – denna gång bestående paté, färska halstrade sardiner samt äppelkompott med skorpor. Den dyrare menyn kostar 220 och består vid vårt besök av krabbsoppa, rådjursstek och körsbärsparfait – man kan alltså lugnt påstå att också den är rena fyndet.

Brogatans kök står med fötterna i svensk husmanskost men

med huvudet fullt av upptåg och experimentlusta – ej heller så lite humor. Det är en mycket lyckad identitet, som säkert bidrar till att man knappast kan bli besviken på någonting som serveras här.

Bland förrätterna prövar vi ovannämnda fisksoppa i den halva portionen, som visar sig vara så tilltagen och mättande att större tilldelning knappast vore nödvändig ens om man inte åt något mer. Det är inte särskilt mycket fiskbitar i den, i stället generöst med musslor i sina skal, dessutom bland annat selleri och strimlade morötter. Soppans spad är härligt krämigt och samtidigt såväl kryddigt som lent. Marinerade skockhjärtan med prosciutto för 55 är också ett glädjande möte med förträffliga råvaror presenterade på ett lagom stökigt vis – kanske kunde man ändå önska att den ljuva prosciuttoskinkan hade fått en mera lågmäld inramning än de ganska skarpsmakande bitarna kronärtskocka.

Varmrätten marulkskinder med apelsin och fänkål för 110 låter så lustig att den inte kan undgås. Fiskens kött, väl hanterat av köket, har just den spänst och karaktär man kunde hoppas på och rättens komposition är för dessa kinder såväl klädsam som fyndig.

Ännu lustigare står den kokta rimmade tjuren med rotmos för 100 kronor jämnt fram på menyn. En tjur – jovisst, och inte att leka med. De två bitarna av det kravmärkta köttet är underbart välsmakande, möra och perfekt saltade. Det är hälsokost för en livsnjutare! Även rotmosen är skön med sin fyllighet, spänst och avvägda svartpepparkryddning. Också såsen som det hela vilar på är märkbart god på ett friskt vis.

Av efterrätterna prövar vi den hemlagade glassen för 50 kronor, som kommer i tre oliksmakande skopor med jordgubbssås. Den söta glassen är ingen besvikelse – i synnerhet inte den på vanilj. Creme caramel för 45 kronor är också framställd enligt konstens alla regler, så den slinker glädjefullt ner även om man dessförinnan ätit sig mer än mätt.

Eftersom notan – med vin – knappt orkar upp till 700

kronor, betalar man den med samma förtjusning som man ätit med.

PÅ MUGGEN   BETYG: *tre rullar*

Toaletterna är överdådigt inredda med en del rena utställnings-föremål, dessutom välskötta och funktionella. Måste ses.

Sofiero slottsrestaurang, 1998

Sofiero   *BETYG: tre stjärnor*

Man kan knappast tänka sig en fagrare entré till en krog än den prunkande park alldeles invid havet och det ståtliga slott som huserar Sofiero slottsrestaurang. Inte heller är det mången inredning som bräcker de exklusivt möblerade salar som gästerna har att ta plats i, där kungaporträtt, förgyllningar och andra lyxigheter trängs med varandra. Inramningen är rent konungslig, vilket också historien ger bokstavlig bekräftelse på. Utsikten mot ett klart skönjbart Danmark på andra sidan vattnet är inte heller fy skam.

Ändå är det menyn som inger den största respekten. I sin enkla uppbyggnad är den närmast genial. Den består av två sjurättersmenyer som i sin helhet båda kostar 625 kronor, men man kan trappstegsvis välja att nöja sig med färre rätter ner till tre, som då kostar 395 – och det står gästen fritt att kryssa mellan de båda kompletta förslagen. Voila!

Nu är det så med omfattande menyer att de först och främst ska utgöra en genomtänkt helhet, en komposition som ger förtäringen av dem en känsla av äventyrsresa, startandes i ett smakrike och landandes i ett helt annat – med varje etapp på resan i skön harmoni eller kontrast till den föregående. Därför är det vanskligt att göra avsteg från en sådan meny – om den är begåvat sammansatt. Det är båda förslagen på Sofiero. Här syns sanna insikter i det kulinariska tydligt redan vid läsningen.

Med vinlistan är det inte illa ställt, även om man här – i likhet med Kattegat – satsar särskilt på amerikanska viner. Vi får ändå ett intryck av att man på slottet gjort detta med något bättre omdöme. Vidare finns här också av europeiska flaskor ett betydande urval.

Servicen är oklanderlig, kyparen förstår att vara precis så familjär som gästerna känner behag i men glömmer aldrig sina plikter. Man är i goda händer, vilket tillsammans med kyparens glädjefulla attityd hjälper till att krydda maten på bästa sätt.

Den ena menyns resa inleds med en soppa på ostron och blomkål, med två rejäla bitar ostron som trots tillredningen i den sköna soppan behållit så gott som allt av sitt saltvattenstänk och får detta inramat på förträffligt vis. Andra rätten är en ravioli på oxsvans och anklever, båda dessa ingredienser utmärkta, inringade av en drömsk sparrissås.

Fiskrätten är en oklanderlig kräftfärserad rödtunga med en också här ack så skön sås på bland annat fänkål, samt en potatispuré i sarg – och då menas ishockeytermen, ty den inringas av en sådan konstruktion, också av potatis. Lika festligt som välsmakande – purén är dunbolster.

Avbrottet sker med en sorbet på fläder och lime, förvisso aromatisk men inte mer än att den som sig bör gör gommen redo för nästa rond. Det är kötträtten, gödkalventrecote och kalvbräss i purjolök, med en sås på äpple och rosmarin. Köttet har tillretts på det extremt ömsinta vis som vi inte favoriserar, men vi måste medge att det gjorts konstfärdigt. På portionen finns inget annat att anmärka än att den möjligen är något tilltagen för att höra till en så stor meny – fast det torde glädja den med buk mäktigt utrustade.

Ostarna är tre till antalet – det hade varit roligare med en rikare ostbricka att själv välja från – och tämligen udda allihop. Varken brie eller camembert finns ibland dem. Visst är de aptitliga, ändå undrar vi om de kan ha valts mera för att de är rara än de allra mest imponerande. Desserten creme caramel har placerats ovanpå en chokladterrin och berikats med aprikoser – en förträfflig presentation, fast ändå: cremen har en smula svårt att hävda sig på bästa sätt i detta sammanhang.

Den andra menyn inleds av en chevrietarte med gravade tomater – lika synbart enkel som fantastisk. Tarten lyckas vara både lätt och tung, fluffig och spänstig. Den följande hummeroch spetskålsgloben med en apelsinsmaksatt hummercoulis och örtcreme saknar inte bitar av hummerkött. Globen med sin blandning av den jungfruliga kålen och hummerröra är ingen besvikelse – kombinationen är skön.

Fiskrätten är en grillad hälleflundra som berikats med flan av äpple och spenat samt en skysås på schalottenlök, med några stekta lökar i det hela. Det är en stram rätt med en stor bit av den mästerligt tillredda fisken, vilken smakar som om den fortfarande vore vid liv. Vi kan inte minnas att vi någonsin välsignats med en särskilt mycket bättre hanterad fisk.

Här utgörs avbrottet av Champagnesorbet, och det imponerar att man gjort sig besväret med en annan sorbet än till den förstnämnda menyn. Också denna är utmärkt för sitt syfte. Kötträtten som följer därpå är närmast ett litet smörgåsbord av utskuren lammsadel och grillad korv på lamm och vitlök. Till detta serveras tomatsky och en örtfylld röstirulle. Kontrasten är mycket skarp mot den tidigare fisken, ärligt talat hävdar sig inte lammet alldeles självklart mot sin föregångare. Köttet är ordentligt fett, vilket förstås är välsmakande, den lustiga korven känns inte helt nödvändig och tomatskyn kanske en aning för skarp – men njuter av portionen gör man likafullt.

Ostarna är desamma som för den förra menyn, annat hade varit rent krystat, medan deserten består av äpple- och nötflarn med en fyndig sorbet på honung och lagerblad, samt Calvadosskum. Det är en söt och god historia, men kanske ändå lite granna tråkig. Flarnet känns närmast överflödigt men sorbeten och skummet är oemotståndligt förföriska.

Man lämnar Sofiero med den klara uppfattningen att dess anrättningar överträffade till och med dess entrés ståtlighet.

PÅ MUGGEN   BETYG: en rulle

Toaletterna på Sofiero har svart marmor, förgyllda kranar och
frottéhanddukar men också ett visst slitage.

Krua Thai, 1998

Möllevångstorget, Malmö BETYG: två stjärnor
Den blygsamma thailändska restaurangen på Möllevångstorget
inleder med ett illusionstrick: utifrån ser den inte mycket ut för
världen men visar sig inuti bestå av två matsalar med inalles
sådär tio bord – ja, ingen hangar förstås, men inte heller en
skokartong.

Inredningen är enkel men ändå mycket inbjudande. De stora
fönstren släpper in gott om ljus, dessutom är tak och väggar vit-
målade, sistnämnda med mönstrad yta, smala paneler av trä och
dekorerade med några thailändska tavlor i smått naivistisk stil.
Några manshöga speglar finns också på vissa av väggarna, kanske
för att göra lokalen större, fast det inte känns ett dugg nödvändigt.

Utanför fönstren skymmer en byggnadsställning vid husfasa-
den utsikten mot torget något vid vårt besök, men när det arbetet
är undanröjt får vi hoppas att denna krog likt så många andra på
den livaktiga Möllevången ska sätta upp utomhusplatser på den
breda trottoaren. För vår del får gärna varenda krog i staden flytta
ut på gatan sommartid.

Nå, inne i matsalen har borden vita dukar, dessutom mönst-
rade tabletter samt glasunderlägg i samma utförande. Golvet är
täckt av stora kakelplattor, vilket i denna miljö gör ett något för
kallt intryck.

Krua Thai har öppet hela dagen och serverar såväl billig
lunch som middag från en mycket omfattande meny, med hur
många thailändska rätter som helst. Den stora menyn kan man
också dagtid beställa ifrån, om lunchen med sina två ingående
rätter för 50 kronor inte skulle falla i smaken. De har en fast
lunchmeny som är så ordnad att varje dag i veckan har sin lunch-

kombination, alltid med två ingående rätter, och i två utföranden – för udda respektive jämna veckor. Saft, juice eller mjölk samt kaffe ingår i lunchpriset, medan lättöl i ynkligt glas kostar 12 kronor.

Personalen är behagligt vänlig och tillmötesgående, de talar med en accent som ger det svenska språket nya melodiska kvaliteter. När maten är beställd kommer de oombett med en vacker tillbringare citronvatten. Dagens lunch är panäeng nua samt äkta thailändska vårrullar.

Vårrullarna är nätta i formatet och härligt frasiga, en helt annan historia än de varianter som är vanliga på kinakrogar. Den chilisås som kommer i liten skål bredvid är frisk och distinkt, inte särskilt stark men en aning för söt. På tallriken med vårrullarna finns en ordentlig skopa trevligt ris och lite grönt, medan kötträtten panäeng nua serveras i en liten soppskål med lock – rimligt, med tanke på att den med sin myckna sås har soppkaraktär.

Anrättningen har en markant och egen smak med sin mixtur av biffbitar, panangcurry, ymnig kokosmjölk och en smula grönt. Nötköttet är inte precis några delikatessbitar, vilket å andra sidan vore överflödigt i denna kryddiga tillagning, men knappast heller undermåligt. Kokosmjölken har ett skönt sätt att linda in och ändå liksom i bakgrunden understryka den markerade kryddningen, som absolut inte är så tilltagen att det skulle kräva något hjältemod av dess konsument.

Man äter alltså med behag för den rimliga slanten, fast det också måste sägas att två rätter nästan är överord – snarare känns det som två varandra kompletterande delar av en helt måttlig lunchmåltid. Vi känner ändå tillräcklig förtjusning inför den mat vi fått oss till livs, för att gott kunna tänka oss även ett middagsbesök – vilket inte heller kostar belopp som svider.

PÅ MUGGEN BETYG: en rulle
Den propert kakelklädda toaletten är rymlig och snygg, med en välmående krukväxt.

Bantorget 9, 1998

Bantorget 9, Lund **BETYG: *tre stjärnor***

Den pittoreska och åldersstinna stugan i bortre hörnet av Bantorget har hyst diverse krögare, men frågan är om inte den nuvarande rimmar bäst med dess atmosfär. Dessutom omges stugan vid vårt besök av ett alldeles lagom och klädsamt snötäcke. Det ser precis ut som ett julkort från seklets barndom. Krögaren har också förstått att hjälpa på intrycket genom att klä fönstren i granris. Man formligen sugs in, om man passerar inom ett stenkasts avstånd, av dragningskraften hos denna gemyt.

Inomhus är det precis lika inbjudande med lågt i tak och mängder av vinklar, vilka så gott som aldrig är absolut räta. Väggarna har målats med en vilsamt blek senapsgul färg innanför nästan lika blekt mossgröna trälister, golvet har en närmast hudfärgad kakelbeläggning och möblemanget är klädsamt åldrigt. Borden är rymliga men eleganta med sina nakna teakskivor, av stolarna har somliga stoppning och en hemtam patina av långtida användning, andra en smäcker design med mörkt och ljust trä men nakna sitsar som kanske kan fresta på i längden.

Dekorationer är det inte gott om, ej heller mycket utrymme för, men de som finns är iögonenfallande: statyer med antika förlagor, ståtliga venusar i ömmande poser. Armaturen är också, med sin inte fullt lika ålderdomliga stil, dekorativ och elegant.

Det finns också en inre matsal med annat men i tonen likartat möblemang – dessutom en smäcker flygel, som vi hoppas hanteras då och då. Det finns också en övervåning som vi inte har tillfälle att besöka men är outsägligt nyfikna på.

Serveringspersonalen är härligt trevlig och påpasslig, med leenden som vi kan slå vad om är äkta. Deras stora bragder må utföras middagstid, då menyn är frestande och kulinariskt behärskad, men även lunchtid erbjuds sköna uttryck för kostcirkelns spektrum. Dagens rätt ger två alternativ, varav det ena alltid är en pastarätt, för 65 kronor inklusive smör, rejält hembakt bröd, ett par enkla men adekvata salladsblandningar, måltidsdryck samt kaffe. Vid vårt besök är det fråga om lasagne al forno respektive en mandelpanerad torskfilé med kall örtsås. Dessutom finns en veckans vegetariska för samma pris, nu currygryta med mynta-yoghurt och saffransris.

Varje vecka är det slutligen en särskild trerätters affärsme-ny för 175 kronor, en frestelse som i menyn − ovanligt nog − presenteras med mindre anspråk och vältalighet än den visar sig förtjäna. Det är denna frestelse vi faller för.

Förrätten kantarellcappuccino är en fluffigt vispad svamp-soppa, som muntert serveras i kaffekopp. Med det skummade ovanmätet ser detta ut precis som en cappuccino, om det inte vore för den vackert späda timjanskvisten som kröner det hela. Soppan är delikat med sin markanta smak trots den mjuka rundheten, och koppen rymmer − på något märkligt vis − en hel del kanta-rellbitar. Vi är särskilt förtjusta också över den smakfullt avmätta kvantiteten hos denna förrätt − mer än en munsbit, betydligt mindre än en måltid.

Varmrätten är rosastekt ankbröst med apelsinsky och stjärn-anisglacerade persiljerötter, som serveras med läckert ugnsstekt sparrispotatis. Denna rätt dekoreras också − mera ymnigt − med timjanskvistar. De fina skivorna ankbröst har lagts i solfjäders-form över tjusiga bitar persiljerot − ett ytterst välfunnet bidrag − och en sky som med sin rikt aromatiska sötma har precis rätt smak, färg och konsistens för de komponenter som badar i den. Det går att anrätta ankkött mer ekvilibristiskt, men sannerligen inte med någon bred marginal − och det är svårt att finna en komposition som vore mer lyckad i sin estetiska enkelhet.

Efterrätten presenteras i menyn blygsamt som "kaffe & kaka" men visar sig vara en skapelse värd att orda mycket mer om. Den kallas ganska hotfullt för chokladnemesis och är ett bak-verk påminnande om − men vida överträffande − amerikansk brownie. Den toppas av päronklyftor smaksatta med vodka och flankeras av en äggformad klick vispgrädde. På motsatt sida om kakan har med choklad tecknats en triangel som innehåller ett tunt lager av skönt transparent röd jordgubbssås. De av vodkan barska päronklyftorna är en viktig balans mot dessertens övriga sötma. Vi imponeras igen av de välfunna kompositionerna och deras sparsmakade säkerhet.

Ja, här får man en lunch som gör även den tyngsta arbetsdag njutbar – gärna också, vågar vi lova, en middag som heter duga när dagen äntligen är över.

PÅ MUGGEN   BETYG: *två rullar*
Den enda toaletten är mycket vackert inkaklad och tydligt välskött – riktigt trivsam.

Harry's, 1998

Söderg. 14, Malmö   BETYG: *överkorsad stjärna*
Miljön på Harry's känns igen, som om den vore någon världsomspännande amerikansk restaurangkedja, fast vi inte har hört talas om den. Det kunde vara ett stekhus i mellanvästern, eller en särdeles spatiös bar för de rastlösa. På notan heter det "Restaurang Harrys pub", vilket bidrar till förvirringen.

Inredningen är så rik på dekorationer att även det blir kryptiskt – frihetsgudinnan draperad i Stars and Stripes, en modell av ett lokomotiv i så tilltagen skala att inte alltför mycket fattas till förebildens format, och så vidare. I taket finns flera pompösa och identiska kristallkronor, vilket i den annars tydligt amerikanska kakofonin är ett än mer förbryllande inslag. Väggarna har en gul ton med färgglada marmoreringseffekter. Mattan är grön och prydd med Harrys signatur igen och igen. Det gröna går igen i de styva korgstolarnas ryggar och sitsar, medan borden har nakna träskivor och små fotogenlampor som enda utsmyckning.

Allra mest märkbar är den stora baren i lokalens inre, med gott om golvutrymme omkring sig. Här torde krogens hjärta befinna sig, i synnerhet framåt de sena timmarna. Vad gäller matgäster är det dock avdelningen vid fönstren mot gågatan som verkar mest lämpad. Hela lokalen har en stor procent naken golvyta, som kanske framåt natten fylls av stående och spankulerande dryckesgäster, i stil med ett cocktailparty.

Menyn är omfattande och priserna högre än miljön lett oss till att räkna med. Ett tiotal förrätter kostar från 46 för tomat- och pestosallad respektive "sillamaad" med kavring, upp till 95 för Kalixlöjrom. Det finns några soppor också, däribland med musslor på Harrys vis och en fisksoppa, för dryga femtiolappen och något till. Bland varmrätterna är en handfull marina för runt 150, medan kötträtterna är ungefär dubbelt så många för upp till 185 kronor för kalvfilé Oscar. Desserterna är också en handfull – inte alltför originella – i pris runt de femtio. Det finns också en pubmeny med ett tjugotal enklare rätter för strax under 100, som är markant billigare när det är Happy Hour på sena eftermiddagar.

Vinlistan innehåller cirka tiotalet av varje sort, de allra flesta till måttliga priser och aldrig mer än 285 kronor. Urvalet syns oss tilltalande, efter omständigheterna. Med öl är det markant bättre ställt – ett stort antal flaskor, såväl amerikanska som andra nationaliteter, och på kran finns exempelvis Caffrey's både som ale och som stout – 47 kronor för en pint.

Bland förrätterna prövar vi den spanska tomatsoppan för 56 kronor, som påminner om gazpacho vad gäller den tjocka konsistensen av finhackad tomat och den markerade smaken, men denna soppa är – i god ton med årstiden – varm, dessutom toppad med creme fraiche. Ingen märkvärdighet alls, dessutom serverad i en onödigt stor portion, som gör upplevelsen rätt tröttande i längden. Tunnbrödsrulle med lufttorkad skinka och rödlöksmarmelad för 71 är kylskåpskall, vilket inte ger skinkan bästa chans men marmeladen har en intressant kryddig sötma. Upplägget med stora salladsblad utan dressing är slentrianmässigt.

Varmrätten kalvfilémedaljonger med citron kostar 184 och serveras med en vitlökskryddad potatisgratäng. De två köttbitarna ligger ovanpå en mängd grönsaksbitar som brynts helt lätt och omkring detta en mörk sås, som inte är lyckad. Köttet har dock stekts för ihärdigt, vilket i och för sig givit det en karaktärsfull yta – men ett torrt och motspänstigt inre, som gör måltiden svårforcerad.

Örtfylld laxfilé med chablissås och löjrom för 145 kronor är inte heller så glädjande. Laxbiten är stor men inte helt lyckat tillredd, örtfyllningen har föga annan smak än lite sälta, såsen är ymnig men blek i smaken. Av löjrom är tilldelningen i och för sig generös, medan den kokta potatisen har fått ett segt yttre.

Bland desserterna prövar vi brun och vit chokladmousse med fruktsås för 52 kronor. Båda moussekulorna har en trist konsistens och lika trist smak som den närmast tautologiska klicken med undermålig vispgrädde. Harrys creme caramel kostar 38 och är en lagom liten pudding, som fått likt en barockperuk ovanpå sig av vispgrädde, vilket känns överdrivet – i synnerhet som grädden är trist.

Vi har alltså våra betänkligheter vad gäller finesserna hos det som serveras hos Harrys. Därför bekymras vi av prisnivån som jämförelsevis är ganska tilltagen. Med varmrätter så långt över hundralappen kan man på månget annat ställe få betydligt mer raffinerad mat.

PÅ MUGGEN   BETYG: tre rullar
De väldans spatiösa toalettutrymmena en trappa ned har smaragdgrönt kakel och flera andra sevärdheter – ett nödvändigt utflyktsmål.

Grand Hotel, 1999

Bantorget, Lund   **BETYG: 5**
PRISVÄRDE: -   *MAT: UPP*   *DRYCK: UPP*
SERVICE: UPP   *MILJÖ: UPP*   *TOALETTER: -*
Att heta Grand är fordrande, och de många hotellen världen över

med detta namn brukar göra sig ansträngningar att leva upp till det. I Lund är fasaden en mycket god start och det som gömmer sig innanför den är inget Västgötaklimax – varken vad gäller miljö eller det som trakteras.

Inredningen är grandios nog att fylla namnet. Högt i tak, pampiga pelare, möblemang som inte skäms för sig. Här har nyligen skett förändringar, såsom en veranda med generös utsikt mot torget. Möblemanget här skiljer sig från matsalens, bland annat så att här saknas dukar på borden – i stället dekoreras de delikat med snittblommor i smäcker vas. Det ska vara lite lättillgängligare här, det är själva idén, och det fungerar. Om man inte kommit för att imponera på såväl andra som sig själv, sitter man nog mysigast på verandan, som också har sin egen, anspråkslösare meny.

Verandamenyn har en stil som känns igen från alltför många trendkänsliga krogar, med lite lagom priser, lite lagom crossover i kryddning och komposition, och så vidare. Hellre då den riktiga menyn när man nu ändå sitter så galant till. Här är förrätterna runtom hundralappen, varmrätterna näranog det dubbla och efterrätterna strax under samma sedel. Och de är värda varenda krona, fast man måste läsa små uppsatser för att få någorlunda klart för sig vad som erbjuds på faten. Dylika ordkaskader i menyn är särdeles tröttande eftersom de bland alla överord missar att åskådliggöra rätterna. Detta står å andra sidan den tjänstvilliga och kunniga personalen till tjänst med.

De vet också mer än man kunde begära om den än mer imponerande vinlistan. Grand har en proppad källare, som vårdats i decennier och därför visar upp många klassiska skönheter på listan. Man kan hitta viner som numera även Systembolaget bara kan drömma om, men också gudagåvor i så pass behärskade prisnivåer som runt femhundra. Flera fina viner säljs också på glas, enligt en egen liten lista.

Bland förrätterna prövar vi portvinsmarinerad ankleverterrine för 135 kronor – förvisso en rejäl slant, men de fyra lagom tunna skivorna terrine med insprängda äppelbitar är ljuvliga, dessutom serverade med fagert klara och genomskinliga klickar av en utsökt gelé på sauternes, som passar förträffligt. Pilgrimsmusslor inlindade i parmaskinka med gräddkokt champinjonpuré och smörsvängd bladspenat för 95 är en originell anrättning. Den läckra kombinationen av musslor och skinka förhöjdes ytterligare av att befinna sig i perfekt konsistens – musslorna spänstiga och saftiga, skinkan lagom krispig. Purén är len i smaken, kunde kanske fått några korn peppar, spenaten formad till ett litet torn är också något händelsefattig – men delikat är det ändå.

Varmrätten tournedos kostar 195 kronor och serveras här med en lätt gratinerad skiva fransk getost ovanpå. På tallriken finns också en ljummen tomat som skivats och varvats likt spelkort med zucchini. Köttet är fint och tillrett helt enligt önskemål, även om det finns mörare – och mer högrest – tournedos. Till detta serveras en bakad potatis med skön smak och perfekt grad av fasthet, smaksatt endast med smör.

En lustig tradition bland rätterna är Sten Bromans köttbullar för 125, whiskeysmaksatta och serverade med en härlig potatispuré, samt en skysås som i sin enkelhet ändå är bedårande. Köttbullarna är små och nätta med en smak som gör dem smått narkotiskt lockande. Vi hade blott önskat oss en mer markerad stekyta på dem. Det är ändå en festlighet för både gommen och spjuverögat.

Desserten varma hjortron med spettkaka och vaniljglass för 95 är en rikligt tilltagen portion med lätt sockrade bär av fin form. Glassen är härligt tjock och gräddig medan spettkakan har hunnit bli en liten aning seg. Pur Caraibes Mousse kostar 85 och serveras på en bädd av kokos, draperad med kakaogelé. Caraibes är en exklusiv chokladsort med stor – men inte överdriven – andel kakao, som gör moussen till en särdeles angenäm, silkeslen erfarenhet.

Efter den omfattande middagen överskuggar de många njutningarna våra få små invändningar. Då gör det ju inte så mycket att plånboken fått släppa till rejält – fast långtifrån några rekordsummor. Grand har med sin nyordning lyckats bli än mer inbjudande.

Le beau monde, 1999

Västerg. 16, Malmö   BETYG: 5
PRISVÄRDE: -   MAT: UPP   DRYCK: UPP
SERVICE: UPP   MILJÖ: UPP   TOALETTER: -

Vilka som hör till det vackra folket får vara en öppen fråga, men krogen med samma namn erbjuder envar av sina besökare en skön inramning. Bland väggdekorationerna finns flera verk av den inspirerade affischkonstnären Mucha, vars sirliga bilder går igen på ett fascinerande vis i en minst lika sirlig inredning, så att det är svårt att avgöra var tavlorna tar slut och verkligheten tar vid. Smäckert snidat trä lite överallt, fagert dukade bord, en stillsam stämning i en lokal som är alldeles lagom i formatet, sobert intim. Det blir lite granna som att sitta i en behaglig dröm, eller en saga.

På något vis lyckas personalen genom sin lågmält ömsinta attityd upprätthålla, till och med förstärka illusionen. Sålunda erbjuds en upplevelse som är allt annat än vardaglig, utan att för den skull kännas sökt.

Maten lyckas hålla illusionen vid liv – det hade ju varit för sorgligt annars. Köket tar fasta på det belgiska, vilket märks också i det både rika och välvalda utbudet av belgiska ölsorter, som är fullvärdigt kulinariska upplevelser i sig. Här finns förstås Chimay i sina olika styrkor och kvaliteter, några varianter på de fruktsmaksatta ölsorterna, samt även exempel av så udda natur att de måste vara svårfunna utanför Belgien. Det kostar förstås, man får räkna med sisådär 50-lappen per flaska om 33 cl, men de är värda sina kronor. Också vinlistan är lockande, komponerad med god smak.

Menyn är inte särskilt omfattande. Här finns några för-, varm- och efterrätter med priser i de högre – men inte gastkramande

– regionerna. Musslor är sannerligen en belgisk förtjusning, och här erbjuds de i tre olika tillredningar, samt små eller stora portioner, för måttliga 70 till 115 kronor. Dessutom finns en fyrarätters meny för 395 kronor, som är en så trevlig läsning att vi inte kan avstå den.

Rätterna utgör en raffinerad kombination som inger förtroende: först en saffransdoftande musselsoppa, sedan tonfiskcarpaccio, därpå huvudrätten ankbröst med rödvinsbrässerade rotfrukter, och avslutningen i form av en bavarois på vitchoklad. Vattnas det inte i munnen?

Nå, allra först serveras en liten aptitretare, som också den kunde skryta med sig på en meny. Det är några ljuva skivor lax och en ljummen äggröra, som i sin sköna enkelhet ger gommen rent kittlande fröjd. Vi är också imponerade av att aptitretaren är så komponerad att den måste tillredas på ögonblicket, inte bara kan vänta i färdiggjorda högar i kylen.

Den saffransdoftande musselsoppan visar att de kan sina musslor – de är läckra, saftiga, rent spjuveraktigt spänstiga. Soppan, gul av saffran, är en fröjd för ögat men också ett muntert ackompanjemang till musslorna.

Tonfiskcarpaccion serveras med chili- och limedressing, samt några djärva bitar selleri. Denna grönsak är vansklig att kombinera med, men här sitter det mitt i prick. De flortunna skivorna av rodnad tonfisk är tämligen kalla och ofrånkomligt vattniga i konsistensen, vilket får dem att påminna om sorbet – en märklighet som vi har delade meningar om. Vi är dock tveklöst intresserade, så här har givits oss ett litet konstverk att kontemplera över.

Ankbröstet serveras i stiliga skivor vid tärnade, rödvinsbrässerade rotfrukter som har en markant syrlig smak, vilket må vara påträngande men också piggar upp invid det bastanta köttet. Dessutom finns på tallriken en liten form fylld med läcker ostronskivling och champinjon, samt till det hela en prydligt tillredd potatiskaka. Vi måste medge att det går att hitta ännu saftigare och mörare anka, men tillagningen är djupt tillfredsställande.

Efterrätten är en vitchokladbavaroise med cacaocaramel, där puddingen inte alls besväras av den påträngande sötma som annars brukar höra vit choklad till. Det är en underbar dessert, inspirerande även så här i slutet på en omfattande måltid.

Ja, vi har svårt att finna några allvarliga invändningar alls, samtidigt som besöket gjort oss så välmående att vi verkligen inte är på humör att leta. Det kostar onekligen en del, men förutom kaffets 25 är det inte en krona för mycket.

Atmosfär, 1999

Fersens v. 4, Malmö BETYG: 4
PRISVÄRDE: -   MAT: UPP   DRYCK: UPP
SERVICE: UPP   MILJÖ: -   TOALETTER: -

Inför namnet Atmosfär, hur ska en krogrecensent kunna hålla sig ifrån att formulera en handfull bitska ordlekar – allihop menande att just atmosfär skulle saknas på krogen i fråga? Det vore dock att gå för långt – atmosfären må vara ganska stram och puristisk, men den finns. Största invändning vi känner vid vårt besök är mot den konstutställning som smyckar väggarna – trista tavlor med rektangulära färgfält som inte har något aptitligt alls över sig. Å andra sidan avlöser utställningarna varandra med viss frekvens, och vi måste medge att vi hellre irriteras av konstverk än lämnas fullständigt oberörda av dem.

För övrigt känns de höga väggarna kala och fönstren mot gatan är närmast ödesmättat väldiga, men i de blå stoppade stolarna med hög rygg sitter man skönt och borden med dubbla vita dukar är lika behagliga. Dessutom är det framför allt tydligt att det är för det kulinariska som krogens hjärta bankar. Menyn är en stimulerande läsning, likaså – i än högre grad – vinlistan, om än dess framskjutna specialerbjudanden inte alls är lika imponerande som dyrgriparna på efterföljande sidor.

Man äter inte så dyrt här som attityd och terminologi ger

intryck av. Förrätterna ligger oftast en bra bit under hundra, varmrätterna runt 150 och i enstaka fall närmare 200, desserterna kravlar olika långt över 50-strecket. Det är inget orimligt alls med dessa krontal, som köket tveklöst lever upp till. Vi är dock inte alldeles förförda av maten, som kunde ha kryddats med några ytterligare mått inspiration, några stänk fantasi eller dagdröm, som skulle göra ätandet till en minnesvärd fröjd. Eftersom den kunniga betjäningen har många ståtliga ord för de rätter som dukas fram, har vi inför varje fat en uppskruvad förväntan som bara delvis infrias – om än denna del är ett ganska stort bråk.

Förrätten sparrissoppa med tryffelolja för 70 kronor är underbart len på tungan och det raffinerade inslaget av tryffel förhöjer verkligen upplevelsen på ett sätt som är förklarande, likaså är bitarna av sparris så ståtliga som man kan föreställa sig. Den skummiga soppan hade vi ändå gärna fått lite gräddigare och med en något högre temperatur vid serveringen. Serranoskinkan för 75 serveras med mango, paprikabitar, sallad och en chevrecreme som ger hela anrättningen en spännande smak.

Av varmrätterna imponerar vaniljhalstrad gös för 165 kronor stort på oss. Det hela serveras på höjden. Underst ligger mandelpotatisskivor med äppelsky, sedan kinesisk mangold, en delikat selleripuré, samt de två ganska små gösfiléerna toppade med friterad, strimlad rotselleri. De syrliga äppelbitarna bryter fint mot purén och den ytterst diskreta vaniljen. En verkligt spännande smakkombination, som dock sker på viss bekostnad av fisken, vars lågmälda karaktär har svårt att göra sig gällande.

Kreationen på dilamm för 195 kronor har en renhet och diskretion över sig, som både imponerar och samtidigt gör den eleganta portionen mindre minnesvärd. De tre olika inslagen av lamm är i och för sig välfunna, även om levern inte riktigt håller de övriga bitarnas kulinariska nivå. I stället är det, i och för sig förga överraskande, filéskivorna som utgör kreationens dämpade crescendo. Det är djärvt av köket att servera denna anrättning så tillredd att den har ett diskret smakspektrum, en lågmäld mildhet som gör den näst intill anonym. Jo, vi måste applådera, fast våra gommar under en och annan tugga hoppades på någon kryddig smäll. Vi måste erkänna att denna stringens är begåvad, och inte har plats ens för en markerad stekyta.

Krogens variant på tarte Tatin för 75 kronor är baserad på banan, med romrussinparfait, colasås och soltorkade körsbär – ett ymnigt bakverk inte utan visst barnsligt överdåd. Sötman är med flera av dessa ingredienser överdriven – ja, det gäller hela desserten. Vart tog behärskningen vägen? Långt mer behaglig är kardemumma-creme brulée med marinerad rabarber för 55, som utgör en lycklig avslutning med sin både traditionella och smått experimentella komposition.

Vi avtågar alltså nöjda, om än inte överväldigade.

1 r.o.k., 1999

Bergsg. 18, Malmö   *BETYG: 5*
PRISVÄRDE: UPP   *MAT: UPP*   *DRYCK: -*
SERVICE: UPP   *MILJÖ: -*   *TOALETTER: NER*

Den minimala krogen på hörnan av KB:s nöjespalats har genomgått en remarkabel metamorfos. Förr serverades sushi med ganska tillkortakommen ambition – nu bjuds raffinerade maträtter med europeiska förtecken, läckra nog att få även de mest kulinariskt kinkiga att dregla. Och detta till småpengar!

Miljön har också genomgått en viss förändring, om än betydligt diskretare än motsvarande förvandling av kökskonsten. Nu täcks väggarna av ett slags enkla paneler – de ser ut lite som plywood och bidrar en hel del till att göra den akustiska atmosfären behagligare. Bardisken, med sidor av tjocka små glasrutor, breder ut sig närmast ogenerat i jämförelse med den övriga inredningens lågmäldhet. Armaturen är små lampor på kabel, löpande från ena änden av taket till den andra. Dekorationerna är få.

Ej heller borden är många – knappt fler än fem vid vårt besök, trots att golvytan har plats för fler. Möblemanget är enkelt, stolarna med säten och ryggar av plast kanske lustiga på sitt oestetiska vis men också rent förfärligt obekväma. Kyparen med sitt sällskapligt lediga sätt kompenserar mer än väl för obehaget – han sköter servicen med en förtjusning som verkar outtröttlig.

Menyn har några välvalda rätter av varje sort. Priserna är rena allmosorna – förrätter och desserter för knappt 40, varmrätter för lite över hundra. Det som serveras här kunde utan tvekan kosta det dubbla, och ändå vara prisvärt (vi får dock hoppas att krögaren inte tar oss på orden). Vinlistan är måttlig den med, både i priser och sortiment. Flaskorna är en ganska udda samling – årgångarna tyvärr oftast de mindre lyckade. Vi skulle gärna se en och annan pärla bland flaskorna, att möta anrättningarna någorlunda jämbördigt.

Maten är överväldigande. Bland förrätterna prövar vi en halstrad sill med sparris och potatisblini för 35 – djärvt komponerad och presenterad på elegant japansk assiett, som hänger kvar sedan förra konceptet. Det finns en japansk touche över smaken också, speciellt med den marinadliknande skyn, men i sin helhet är rätten europeisk, och synnerligen delikat – sillen skön, blinin ljuv.

Tapas med fem olika assietter för det obegripligt låga priset om 110 kronor borde hellre kallas provsmakningsmeny, för här tävlar fem kreationer om att vara den som kröner gommens smått orgiastiska upplevelse. Även ögonen får festa inför de smäckra små keramikfaten på en rustik långsmal träbricka.

En mustig soppa på ostronskivling innehåller även rejäla bitar av svampen och några droppar tryffelolja som skänker både djup och balans åt soppans sälta. Nästa fat har en delikat liten bit av perfekt tillredd torsk med den självklart spartanska inramningen av skirat smör – fisken är imponerande välsmakande och lagom fast i konsistensen. Några blåmusslor i sina skal är stora och ståtliga, med en färskhet som om de just ryckts ur havet, och de får bada i en traditionell sky som inte alls försöker överrösta dem. En vaktel som trätts upp på litet träspett är den mest iögonenfallande av de fem smårätterna, kanske inte en rakt igenom aptitlig syn för var och en – men en hjälp i att göra dess kött såväl snitsigare tillrett som lättare att förtära. Dess grillyta är mycket försiktig, köttet fast men inte alls torrt, den mörka skyn förhöjer pricksäkert känslan av grillning, och de små frukttärningarna kontrasterar med en lagom och frisk sötma. Lammkotletten med paprikasalsa är den sista och mest kryddiga av rätterna. Köttet är möjligen något torrt – om man ska vara förfärligt kinkig – men det lilla tuggmotståndet är välkommet. Salsan har både markerad kryddstyrka och sötma.

Bland efterrätterna ger vi oss i kast med kompositionen av fem olika desserter på rabarber, för ynkliga 41 kronor – tapas på rabarber, om man så vill. Vilket överdåd! Varje litet fat har sin genomtänkta skapelse, där rabarbern är ett ibland självklart, ibland lekfullt tema. En liten raffinerad bakelse, en skön kompott, en vidunderligt frisk sorbet – ja, det är för många och för intrikata upplevelser för att fånga i denna korta text.

Det finns bara ett betyg som kan komma på fråga för sådan förtäring. Ingen Malmöbo bör bedra sig själv en herdestund på 1 r.o.k. – gommen kan inte få det så mycket bättre. Däremot är toaletten i trapphuset en minst sagt profan upplevelse i jämförelse – och musikens volym höjs allteftersom aftonen fortskrider.

Café Siesta, 2000

Hjorttackeg. 1, Malmö   *BETYG: 4*
PRISVÄRDE: UPP   *MAT: UPP*   *DRYCK: -*
SERVICE: UPP   *MILJÖ: UPP*   *TOALETTER: -*
Siesta passar så väl in i Västers snitsigt pittoreska miljö att man lika gärna kunde säga att det är Väster som passar bra runt Siesta – lite hönan eller ägget.

Det är nämligen så att Siesta på inget sätt ger tecken på en sökt stil, en konstlad anpassning, utan dess karaktär känns minst lika genuin som Västers ögonfägnad till bebyggelse och lugna gränder mitt i Sveriges tredje stad (eller ska man numera säga Öresesundsregionens andra?).

De kunde egentligen servera vad som helst på tallrikarna och ändå locka många gäster – men i den personlighet som är Siestas ingår med samma självklarhet en omsorg om maten, som sträcker sig längre än de med sin egenvalda titel "café" signalerar. Kvarterskrog vore mer korrekt, utan tvekan, och ingen dålig sådan.

Inredningen är trivsamt stökig med massor av patina. Det gäller både för väggarna och deras dekorationer, och för de nakna träborden och biografbänkarna som utgör flera av sittplatserna. Lite punk i stilen, men utan mörkret, eller lite bohem, men utan slarv. Trivsamt är det – och ofta fullt runt borden.

Här är populärt såväl på kvällstid som vid lunchen. Aftongäster erbjuds en kort med lockande meny, där läckert komponerade varmrätter spelar så pass i pris som från 69 till 129, men dyrare blir det inte. På dagtid finns några olika luncher för 50 kronor, eller 55 inklusive lättöl. Kaffe ingår, likaså smör och bröd. Man kan också välja på diverse frestande smörgåsar.

Vid vårt besök är de tre dagens lax- och torskburgare, tacos med köttfärsröra, samt vegetariska vårrullar. Vi fastnar för förstnämnda lustighet, som måste synas i sömmarna.

Lax- och torskburgare serveras med gräslökssås och kokt potatis, samt lite närmast zenbuddhistiskt enkelt ordnad sallad i ett hörn av tallriken – strimlad isberg, gurka och tomat, med en klick ganska neutral dressing. Det är förstås inte ett skvatt originellt, men detta anmärkningsvärt friska grönsaksinslag har en renhet över sig som måste vara genomtänkt. Ändå undrar vi om inte lite örtkryddning i dressingen vore förhöjande – fast kanske då också vanskligare att kombinera med olika maträtter.

Såsen är gul och ger en saffranskänsla även med sin mjuka sötma. Gräslök är det minst framträdande inslaget i den, medan finstrimlad morot märks tydligare. Själva burgaren är fluffig som en wallenbergare, eller kanske en frikadell, med ganska fint mald fisk samt återigen morot. Kombinationen av lax och torsk i färsen är begåvad – den förra fiskens påträngande smakegenskap dämpas och den senares vaghet skärps. Det är en mäkta välsmakande burgare, dessutom tillredd med föredömlig sensitivitet.

Också den kokta potatisen får godkänt – detta standardinslag kan det annars slarvas ganska rejält med, även på bättre krogar. Tallriken dekoreras i övrigt med en citronskiva och en dillkvist, som ett slags prick över i:et.

Det välsmakande brödet till är rejält men ändå mjukt, och även det har lite morot i sig. Ett tema som inte skäms för sig, då morot skänker såväl substans som en fyllighet i smaken – ja, vitaminer har den ju också.

Samtidigt med att den välsmakande måltiden förtärs är man dessutom underhållen av Siestas många färggranna gäster, med kultur i alla dess former som gemensam nämnare.

Personalen är också en fröjd – glada som om de egentligen hade semester, ändå lika hjälpsamma som om alla gäster egentligen vore deras barndomskamrater. Med flera av gästerna, som säkert är mångåriga stammisar, kan det mycket väl förhålla sig så.

Bengtssons ost och vinhus, 2000

Klosterg. 9, Lund   *BETYG: 4*
PRISVÄRDE: UPP   *MAT: UPP*   *DRYCK: UPP*
SERVICE: UPP   *MILJÖ: -*   *TOALETTER: -*

Kopplingen till Bengtsons ostbutik ligger inte blott i namnet, utan även läget: den nyligen öppnade krogen befinner sig på gården invid butiken. Gården är ren och öppen – vi gissar att den kommer att fyllas med härliga utomhusplatser när nästa sommarsäsong kommer. Nu hålls vintermörkret stången genom att gårdshusets klassiskt eleganta vita fasad är upplyst.

Utanför entrédörren står en bastant askkopp, för det är rökfritt i hela lokalen. Innanför entrén finns några enklare bord till vänster och till höger det helt öppna köket, där kocken snitsigt och hängivet arbetar med maträtterna. Den huvudsakliga matsalen är en trappa ner, med fräsch och ljus inredning, många bord täckta med sobra dukar, vita väggar, oxblodsrött klinkergolv och ett tak som täckts in med ljust träplank. Fast vi befinner oss i källaren känns det nästan lika luftigt och öppet som på en terrass.

I matsalens mitt finns en vinkällare med generös inblick, och där ligger mängder av flaskor och frestar – en betagande syn. Vinlistan är också imponerande, i högsta grad, såväl vad gäller det breda och intelligent komponerade urvalet, som den uppenbara ansträngningen för att kunna erbjuda viner med en ålder som är i alla fall acceptabel.

Menyn har en handfull rätter av varje sort, till synnerligen rimliga priser. Förrätterna kostar långt under de hundra, varmrätterna aldrig mer än 220 kronor, i de flesta fallen betydligt mindre. Såsom en liten promenad i ostarnas rike erbjuds osttallrik och ett glas vin för blyga 98 kronor.

Servitören är ett under av omsorg och hjälper kunnigt till med rekommendationer från såväl menyn som vinlistan.

Förrätten pumpasoppa med spröd svamprulle för 65 kronor är en både djärv och elegant avrundad skapelse, där det inte är pumpans sötma som dominerar utan en vuxen, nästan barsk smak som vi möter med förtjust förvåning. Svampbakverket i soppan är ett inslag som i och för sig inte behövs, men som bidrar till det myndiga intrycket.

Sallad på ankbröst, örtsallad, citrusfiléer och valnötsdressing för 70 har stora skivor av rumstempererat ankbröst, med en skön smak och konsistens. Salladen är pepprig, kanske inte så roande, men dressingen lyckas vara både krämig och lätt.

Varmrätten kalvfilé med en puck gjord på krabba, potatis och Västerbottenost, med en sky av salvia och oliver, kostar 185. Det är en mycket enkelt presenterad rätt – perfektion behöver inget effektmakeri – med potatiskaka, sås och filé. Förstnämnda är frasig med ett krämigt innanmäte, där inget märks av krabban men osten är markant. Såsen är vacker med mjuka bitar oliver, smaken är mild och samarbetar perfekt med köttet. Och det är köttet som är höjdpunkten – helt lysande. Så mört att man verkligen inte behöver använda kniven, härlig rodnad inuti och näst intill en kolsvart yta, samt en riktigt kraftig smak som gör varje tugga till en njutning.

Stekt renfilé på lingontagliatelle och kvällens svamp med kanel- och kardemummasås kostar 210 och är en storslagen portion med två rejäla köttbitar, vilka får det att vattnas i munnen vid blotta anblicken och smakar härligt grillat. Någon lingonsmak i pastan går inte att spåra – och kanske lika så gott det – medan såsen, som inte går av för hackor, gör andra smakkompletteringar överflödiga. Rätten tävlar värdigt med kalvfilén om att bli kvällens clou.

Märkligt nog, med tanke på krogens namn, är det osten som imponerar minst på oss. Vi prövar osttallriken för 75 kronor, som erbjuder ett generöst antal ostar i lagom stora bitar. Men ostarna är nu inte de mest spännande eller aromatiska vi har upplevt, ej heller befinner sig alla i sina ideala tillstånd. Ej heller crème brûlée för 69 är utan anmärkning, fast den har fin smak. Dess yta har blivit lite väl bränd för vår smak och fått ett onödigt tjockt skal.

Men vad gör det när vi hittat så mycket annat att förtjusas över? För oss är det solklart att Lund fått tillökning inom den snäva grupp krogar som verkligen kan konsten. Vore det inte för det där med osten, och några andra småsaker, skulle högsta betyget vara en självklarhet.

Stippes, 2001

Davidhallsg. 25, Malmö BETYG: 3
PRISVÄRDE: UPP   *MAT: -*   *DRYCK: -*
SERVICE: -   *MILJÖ: -*   *TOALETTER: NER*

Dagen efter har sina välkända avigsidor. För uteätaren gäller det i allra högsta grad nyårsdagen, då det är riktigt svårt att hitta en öppen krog. I Dygnet Runts sammanställning över öppettider, som publicerades strax före helgerna, var det bara 14 av de 53 inkluderade Malmökrogarna som hade öppet nyårsdagen – och somliga av dem inte precis matställen. För Lund var det ännu tristare: bara en av 19, och dessutom blott dagtid.

Om nu Malmö med bro och allt ska spela i den kontinentala ligan så är detta en Akilleshäl – å andra sidan är det inte alls bara i Sverige som stora helger får det mesta att bomma igen. I det tunna utbudet väljer vi att smörja kråset os en restaurang som är välkänt – för att inte säga ökänt – pålitlig just de udda tiderna. Stippes, ett stenkast från Triangeln, är nattvandrarnas oas sedan hur många år som helst. Och visst har de öppet även på nyårsdagen.

Här serveras förvisso inga gourmetmenyer, det är hamburgare som gäller, och till detta inget starkare än läsk och lättöl, men detta görs – efter omständigheterna – med den äran. Dessutom har Stippes gäster som stundtals skulle få en Fellinifilm att blekna. Somliga är tyngda och slitna av föregående festligheter, andra av ödets ibland grymma lott, åter andra av födsel och ohejdad vana. Personalleriet är lika fascinerande som det ibland är besynnerligt, då och då rentav skärrande. Tråkigt kan det aldrig bli – ej heller vid vårt nyårsdagsbesök, fast timmen är långtifrån sen.

Miljön är inte lika talande. De stora fönstren och den flitigt använda ingångsdörren gör att lokalen så här års inte håller någon särskilt komfortabel temperatur. Det är faktiskt ganska kallt – men där kan vårt dagen-efterhumör vara bidragande, likaså de enkla skolstolar utan någon som helst stoppning, vilka möter baken med en nästan bitande kyla. I fönstren står små palmer, måttligt prunkande.

Borden har stålram och rödflammig marmoryta, utan annan dekoration än en ketchupflaska. Det är också snålt med utsmyckning på väggarna, som är vitmålade ovanför panelerna av marmor i annan färgton än bordens. Den vita färgen har i alla fall givits en parallellogrammönstrad struktur och enstaka, nästan osynliga, inglasade affischer. Lokalens mitt är upptagen av den stora bardisken som inringar grillköket. Vid en vägg finns några spelautomater och vid motsatt vägg en Wurlitzer jukebox av klassiskt prålig utformning.

Toaletterna får förstås ta en hel del stryk på en dylik inrättning, så det är förståeligt att de inte är så tilldragande. Men ibland har nöden ingen lag.

Menyn är inte alltför omfattande med sina variationer på hamburgarrätter. En stor hamburgartallrik med 150 grams burgare, samt både bröd och pommes, kostar 40 kronor i ett specialerbjudande som syns vara konstant – fast det gäller bara fram till klockan 23, och det vet varje Malmöbo att det är först därefter som det verkligen börjar röra sig på Stippes. Med läsk för 13 kronor blir det summa 53, vilket ändå bara är några kronor från det ordinarie priset om 60 för samma kombination.

Tallriken med 90 grams vitlöksburgare kostar 51 kronor, en dansk burgare med remoulade 40 inklusive läsk, vidare finns på menyn exempelvis några varianter på vegetarisk hamburgare och riktiga köttbitar i grillbarsmässig inramning – sistnämnda för strax över 60 kronor. Kaffe kostar 10.

Vi ger oss på den stora hamburgartallriken, som är ett välfyllt fat där burgaren famnas av ordentliga brödskivor, flankerade av pommes frites som beströtts rikligt med paprika, vilket ger såväl smak som en trevlig färgupplevelse. Dessa smäckra pommes har annars inte fått så mycket av den ideala gyllenbruna färgtonen i fritösen, men deras konsistens är alldeles utmärkt ändå. Isbergssalladen med sin spröda färskhet är riktigt imponerande.

Den röda dressingen på burgaren har tydlig karaktär och välfunnen smak, som också gör intryck. Själva hamburgaren, slutligen, är av en ganska grovmalen färs och har fått en tydlig stekyta. Den är riktigt god, med spänst för tänderna att hugga in på och smak som inte går att klaga på.

En riktigt anständig hamburgartallrik, alltså. Vi kan förstå varför Stippes erbjuder ett så pass etablerat mål – inte bara för nattvandrare eller nyårsdagens vilsna själar.

Fu Hao, 2001

Köpenhamn	BETYG: 5	
PRISVÄRDE: UPP	MAT: UPP	DRYCK: -
SERVICE: -	MILJÖ: -	TOALETTER: NER

En riktig pärla gömmer sig i det mest oväntade kvarter, strax bakom centralstationen, på vad som måste kallas en bakgata. Här får man en skön stund för gommen som knappt ens kliar i plånboken.

Den kinesiska krogen Fu Hao uppvisar inget som röjer att den har mer att ge än vad vi vågar vänta oss. Inredningen är som på vilken kinarestaurang som helst, med en bråte av färger, röd heltäckningsmatta, textiltapeter med pråligt mönster i rött och vitt, snirkliga lampor, drakornament och så vidare. Borden har ockrafärgade vaxdukar samt tabletter av plast med fyrfärgstryckta gulliga kinesiska motiv.

Den ordinarie menyn är också hur konventionell som helst, med det vanliga utbudet av i huvudsak kinesiska rätter till priser som inte är lägre än brukligt – men så finns en särskild meny med smårätter, dim sum, som man märkligt nog får säga till om, för att alls få se.

Denna kopierade A4 med både fram- och baksidan fylld av smått, till lika små priser, är ett fynd. Det är väl ett sextiotal inalles, från ett par tior upp till 65 danska kronor. Man kryssar i rutor för vad man vill ha.

Samtliga smårätter vi prövar är delikata. De kantonesiska vårrullarna med räkor inuti för 24 kronor är osedvanligt frasiga och aptitliga – dessutom serverade med en härligt frisk råkost på morot och vitkål i raffinerad dressing. Sötsur papayasallad med nötter för 20 är spartansk men mitt i prick med sin kryddiga friskhet, och Cheuung Fun-räkor för 25 är en intressant delikatess: nästan genomskinliga crepes med spänstiga räkor inuti, samt försiktiga stänk av en ytterst delikat soya på tallriken.

Pudding på vattenkastanj för 25 är geléartad med raffinerad smak och diskret sötma. Dess färg är dunkelt grön och kanterna är frasiga. En förbryllande anrättning, men mycket behaglig.

Ja, det är idel inspirerande delikatesser, och vi misstänker att alla de andra sisådär 60 varianterna kan vara lika stora upplevelser. Här borde man tillbringa en hel dag, för att hinna igenom betydligt fler av dem.

Men man bör kanske hålla sig då, för toaletten är aningen primitivt ordnad med en dörr som inte sluter tätt och fönster med viss insyn från gården. Alltså: öppna munnen stort, och knip igen i andra änden.

Skanörs Fiskrögeri, 2001

Hamnen, Skanör   *BETYG: 5*
PRISVÄRDE: UPP   *MAT: UPP*   *DRYCK: -*
SERVICE: -   *MILJÖ: UPP*   *TOALETTER: -*

Detta år blev det en balanserad upplevelse för oss, när vi åkte runt och prövade några skånska krogar: två besvikelser och två positiva överraskningar. Låt oss börja med de goda nyheterna, och då först en färsk uppenbarelse bland matställen – Skanörs Fiskrögeri, som håller stenhårt på den skånska stavningen.

Vägen ut till hamnen i Skanör pekar rakt mot havet, och kantas av stora och ståtliga segelbåtar, vid vårt besök alltjämt på torra land. Fiskrögeriet med sina två vita skorstenar – belysta nattetid – ligger bara stenkastet från vattnet och lyckas över detta korta avstånd behålla allt det viktiga av vad havets charm är.

Fast deras råvaror skulle få de flesta mästerkockar att dregla, håller Skanörs Fiskrögeri en enkel, närmast lekfull ton på sin krog. Direkt innanför entrén finns butiken, som säljer dessa läckerheter över disk, medan matsalen är rent och rustikt inredd med mestadels naket trä. Stolarna saknar stoppning och blir lite hårda mot ändalykten med tiden – men så har ju krogen en trio snapsflaskor som radas upp på bordet, så att gästerna själva kan ta för sig. Då mjuknar man.

Snapsarna är inte iskalla, men inte heller fickljumna, utan just vid den temperatur då deras smak och bett bildar ett förhöjt möte. För övrigt finns förstås också några ölsorter, samt en liten men fungerande vinlista.

Menyn har naturligtvis i huvudsak marin mat. Förrätterna kostar sisådär runt de sjuttio och varmrätterna omkring 150, desserterna i trakten av femtiolappen. Inte särskilt dyrt, alltså – men oj, vad man får för pengarna.

Vi börjar med de vitvinskokta blåmusslorna för 80 kronor, som blandats med krossad tomat och färsk koriander – en originalitet som har tydliga smakpoänger utan att stjäla uppmärksamhet från musslorna. Och väl är det, för musslorna är fantastiska – redan i den vackra mahogny som skalen skimrar av, men framför allt deras vällustigt saftiga, stora och underbart porösa innanmäten. De smälter på tungan – hur ofta kan man säga det om musslor? Bara med musslorna gör sig krogen förtjänt av högsta poäng.

Som huvudrätt måste vi pröva Rögeriets blandade godsaker för 145, som ger en symfoni av vad de har att erbjuda – både rökt och orökt. Det är en skön blandning av lax i olika tappning, musslor, makrill och flera sorters sill, dessutom ett litet byggnadsverk av Västerbottenost och såväl mjukt som hårt bröd. En delikatesstallrik som man gärna länge uppehåller sig vid.

Bland efterrätterna gör vi ett fynd: en liten och lätt dessert, uppfriskande och söt utan att bli ett dugg krävande – ett sådant val borde finnas på varje krog. Här är det blodapelsinfrappé som erbjuds, för blott 25 kronor. Det är i stort sett en isglass på blodapelsin som körts i mixer – både frisk och syrlig, mer uppiggande än kaffe.

Matsalen är endast öppen på kvällstid – men annars finns ju butiken, där det också nappar överdådigt.

Mandarin, 2001

Södra Tullg. 4, Malmö   *BETYG: 4*
PRISVÄRDE: UPP   *MAT: UPP*   *DRYCK: -*
SERVICE: UPP   *MILJÖ: NER*   *TOALETTER: -*

Av asiatiskt kök finns en väldig spännvidd mellan högt och lågt. En del restauranger med till exempel kinesiskt eller thailändskt på menyn syns så gott som uteslutande tänka ekonomiskt, varför det blir lagom roligt på tallrikarna, medan andra går in för dessa avlägsna kokkonster med liv och lust – oavsett kökspersonalens egen etniska hemvist.

Mandarin, som håller till invid kanalen, har en uppenbar ambitionsnivå, som också beledsagas av en inbjudande munterhet, fast i en ganska stel miljö.

Maten har inslag av såväl Thailand som Japan och annat ostasiatiskt, medan inredningen är tydligt västerländsk – i den renskalade stil som numera tycks närmast ofrånkomlig och därför kvickt håller på att förlora sin estetiska charm.

Krogen har en gatuvåningsbar med enkla pallar och servering av snacks, medan övervåningens stora matsal har inretts liksom lite hamburgarrestaurang, fast mera chic. Grått linoleumgolv, kala vitmålade väggar, dito tak, släta långbord med enfärgade perstorpsskivor, vadderade sittbänkar utan ryggstöd. Bänkarna är inte oangenäma, men någon längre sittning i bekvämlighet är inte att räkna med. Bordsskivornas färger rör sig i ett slags pastellspektrum – blekgrön, turkos, lime. De har inga dekorationer, men ställ med pappersservietter, engångsätpinnar, chilisås och soya.

Lamporna är ett stort antal identiska vita veckade klot, musiken ur högtalarna modern och inte inställsam. I fönstren finns originella arrangemang med kärva gröna växter och svarta stearinljus som smält till lustiga former. Utsikten är mot kanalen och gångbron över den, en fascinerande vy fast här nu sker ett intensivt byggarbete.

Matsalen har en liten bar i gult och träfanér. Den tjänar nog enbart som station åt den vänliga och hårt arbetande personalen – utrustad med små datorer för beställningarna, som sänder trådlöst till köket.

På lunchtimmarna erbjuds två dagens för 50 kronor – vid vårt besök dels biff Chop Suey, dels kyckling med rostad chili, vitlök och kokosmjölk. Men det går också bra att ta för sig av vad som helst på stora menyn, med ett brett utbud av rätter.

Här finns ett rikt sortiment av sushi till hyfsat låga priser – exempelvis 15 kronor styck för laxsushi, och 20 för vitfiskdito. De nio smårätterna är lagom att tjäna som förrätter, och kostar från 39 till 49 kronor. Här finns kycklingspett med jordnöts- eller teriyakisås, vårrullar och kinesiska eller japanska degknyten, med mera. Man kan också välja på ett par sallader, nudlar och soppor, samt 14 olika huvudrätter från runt 60 för olika österländska pyttar, till 125 för lammracks, anka och havsabborre.

Drycker finns i alla alkoholklasser, ett hyfsat men inte överväldigande sortiment.

Som förrätt prövar vi Tod Man Pla, stekta fiskplättar med koriandersallad och syltad gurka för 39. Salladen är markant och intressant smaksatt, medan fiskplättarna är roliga att pröva men inte lika aptitliga. Det blir lite trist med fisksmaken i denna förpackning, fast de har en vacker stekyta och lagom frasig konsistens. Nå, det är säkert en fråga om tycke och smak.

Den stora varmrätten grillad havsabborre med asiatisk BBQ, grönsaker, sötbasilika, pickles och ris för 125 är en överväldigande kreation. Fisken är rejäl – den täcker så gott som hela tallriken – och har grillats tillräckligt tufft för att få en spretig, för att inte säga dramatisk yta. Den har snittats upp i lagom stora bitar för att man lätt ska komma åt köttet, också om man äter med pinnar – vilket nog ändå inte helt är att rekommendera annat än för de riktigt fingerfärdiga.

När vi någorlunda kommit över den visuella prakten och tar för oss av fiskens kött, blir vi glatt överraskade – trots att den grillats så ordentligt är dess innanmäte mjällt och saftigt. Det är

skickligt gjort. Det smakar också alldeles utmärkt, varför det inte
är alldeles omöjligt att man även med måttlig aptit tar sig igenom
det allra mesta av fisken. Grönsaksblandningen som havsabborren
vilar ovanpå är passande till den, men kommer lika mycket för
gommen som för ögonen i skuggan av fisken. En riktigt festlig
måltid.

Mai Thai, 2001

Erik Dahlb. 3, Malmö BETYG: 4
PRISVÄRDE: -   MAT: UPP   DRYCK: -
SERVICE: UPP   MILJÖ: UPP   TOALETTER: -
Det har hänt en del med inredningen sedan Qvarterskrogen
David höll till i lokalen – här har blivit brokigare och busigare
i dekorationerna, när krogen blivit thailändsk. Smyckningen har
inte givits en särdeles thailändsk prägel, snarare en lekfullhet
utan särskild kulturell bindning.

I gatuplanet finns ingången och en liten bar, och en trappa
ner i källarlokalen ligger matsalen, uppdelad i små separata av-
delningar, där bland annat långbänkar med många lösa kuddar
erbjuds att sitta på.

Det lekfulla understryks av att en vrå av källarlokalen fått ett
färgsprakande lekutrymme för barn med bland annat minibiljard
och hängmatta. Intressant idé, sällan sedd utanför hamburger-
restaurangerna, att ha ett särskilt utrymme för barnen att roa sig
på krogen – de brukar ju tröttna rejält på att sitta med föräldrar-
na vid matbordet i timma efter timma, oavsett hur man försöker
muta dem med kolsyrerika drycker och tornande glassbägare.

Men här har man kul också som vuxen, såväl genom betjä-
ningen som maten. Servitriserna är ett synnerligen gladlynt gäng,
som gör trivseln så gott som garanterad – och detta utan att för-
summa sina grundläggande plikter mot gästerna. Att krogen är
ett familjeföretag kan vara förklaring till den uppenbara trivseln
och lediga stämningen.

Vad gäller maten har den ett thailändskt tema, men inte som på de flesta thaikrogar ett stort antal enkla och väldigt billiga rätter. Här är menyn i stället måttlig i omfånget, om än inte alls snäv, och rätterna är såväl noga valda, som intressant och elegant sammansatta. Thaikök med kulinarisk ambition.

Priserna är förstås därmed markant högre än det vanliga – annat vore helt enkelt omöjligt med denna ambitionsnivå. Förrätterna kostar sådär femtiolappen och en bit upp, varmrätterna halkar lätt en bit över hundralappen och desserterna ligger strax under de femtio. Inte särskilt dyrt, alltså, om man jämför med vad krogar med västerländsk mat plägar kräva.

Allt vi smakar visar sig vara raffinerat tillagat och framför allt kryddat. Det finns en mångbottnad och samtidigt harmonisk kvalitet i rätternas smaksättning, som imponerar på oss. Gommen bränns inte av stark kryddning, även om sådant förvisso också kan erbjudas, utan uppmuntras i stället till en finstämdhet, och det mesta har en varaktigt fascinerande eftersmak.

En halv portion av soppan tom yam för 49 kronor duger utmärkt till förrätt. Den lilla skålen kan göra storätaren snopen, men just som start på en middag är det alldeles lagom, och soppan känns igen från mången thaikrog också med sin kryddstyrka men har här en särdeles fin arom och smaksammansättning, som ger en känsla av kvalitet. Också räkorna i soppan är fina och vackert presenterade.

Till varmrätterna serveras ett alldeles utmärkt vitt ris i särskild skål, redan i sig självt en angenäm bekantskap.

Gai phad ki för 115 är en sauterad kyckling med chili och vitlök, som också den gör sig bemärkt med en stillsamhet och harmoni i smaksammansättningen, fast ingredienserna ger intryck av att kunna spreta. Kycklingen är riktigt fin i köttet, vilket är en glädjande överraskning, och vitlöken ligger blott som en bakgrundston.

Pla Koh Samui för 109 är en skickligt tillagad fiskrätt med red snapper i kokos och curry. Fisken, som det kunde vara rikligare av, är trevlig och den myckna såsen har tydligt curryinslag, men också i denna rätt är kryddningen mildare och smakerna mer så att säga europeiska än vi är vana vid på thailändska krogar. En frisk broccoli ingår också i anrättningen, som i sin helhet är god men inte mirakulös.

Desserterna är inte lika fascinerande som övriga rätter, men inte heller plågsamma. Bananpannkaka för 49 kronor är en vanlig pannkaka som vikts och fyllts med skivade bananer i en krämig söt sås. Glass serveras också till, samt en orkidé som med sin säregna form och färg gör oss tveksamma till om den egentligen bör förtäras – en fröjd för ögat och en exotisk ingrediens på fatet är den hur som helst.

Falafel N. 1, 2002

Österportsg., Malmö   *BETYG: 4*
PRISVÄRDE: UPP   *MAT: -*   *DRYCK: NER*
SERVICE: UPP   *MILJÖ: -*   *TOALETTER: -*

Man kan ibland bli duktigt förvånad vid restaurangbesök – ungefär enligt samma princip som det heter att man inte ska döma boken efter omslaget.

Österportsgatan är varken central eller särskilt lång, dessutom långt ifrån en genomfartsled, så den är lätt att gå förbi. Dess falafelrestaurang är inte heller särskilt iögonenfallande. Denna tid på året finns ett par ytterst enkla bord på trottoaren, som jämte den bullriga typografin i skyltningen snarast ger intryck av en grillkiosk – men inomhus är det överraskande spatiöst och ombonat.

I första rummet, med serveringsdisken, är både möblemanget och inredningen av alldaglig karaktär, näst intill anonym. Den inre matsalen är dock riktigt vällustigt inredd. Här sitter man i bulliga soffor med grönskimrande klädsel, borden täcks av dukar med orientaliskt mönster under glasskivor, golvet är marmor, väggarna målade i en gulton som med sin mönstring minner om förgyllning.

På väggarna finns dekorationer stinna med arabisk kultur, men mesta blickfång är den tilltagna fiskdammen i lokalens mitt, av samma marmor som täcker golvet. I kanten på den står en liten palm, och ur vattenytan reser sig en minimal fontän, porlande diskret och musikaliskt. Ur högtalarna kommer arabisk musik med en volym som är ganska tydlig.

Toaletten visar sig vara två, och riktigt rymliga, dessutom med ett förmak som inte heller är snålt tilltaget. Däremot är dessa utrymmen lite slitna, i jämförelse med den övriga inredningen.

Som restaurangens okonstlade namn indikerar, är sortimentet falafel, kebab och liknande, till försvinnande låga priser. En stor falafel kostar 15 kronor, dito med kycklingkebab 25, och extra stor 35. Olika varianter och kombinationer på detta tema erbjuds i priser upp till 40. Sedan finns också lite mer tilltagna rätter på tallrik, såsom grillspett, shishkebab på spett eller lammkotlett – samtliga med enhetspriset 70 kronor.

Några alkoholhaltiga drycker finns inte – ej ens lättöl, vilket är en närmast alarmerande brist. I stället erbjuds ett rikt sortiment av läskedrycker i två stora kylar vid disken. Coca-Cola i halvliters plastflaska kostar 10. Varken glas eller muggar för måltidsdryckerna ser vi till, så här ska förmodligen drickas direkt ur flaskan. Kaffe kostar 10 kronor.

Servicen är förträfflig, fast här inte förekommer bordsservering. Personalen är vänlig och ytterst tillmötesgående. Det gör förstås att aptiten är i topp redan innan maten serveras.

Vi prövar den stora falafeln med kebab för 25 kronor, som vi kan berika med hur många pepperoni vi önskar från skålen på disken. Den enkla maträtten är förutom tunnbrödet också inslagen i både papper och en liten plastpåse, som gör att man har goda chanser att förtära maten utan att den ska läcka på händer eller kläder.

Visst är det samma kategori av mat som de evinnerliga hamburgarna – men en skön variation ändå. Inte precis en kulinarisk upplevelse, men snabbmat på ett angenämt sätt och med en kryddning som är så mycket mer distinkt än på den amerikanska motsvarigheten. Själva falafelbullarna är i sig smakrika, så också den strimlade kebaben, och dessutom erbjuds tre såsen – en stark, en svag och en med vitlök. Förstnämnda har verkligen ett tydligt sting, men inte mer än att det väcker gommen, utan att chocka den.

Brödet som omger portionen har värmts, vilket gör mycket för smaken, och grönsakerna som trängs med falafel och kebab är synnerligen friska. Pricken över i är den generösa mängd av färsk hackad persilja, som skänker blandningen en myndighet, en sturskhet, som persilja i mindre mängd inte alls ger intrycket av att förmå.

Det här är förstås nyttig mat, också, dessutom inte särskilt fet eller svårsmält. En bättre snabblunch är därför svår att föreställa sig, och en billigare torde vara alldeles omöjlig att uppbringa.

Johan P, 2002

Landbyg. 3, Malmö　　*BETYG: 4*
PRISVÄRDE: NER　*MAT: UPP*　　*DRYCK: UPP*
SERVICE: -　　　*MILJÖ: -*　　*TOALETTER: UPP*

Fiskrestaurangen Johan P är inget billigt ställe. Även vid en lunch här kan notan hasta iväg som en raket. Visst får man en hel del för pengarna, men vi tycker att priserna kunde vara något mer behärskade.

Lunchtid erbjuder krogen en meny som är markant dyrbarare än grannarnas i Saluhallen. En rätt för dryga 70 kronor och ett par till för runt hundralappen – sedan stiger det raskt ända till en bit över 200 för de fina fiskarna. I aftonens meny är det än brantare.

Ändå är här sällan glest med gäster vid de smakfullt enkla borden med vita dukar och nästan lättsamma bordslöpare av papper. Lokalen är ljus, dominerande vit, och dekorationerna är få, vilket skickligt framhäver den primära funktionen – att servera mat god nog att inte behöva någon sirlig inramning. Enkelheten är ändå tveklöst elegant, utan undantag. Toaletterna hör till de prydligaste i hela Malmö.

Normalt har krogen kvällstid en smakfullt varierad och måttligt omfattande meny av finurligt sammansatta rätter med fisk och skaldjur. Enstaka kötträtter utgör undantagen som bekräftar regeln. Förrätter och desserter kostar runt hundralappen, varmrätterna sisådär 200 eller en bra bit till. Vid vårt besök råder hummervecka, som tar sig så djärvt uttryck att nästan allt på menyn har hummerinslag, endast en kötträtt och desserterna undantagna. Så konsekvent ska ett tema våga vara – därmed blir det verkligen utforskat. Dyrast är den smått parodiska rätten hummer, sjötunga och rysk kaviar de luxe för 350 kronor. Det finns också en fyrarätters meny för 575 kronor, sammansatt av rätter i menyn.

Vinlistan har två sidor – en med franskt och en med övrigt. Den är snitsigt och kunnigt sammansatt, naturligt nog med fler vita än röda. Det kostar en del, förstås – några få flaskor ligger strax över 200 kronor, de flesta runtom 400, och en somliga kryper närmare tusenlappen.

Vi väljer den färdigkomponerade menyn, och vår lystnad höjs av en inledande liten retare – en kräft- och laxromstartar, som är en ljuv harmoni av såväl smak som konsistens, där ingredienserna lika naturligt går samman i gommen som om de redan vid livets uppkomst i urhaven ämnades för just detta. Vi serveras också ett välsmakande mörkt bröd, tillsammans med smör i en nätt liten bytta.

Första rätten i menyn är en hummerconsommé med en quenell på hummer. Buljongen är härlig, med sitt smakomfång och sin raffinerade efterklang av hummer. Quenellen toppas med en liten klick rysk kaviar, som inte bara är stöddig, utan en lösning för att tillföra sälta utan att banalisera buljongen. Själva quenellen är det blygsammaste inslaget. Vi kunde tänka oss att buljongen hade hedrats mer om den exempelvis fått innehålla en bit av rent hummerkött.

Nästa rätt är hummercannelloni med koriander och hummerskum. Pastan är fin och perfekt al dente, anrättningens helhet är behärskad i sina smaker – kanske lite väl blygsam. Rätten har svårt att hävda sig efter consomméns minnesvärda raffinemang.

Varmrättens grillade hummerstjärt ska förstås vara fullkomnande, när vi äntligen möter hummern oförställd, dessutom i sitt skal. Men köttet är lite torrt, vilket också ger det en viss irriterande seghet. Dess tillredning saknar ett jäklar anamma, som så gott som alla skaldjur behöver. Vi imponeras betydligt mer av den fina biten slätvarsfilé som döljs under hummern, och av mandelpotatispurén, som berikats med såväl äpple som örter. Visst är det gott i sin helhet, men genom hummerns tillkortakommande inte det krön på middagen som sig borde.

Till dessert har vi att välja på osttallrik eller crème brûlée. För 575 kronor borde båda ha ingått. Ostarna visar sig vara så tunt skurna skivor att det ser snålt ut. Det är utmärkta ostar i en god konsistens och temperatur, tillsammans med såväl fikonkompott som kvittenmarmelad – båda förträffliga tillbehör – och en smäcker brödstång.

Här finns förstås en espresso som inte går att klaga på, och sortimentet av avecer är anständigt, så middagen kan avrundas vederbörligen. Man är nöjd tills notan kommer – men där svider det. Fullt så dyrt skulle det inte behöva bli.

Mötesplats Österlen, 2003

Löderup BETYG: 5 *PRISVÄRDE:* -
MAT: UPP *DRYCK: UPP* *SERVICE:* -

Ibland kan gommen trakteras så att den får svindel. Som på Mötesplats Österlen. Denna gourmetkrog med hotell må ha ett föga artistiskt namn, men lokalen är dekorerad med stora, färgsprakande tavlor som går att titta länge på, och möblemanget är stilrent behärskat men ändå inbjudande.

Här heter matsedeln "Meny Smaker" och beskriver rätterna genom deras mest signifikativa smaker. Det är begåvat tänkt. Mellan de totalt sex rätterna kan gästerna välja fritt. Hela klabbet kostar 795, en trerättersmiddag 495. Menyerna kan också fås i vegetarisk variant. Till dessa finns vinmenyer, för 495 respektive 345 kronor. Vinlistan är storslagen, dessutom med inte så få buteljer för rimliga 200 till 300.

Vi ger oss i kast med alla sex rätter och vinmenyn därtill. Som om det inte vore nog serveras vi här och där små extra fat – två finurliga aptitretare till att börja med, en udda smakbrytare före huvudrätterna med "snö" på bitter choklad, citrus och malört, en pre-dessert av lagom syrlig apelsincurd, samt smått och gott till kaffet.

Första rätt är en underbart rik, rentav kryddig consommé på anklever, beledsagad av sådana finesser som en ankleverglacerad kalvbräss, spritärter som är perfekt al dente, väl hanterade linser, en liten bit halstrad anklever artistiskt placerad på tallrikens kant, samt en tesked med äppelsnö – närmast att beskriva som krossad isglass. Kalvbrässen är fin men inte optimal, fast det är inget som stör helheten.

Andra förrätten är pilgrimsmussla med tryffelgnocchi, syltad citron och skivad svart tryffel. Kombinationen pasta och mussla är välfunnen, med deras likhet i konsistens och mildhet. Tryffeln är inte särskilt aromatisk, men vacker med sin bryska form och yta. Den syltade citronen i små bitar har alldeles lagom syrlighet. Kanske skulle denna rätt med sina diskreta smaker ha serverats först.

Därnäst får vi en fin bit slätvar tillsammans med kronärtskockspuré, oregano- och mandelsallad, krutonger och sardellskum. Sistnämnda ger, liksom vissa inslag i andra rätter, en smått påflugen sälta, som riskerar att banalisera smakintrycket. Fiskens och kronärtskockspuréns diskreta smaker hamnar aningen i skuggan. Samma sker nästan med den rostade biten kronärtskocka som sticker upp likt en raketspets.

I vinmenyn serveras rött till fisken, vilket i och för sig kan vara både möjligt och lyckat – dock ej denna gång. Annars visar sig de valda vinerna ofta lyckas dämpa den då och då tilltagna sältan. Ibland förstorar de måltidsupplevelsen alldeles charmerande.

Till kötträttens bestick hör en kniv från Global, vass nog att tälja trä med. Det behövs inte alls, för de två perfekt tillredda bitarna av hjortens stek är möra och mjuka som gelé. Den här rätten är en konungslig höjdpunkt på menyn – och det är just här krönet ska vara. De olika smakerna möts inspirerat som i en balett – inga krockar, inga klumpigheter. Skyn är diskret med undantag för de små explosionerna av aromatisk grönpeppar i avvägd proportion. På kanten av tallriken har, enligt närmast japanskt manér, strötts lite av en apelsingranulé, som ytterst raffinerat förhöjer hela den magnifika smakupplevelsen. Salsiccia, den lilla korven gjord på hjortens lår, är lagom busig och ändå med djup botten i sin smak. Den har sin egen lilla grupp av garnityr – kålrabbi och mandelpotatispuré – som en extra rätt på samma tallrik. Det hela är förträffligt.

Osten pecorino är inbakad, vilket ger den ett behövligt ramverk. Dess torra sälta vore annars alltför burdus. På fatet finns också en bit vanlig gurka, som toppas av aprikospuré, friskt och festligt, samt bitar av aprikos blandade med små svarta Niceoliver i ett livfullt möte. Här finns en spretighet av smaker som kan vara lite störande, ändå tvivlar vi på att pecorino kan serveras mer raffinerat.

Den söta desserten är en variation på rabarber med fyra inslag. Blott den lena chokladmoussen i sin egen lilla skål saknar rabarber. Här finns en intrikat tarte Tatin, ett nubbeglas med rabarbergelé toppad med dito skum, en sallad på rabarber med vit choklad och sorbet. En festlig kakofoni. Skeden vi utrustas med är för stor för nubbeglaset, så gelén får förtäras med gaffeln eller hällas ur glaset.

Det är en rik och fascinerande smakresa vi fått göra med den stora menyn. Krogens espresso, dock, är riktigt tråkig. Servicen är klädsamt ödmjuk men inte riktigt oklanderlig.

Casino Cosmopol, 2003

Slottsg. 33, Malmö   *BETYG: 3*   *PRISVÄRDE: UPP*
MAT: -   *DRYCK: -*   *SERVICE: UPP*

Trots att kasinot har satt bo i en ståndsmässig byggnad av viss ålder och kultur, är inredningen förfärligt prålig och vulgär. Annat är förstås svårt när lokalerna rymmer så många färgsprakande spelautomater och rouletteborden flankeras av blinkande skärmar med allehanda sifferuppgifter. Om ett kasino kan placeras någonstans mellan Monte Carlo och Las Vegas, hamnar nog detta i Disneyland.

Inte heller matsalen är särskilt smakfullt inredd. Borden saknar duk, färgerna är mindre lyckade kombinationer av bleka toner. En estetisk tanke är svår att spåra, trots matsalens vackert välvda form och de ståtliga fönstren mot parken.

Restaurangen kallas Carte Blanche, vilket knappast ska tas på allvar då alla priser är fastställda – men inte orimligt tilltagna. Förrätterna ligger under hundralappen, varmrätterna omkring 200 och samtliga desserter kostar 75 kronor. Därutöver erbjuds en femrätters avsmakningsmeny för det riktigt hyggliga priset 395, och en trerätters månadsmeny för 330. Vidare finns några asiatiska och amerikanska rätter till ännu bussigare priser.

Vinlistan är varken ynklig eller storslagen, men den innehåller en god andel rödvinsflaskor av anständig ålder. Möjligen kunde några fler sorter erbjudas glasvis, men detta är förstås inte en plats för sans och måtta.

Vad som imponerar mest på oss är servicen. Det är en rask serveringspersonal som verkligen anstränger sig för gästernas trivsel. Så brukar inte vara fallet med matsalar som med sitt läge har monopol på middagsgäster.

Vi lockas till avsmakningsmenyn för 395 kronor, en kombination av fem rätter från matsedeln. Inledningen är en extra aptitretare i form av en skiva lättrökt ankbröst med lingongrädde, smaksatt med pepparrot. Den är riktigt god och inger därmed gott hopp inför fortsättningen – precis som en sådan tjuvstart ska göra.

Den egentliga förrätten är en cappuccino på Karl-Johansvamp i espressokopp. Svampsoppan har karaktär och distinktion men blir lite naken utan andra tillbehör. Det goda brödet som serveras gör att den ändå kommer till sin rätt. Vid ett annat besök fick vi en utmärkt liten bruschetta till soppan – det borde krogen ha hållit fast vid.

Fiskrätten är slätvarsfilé med brynt örtsmör, samt en kompott på gulbeta, rökt sidfläsk och bärkapris. Dessutom pryds tallriken av en solgul citronhollandaise. De tunna skivorna av fiskfilé – som kunde ha varit större – har svårt att hävda sig mot de övriga påflugna smakerna, men det är en rolig sammansättning. Till detta serveras en fluffig och snäll potatisgratäng.

Hjortracks med kanelsky assisteras av en lingon- och rödlökschutney och en kubisk bakelse av potatispuré. Förutom ett präktigt "rack", som utgör tallrikens blickfång, rymmer den också ett par finare bitar av hjorten, som de gott hade kunnat skryta med i menyn. Köttet har tydlig viltsmak och är riktigt blodigt, som det ska, men tyvärr också på tok för segt. Dessutom är skysåsen rent menlös.

Med ostarna faller det pladask. Blott två små bitar av ostar med föga minnesvärda karaktärer, som serveras kylskåpskalla. Den trista brien är hård som en vanlig herrgård och smakar inte mer, den omogna chevren är inte bättre. Till detta en salsa på päron och äpplen, några strimlor selleri, samt några strängar sås. Otillbörligt trist.

Leendet återvänder till våra läppar när desserten gör entré. Det är en ljummen chokladbakelse med mascarponeglass. Fatet är dekorerat med en syltsträng och ett par minimala jordgubbshalvor – men det glöms inför det sköna bakverket, som har en fluffighet som närmar sig en sufflés, och ett härligt krämigt innanmäte.

Med undantag för hjorten och ostbrickan är vi hyfsat nöjda med måltiden. Desserten är riktigt skön. Det fattas en del för att dessa rätter ska kallas klockrent kulinariska, men priset är också långt ifrån astronomiskt.

Röda Kran, 2004

Lilla Torg 2, Malmö   *BETYG: 4*   *PRISVÄRDE: UPP*
MAT: UPP   *DRYCK: UPP*   *SERVICE: -*

Krogens namn kan verka som fylleskoj, men syftar på Kockums-kranen. I sin nuvarande skepnad – på andra sidan jordklotet – är den röd som en jultomte. Även om man förstår detta syns namnet peka mer mot flytande än fast föda. Detsamma gäller inredningen – särskilt i gatuplanet, som är en bar med enklare möblemang, dekorerad med foton på nämnda kran hemma och i österled. Den som kikar in kan omöjligt gissa att här finns ett kök med finess – även om det står "Kockmums" i stället för "Kockums" på kranen i krogens logotyp.

Matsalen gömmer sig på övervåningen, dit en smal spiral-trappa leder. Där är möblerna svarta, golvet vacker plank, väggar och tak vita. Inget särskilt rött – den färgen har endast använts på toaletterna. Också de många ålderstigna träbjälkar som bär upp det gamla huset har vitmålats. All denna målarfärg må ha skapat en känsla av rymd på de begränsade ytorna, men den har nog också dämpat lokalens patina, vilket är beklagligt.

Till höger om trappan är det ett nättare möblemang, närmast som en bar, där rökning tillåts – men vid matborden till vänster råder rökförbud. Det är en snygg och funktionell ordning. Deko-rationerna är få men behovet av dem minimalt, då fönstren bju-der ett bildskönt perspektiv på Lilla Torg, dess gamla husfasader och ständiga folkliv.

Vid vårt besök befinner sig krogen mellan matsedlar och erbjuder därför endast ett fåtal rätter, som kombineras till antingen en tvårättersmeny för 215 eller en trerätters för 265. Till förrätt kan man välja palsternackasoppa eller kroppkaka fylld med svamp och ost, varmrätten är vilttallrik eller bohuslänsk fisksoppa, desserten creme caramel.

Vi hoppas faktiskt att de fortsätter med en dylik stramt begränsad meny, för den är sympatisk och syns oss passa utmärkt in i krogens ganska intima profil.

Trots att maträtterna är få, visar sig vinlistan förvånande rik. Den omfattar ett antal sidor med kunnigt valda flaskor i behärskade prisklasser. Dyrast är ett australiskt rödvin för 485 kronor, som är utmärkt trots sin måttliga ålder. Även av dessertviner är urvalet större än på mången annan krog. Av avecer är det än så länge inte lika ymnigt, men det kommer nog med tiden.

Vi prövar soppan på palsternacka, som kryddats försiktigt med spansk peppar och serveras rikt dekorerad med spenatblad och dillkvistar. Denna ymniga grönska utgör en särskild poäng, som definitivt förhöjer upplevelsen, medan vi är mer tveksamma till pepparinslaget i soppan. Trots att det tillförts med försiktighet tar det udden av palsternackans finare smaktoner. Det är ändå en både trevlig och fyndig förrätt, dessutom i lagom mängd.

Vilttallriken består av vildand, pärlhöna och en chorizo på hjort, serverat med stuvad persiljerot och potatispuré. De fina skivorna av vildand är en ren fröjd, stekta så försiktigt att de har all sin saftighet i behåll. Ett delikat kött, som ensamt skulle göra tallriken majestätisk. Bitarna av pärlhöna bildar en mjuk fortsättning på måltiden, något av ett naturligt steg från vildandens mustiga, blodstinna skivor, såsom när en storm bedarrar.

Ett nytt yrväder kommer med den distinkta korven på hjort – smakrik med inte alls bullrig eller påflugen. Också detta inslag känns självklart i sammanhanget. Detsamma gäller den stuvade persiljeroten och potatispurén, som fungerar alldeles utmärkt till samtliga tre kött. En skicklig komposition, som väcker beundran för köket.

Tyvärr kommer det lite på skam med desserten. Denna creme

caramel är en ganska vattnig och trist sak, vilket är speciellt sorgligt eftersom den ledsagas så begåvat med mosade – eller snarare strimlade – äpplen, samt en klyfta lime. Kombinationen vittnar om större talang i köket än just själva cremen ger uttryck för. Här har något råkat gå snett.

Det är trist när det sker vid måltidens avslutning, som därmed blir något av ett antiklimax – men då finns ett antal fina dessertviner till rimliga pengar, generöst serverade i glas om 10 centiliter, som förmår skänka god tröst. Ja, vinlistan bör utforskas av varje gäst – där finns flera charmerande fynd att göra.

& bar, 2004

Mårtenstorget 9, Lund **BETYG: 5** **PRISVÄRDE: UPP**
MAT: UPP **DRYCK: -** **SERVICE: UPP**

Ibland är det riktigt härligt att vara Bong. När krogen har atmosfär och bekväma sittplatser, när serveringspersonalen är uppmärksam och lagom personlig, och framför allt när köket har såväl skicklighet som en konstnärlig touche – då är det en fröjd att komma och nagelfara alltihop. Vid vårt senaste lunchbesök på & bar har vi erfarit just denna glädje. Vi förbryllas av blygsamheten att blott med "&" signalera att detta är mer än en bar – så mycket mer!

Entréplanet är förvisso inrett som en bar, med små bord i klunga, samt några sittplatser vid fönstren. Ett par trappsteg upp ligger den rökfria restaurangmatsalen, med mer plats såväl på som runt borden, klar sikt in till köket, och nära till toaletterna, som ändå är klädsamt avskärmade. Möblemanget är svart, borden är nakna, stämningen därmed ganska ungdomlig – men allt sköts med kunskaper som är förankrade i gammal god restaurangkonst.

Fram till kl. 14 serveras en liten lunchmeny bestående av en dagens rätt för 67, vid vårt besök grillad karré med lök och äpplekompott samt rödvinssås, dagens soppa för 62, och en treätters affärslunch för 185, vars varmrätt kan fås ensam för 125 – men vi rekommenderar absolut hela menyn. Vid vårt besök är det vild-andsballottine, grillad rödfisk, samt creme brulee.

Vinlistan är inte så väldigt omfattande men både urvalet och priserna är trevliga. Den har också plats för en dryg handfull dessertviner, något som verkar bli allt populärare. Gärna det – ett välvalt glas kan göra efterrätten till en sensuell upplevelse.

Till samtliga luncher ingår en salladsbuffé som innehåller några få men välgjorda och sofistikerade blandade sallader. De fina råvarorna är sprängfyllda av nyttigheter och de har kompo-nerats och kryddats med pricksäker känsla. Också de två sorterna bröd är utmärkta.

Affärsmenyns förrätt, vildandsballottinen, är skivor av ett slags rullad där anklever blandats med köttet. De serveras med en äpple- och rofruktssallad i särskilt fat, där stänger av persiljerot och morot har marinerats på ett delikat och karaktärsstarkt sätt, samt inte kokats mer än att de behållit en stursk spänst, näst intill en motsträvighet. Vi skulle kanske föredra rotfrukterna aningen mjukare men har ändå all respekt för kökets avvägning, som har sin definitiva poäng. Vildandsköttet är utsökt, alldeles lagom as-sisterat av anklevern och lite grönt krås ovanpå. En skön förrätt, lagom i formatet – fast den ger mersmak.

Varmrätten grillad rödfisk serveras med en citron- och dill-risotto som är tjock och len som en risgrynsgröt och gör sig rent förträffligt till fisken. De två rödfiskbitarna är vackra att beskåda och tillredda så att de har all sin kvalitet i behåll, samtidigt som de i grillning och kryddning fått små förhöjande egenskaper. Tall-riken kröns av ett vildsint nystan strimlad och friterad svartrot, vilket är just den lekfullhet och ändå eleganta smak, som sätter pricken över i.

Desserten är en creme brulee enligt konstens alla regler, med en perfekt karamelliserad yta och en konsistens som imponerar genom att inte vara slät som en pulverpudding, utan låter ana de ingående ingredienserna så att man får en förnimmelse av att kunna följa tillredningsprocessen baklänges – enklare uttryckt är den solklart och tydligt hemgjord. Vi kan på rak arm inte minnas oss ha smakat en bättre creme brulee. Den ledsagas av några mandarinklyftor, dekorerade med både en vanilj- och en kanelstång. Elegant, självklart, tjusigt!

Det är uppenbart att & bar har en synnerligen begåvad kock, som de gör klokt i att kedja fast i köket och kasta bort nyckeln.

Espresson är precis lika klanderfri. Hur kan man annat än mysa och trivas med tillvaron efter en sådan lunch – som inte ens gräver ett särskilt djupt hål i plånboken? Vi sneglar också på dagens rätt och dito soppa, som verkar vara lika gedigna skapelser, trots att de bara kostar lite över 60 kronor.

Korvhuset, 2004

Gyllenpalmsg. 2, Malmö BETYG: 4 *PRISVÄRDE: UPP*
MAT: UPP DRYCK: NER SERVICE: -

På sistone har korv blivit något av en chic grej på finkrogarna. Då handlar det om små rackare på hjort eller dylikt exklusivare kött, ofta i kombination med köttbitar på en och samma tallrik. Men Malmö – och Landskrona – har en restaurang med betydligt enklare stil, där korven har den absoluta huvudrollen – ja, fyller hela rollistan.

Korvhuset har 101 sorters korv, med ursprung i ett imponerande antal olika länder. Här finns bratwurst i flera utföranden, ungersk korv, röd pölse, chorizo, ölkorv, falukorv och prinskorv, salsiccia, kabanoss, Bullens, isterband, och en lång rad mer eller mindre bekanta varianter, i priser mellan 12 och 29 med bröd, eller mellan 19 och 38 med mos, potatissallad eller surkål. Exklusivast på den långa menyn är Champagnekorven, som bara serveras minst 10 och på beställning, för 69 respektive 78 kronor.

Det finns förstås också en del tillbehör att fritt välja mellan, såsom räksallad, cornichons, rösti, remouladsås med mera, för några kronor. Vad gäller drycker, dock, begränsar det sig till alkoholfritt. Visst är det klassiskt med en Pucko till korven, för 15 kronor, men en stor starköl vore inte dumt. Korvhuset ger i alla fall rekommendationer, såväl med vin – vitt eller rött – som öl. Vad gäller sistnämnda föreslås Pripps 1828, vilket kan diskuteras.

Detta är inte i första hand en restaurang, även om det finns några sittplatser, utan snarare försäljning över disk för gående förtäring eller för att ta hem. Man kan också köpa korvarna kalla, för tillagning hemma, till kraftig rabatt. Lokalen har inte utrymme för särskilt många sittplatser, men en expansion lär vara på gång.

Vi hoppas att Korvhuset ska utveckla sig till en riktig restaurang – utan att priserna ska behöva galoppera iväg. Konceptet är i allra högsta grad värdigt en sådan ordning. Korv kan vara riktigt läckert, även i så enkla sammanhang som med bröd eller mos. Här är moset hemlagat med den äran. Fylligt och gräddigt, så att det bildar en utmärkt lågmäld bakgrund till korvarna. Det är fint och jämnt i konsistensen, vilket i och för sig inte är vår favorit.

Senapen som ingår är också egen tillverkning. Den är förvånande snäll, med mer av sötma än senapsskärpa. Det är nog rätt tänkt, eftersom den därmed har en smak som varken döljer eller tävlar med korvarnas.

Vi är mäkta frestade att göra detta till en maratonresa och försöka pröva majoriteten av de 101 sorterna, men det vore säkert med livet som insats. Vi väljer i stället med möda fyra korvar som verkar lockande.

Trollkorv på 140 gram för 25 med bröd eller 34 med mos, är myndig både i format och smak, med ståtligt, närmast blodrött skinn, ett saftigt och rikt innanmäte med klädsamt rodnad färg och en stursk cayennepepprig kryddighet, som hänger kvar länge i gommen.

Salsiccia Don Persson för 26 eller 34, i italiensk stil, har ett ljust, skrynkligt skinn och ett synnerligen saftigt innanmäte, även det ganska blekt till färgen. Här finns en örtkryddning av viss komplexitet, som ändå inte alls skapar någon dimridå över det faktum att detta är en korv – en ljuv sådan, som det skulle ta tid att tröttna på.

Algerisk Mergues för 26 eller 34 har både på skinn och innanmäte en salamiröd färgton, samt ett tilltaget och vackert rundat format. Den här korven är ganska kompakt till karaktären, verkligen något att bita i, men ändå aptitligt saftig. Även om inslaget av vitlök är påträngande och smaken i övrigt förvisso har karaktär, är denna korv diskret återhållen med pepprigheten.

Sjöbo stark för 20 eller 28 är en av de populäraste korvarna. Skinnet är tillbucklat och dunkelt i färgen, innanmätet nästan ilsket rött och grynigt till konsistensen. Smaken är udda – här finns en styrka som känns såväl chili- som pepperoniartad, dessutom en kryddpeppardoft som jämte andra underliggande toner minner om fläskkorv (en av de få sorter som saknas i menyn). Det är lustiga motsägelser, som gör att denna korv inte känns lika fullgången som de övriga.

Vi blir ordentligt mätta av de präktiga korvarna, men känner oss knappast färdiga med utforskandet av detta magnifika sortiment. Detta förtjänar många återbesök.

Salt & Brygga, 2004

Sundspr. 7, Malmö   *BETYG: 3*   *PRISVÄRDE: NER*
MAT: -   *DRYCK: UPP*   *SERVICE: NER*

Läget är alldeles oslagbart, med havet och Öresundsbron framför ögonen. Under sommarhalvåret är dessutom dessa kvarter något av en skånsk Riviera, dit floder av folk söker sig för att promenera vid vattnet, skåda den moderna arkitekturen, plumsa i böljan, lapa sol och supa in atmosfären. En krog här har alla odds på sin sida. Dessutom är den så placerad att Turning Torso inte finns med i utsikten, så slipper man påminnas om storslagenhetens nesliga tillkortakommanden.

Här finns dock andra tillkortakommanden. Salt & Brygga meddelar i menyn och på många andra sätt sin moraliska överlägsenhet mot krogar i gemen – här dräller det av KRAV-märkningar såväl i mat som dryck, rökförbud inomhus har rått sedan öppnandet i samband med Bo01-utställningen (en annan neslig storslagenhet), köket sopsorterar och lagar mat på energisnåla spisar, en stor del av inredningen är Svanenmärkt, och så vidare. Sådant ska förstås applåderas, men gentemot gästen blir det lite utpressning – så duktiga som de är måste man gilla allt här.

Det gör vi inte. Här brister framför allt i service. Kanske är personalen uppslukad av allt det berömvärda med krogens policy. Vi drabbas hur som helst av en hel del försumligheter, och ibland en förbluffande otålighet. Sålunda, när vi framför ett önskemål som vi inte själva uppfattar som så värst övermaga, förklarar servitrisen att sådant krångel har hon verkligen inte tid med. Det finns mängder av mer sympatiska sätt att säga nej.

Också vad gäller maten blir vi flerfaldigt betänkliga. Vi prövar den KRAV-märkta sparrismenyn om tre rätter för 325 kronor, som det vid vårt besök fortfarande är säsong för. Dock är sparrisinslaget såväl perifert på faten, som onödigt tillkonstlat. Man förväntar sig förstås – speciellt under denna eleganta grönsaks säsong – att få en ymnighet av sparris i en sådan meny. I stället förekommer den i sparsmakad mängd och i delvis tveksamma kombinationer.

Förrätten sparris i tre variationer med krogens egen rökta lax, innehåller en kall sparrissoppa i egen liten kopp, lövtunna skivor av grön sparris tillsammans med lite grönt ovanpå de små laxskivorna, samt en sparrissorbet. Soppan är med sin låga temperatur faktiskt olustig i smaken. Sparrisskivorna är så tunna att de har förlorat råvarans förtjänster. Sorbeten är delikat – kanske skulle tallriken ha varit en sensation om den innehöll blott sorbet och lax. Det här plocket blir sammantaget en besvikelse.

Varmrätten är kalv från Curt Larsson i Långaröd, med kryddstekt grön och vit sparris, en läcker potatistarte, samt några penséblommor som är ätbara men nog gör en större poäng med sitt utseende. Kalven är sin egen lilla symfoni, med två olika köttbitar i prima skick, samt en wallenbergare. En elegant kombination, där tyvärr sistnämnda inslag har säckat ihop en aning och ej stekts på bästa sätt. Dessutom har den snåla mängden sparris, skuren i korta bitar, inte fått ideal konsistens. Speciellt de vita bitarna är för motsträviga.

Desserten är marinerad rabarber med vit sparrisglass, vilket har en markant elegans såväl i smak som utseende. Vi är dock inte helt tillfreds med att menyn landar vid rabarber i stänger som minner om all sparris vi inte fick. Ändå ska medges, just det är en lekfull slutknorr på temat.

Matsedeln innehåller förutom sparrismenyns rätter ett behärskat antal förrätter en bit under hundralappen, huvudrätter för upp till 195 kronor, samt desserter för mellan 60 och 85. Trots såväl läget som krogens namn är det ingen dominans av fiskrätter.

Vinlistan finns i två utföranden – en kortare i matsedeln, och en betydligt digrare innanför egna pärmar. Båda imponerar. Det är ont om billiga flaskor, likaså om strålande årgångar bland de dyrare, men i gengäld dräller det av uppenbart noga och kunnigt valda buteljer. Också vad gäller avecer finns en hel del pärlor.

Inredningen är en njutning med sin konstnärliga esprit, och möblemanget såväl inne som på den ljuvliga uteplatsen är elegant, så här sitter man gärna och länge, även om maten inte helt lever upp till sammanhanget.

Trappaner, 2004

Långgårdsg. 8, Malmö   *BETYG: 5*   *PRISVÄRDE: UPP*
MAT: UPP   *DRYCK: -*   *SERVICE: UPP*

För varje besök på Trappaner blir vi alltmer tillfreds, denna gång till och med utan att alls ta trappan ner. Sommartid har krogen några utomhusbord invid fasaden mot Hyregatan, i detta lugna och kulturstinna kvarter av staden. Bara att sitta här skänker sinnesfrid och ger fantasin ett lyft – något som både betjäning och förtäring sedan i högsta grad hjälper till med.

Bara toppbetyget är nog för dessa lika eleganta som vällagade och smakfullt fyndiga maträtter, som dessutom inte alls har några hutlösa priser. Servitriserna visar en genuin glädje och trevnad, som tillsammans med den kvicka betjäningen pekar mot samma betyg.

Den enda bristen som stör oss är vinlistan – i och för sig välkomponerad, men utan flaskor i bussigare prisklasser. Billigaste buteljen kostar 285 kronor, vilket är lite tilltaget i synnerhet som flera maträtter är betydligt skonsammare för börsen. De borde ha något husets vin till mindre pengar, likaså borde de ha något fler viner glasvis.

Denna säsong erbjuds en särskild sommarmatsedel med tretton smårätter, i princip tapas, från 32 kronor för en enkel grönsallad till 95 för en terrin på gåslever med plommonchutney och apelsinsås. Dessutom finns en avsmakningsmeny för 399 kronor med exklusivare versioner av tre sådana smårätter, samt en grand dessert. Menyn börjar med nämnda gåslever, sedan risotto på havskräftor och pilgrimsmusslor, samt oxfilé med couscous, glacerad anklever, lökmarmelad och rostad mandelsås. Sannerligen lockande, men vi väljer ändå att plocka fritt av smårätterna.

Tagliolini al pesto med pilgrimsmussla för 55, har en ordentligt – kanske överdrivet – pestoindränkt tunn spaghetti, toppad av ett par spänstiga och saftiga grillade musslor i perfekt skick, samt några hela pinjenötter i peston som berikar den markant.

Risotto på havskräftor kostar 55 och är en föredömligt krämig risotto, där dock kräfthalvorna som draperats över den inte är optimala. Deras kött har förlorat sin yttersta spänst. Ändå är det en charmig anrättning.

Halstrad torsk på koriandermarinerad sparris och beurre blanc för 79 är en prima fiskbit, bara minimalt förhårdnad alldeles invid skinnet – i övrigt hur skön som helst. De två gröna sparrisarna är kalla, vilket inte riktigt passar dem, så trots marinaden är de något av en besvikelse, som dock inte skämmer den eleganta helheten.

Fänkålssoppa med toast på glacerad anklever för 58 är ett djärvt smakmöte, där den näst intill beska soppan lindras av anklevern sötma. Fascinerande. Levern är som en välsignelse, där den vilar på sin lilla toast, så anrättningens helhet får nog sägas syfta till att understryka och rama in anklevern.

Ankconfit på kikärtsås och lökmarmelad för blott 59 kronor, har en vacker bit anka med ben, som assisteras diskret av den lena kikärtsåsen och något mer uppstudsigt av marmeladen på rödlök. Köttet är formidabelt. Det är så sprängfyllt av smak att det minner om vilt, och samtidigt ger det sig villigt för kniven. En upplevelse.

Oxfilé på couscous med rostad mandelsås för 85 är också en höjdare. Genast vid beställningen frågas hur vi vill ha den stekt – något som försummas på förvånande många krogar – men vi får den ändå inte exakt efter önskemål. En prima och mör oxfilé är det i alla fall. Mandelsåsen visar sig vara en läckerhet med sina anstrykningar av såväl sötma som bitterhet.

Dessertmenyn innehåller dels husets ostar för 25 kronor per bit, dels ett par söta desserter för lite över 60, samt grand dessert för 119 – den kastar vi oss lystet över. In kommer ett avlångt fat med en handfull olika förföriska inslag, som vi inte har utrymme att rättvist beskriva. Här finns bland annat en vällustig bananfromage, en underbart fyllig chokladkaka, en riktigt gräddig ingefärsglass omringad av jordgubbar, och så vidare. Man blir drömsk.

Det är ett överdåd av upplevelser krogens smårätter bjuder, till så små priser. Då kan man kosta på sig ett av de dyra vinerna, utan att glädjen falnar.

Möllan, 2005

Bergsg. 37 C, Malmö **BETYG: 4** *PRISVÄRDE: UPP*
MAT: - *DRYCK: -* *SERVICE: -*
Restaurang Möllan rubbar inte sitt koncept i brådrasket. Här fortsätter år efter år den chosefria serveringen av rustika och kärleksfulla rätter i stora portioner, via en viss grad av självservering, och alltjämt är kontokort tabu.

Det är befriande, och stämmer så väl med krogens charmigt ruffiga atmosfär att avsteg från traditionen vore rena helgerånet. Bara en sådan sak som dukar på bordens i och för sig fernissade träytor skulle vara attentat, likaså om beställning och betalning började göras vid borden, i stället som nu framme vid kassan.

Möllan måste vara precis så här.

Populariteten sviktar aldrig. Varje kväll är det trångt vid borden och den lika anspråkslösa baren, när pratglada gäster med ungdomlig ton och kulturknuttestil förser sig av i första hand de billiga dryckerna. Hög volym, rökigt, trångt och intensivt.

Dryckessortimentet är hyfsat, med vinflaskorna till trevliga priser listade på en anslagstavla, och ett roligt urval fatöl i kranarna – däribland varken Pripps eller Spendrups.

Maten är noterad på en bamsig anslagstavla på långväggen – uppdelad i en fast och en kvällens meny, där ingen anrättning kostar mer än 125 kronor. Man kan lätt äta sig proppmätt för under hundralappen.

Den fasta menyn har tre förrätter – hummersoppa för 67, tomat- och löksallad för 35 och sex sniglar för 54 kronor. Varmrätterna är diverse grillat, såsom stor eller liten oxfilé med rödvinssky, vitlökssmör och pommes för 115 respektive 95, eller grillspett med tzatziki och klyftpotatis för 95. Av de tre desserterna är två ost: den folkliga klassikern friterad camembert med hjortronsylt för 38 och honungsripplad gorgonzola för 48. Vaniljglass med chokladsås fås för 35.

Kvällens meny är vid vårt besök så mycket som nio varmrätter, från 67 kronor för bakad potatis med stenbitsrom, till 125 för hjortfilé. Två av rätterna är vegetariska, varav champinjongratinerade kronärtskockor för 85 låter särdeles läckert.

För matgästerna ingår också ett litet salladsbord, som dock har ytterst få ingredienser: salladsblad, riven morot, inlagd gurka och en dressing. Ett bastant matbröd med smör därtill.

Vi prövar den dyraste rätten, som med sina 125 kronor ändå är rena fyndet – hjortfilé med karamelliserad rödvinssky och potatisgratäng. Tallriken är fylld till brädden, trots att gratängen kommer i egen karott. Här finns en myckenhet grönsallad och en bamsig tomathalva, men också en rekorderlig mängd filé skuren i långsmala aptitliga bitar.

Rödvinsskyn är trots sin karamellisering ganska alldaglig, den hade gärna fått mer myndighet och karaktär, likaså är potatisgratängen i och för sig behaglig men också ganska platt i smaken. Dock, det viktigaste på tallriken, hjortfilébitarna, är en fröjd. Saftigt kött med distinktion, stekt till ett trevligt tillstånd med ringa rodnad men vacker färg och lagom tuggmotstånd.

Trevlig mat, som gjord att glufsa i sig och sedan glömma.

Desserten honungsripplad gorgonzola med päron och kex för 48 är också en tilltagen portion, med den tjocka skivan ost utbredd som en limpskiva på fatet, måttligt bemängd med honung, en klase fina päronskivor och så kex. Svagheten är tyvärr själva osten, som är gräddig och gullig, utan gorgonzolans styrka. Därmed faller det ganska platt. Honungen har ingen match, där det med en fullödigare gorgonzola kunde vara ett spännande möte.

Espresso är det inte tal om här – dessutom är bryggkaffet ganska trist. Det är nog så att man blir mest nöjd med sitt besök på Möllan om man håller sig till varmrätter och drycker. Några finesser är inte att vänta sig, men det betalar man heller inte för. Fröjden ligger i lokalen som en intensiv och genuin mötesplats, där man dricker för måttliga pengar och äter sig mätt riktigt billigt.

Smak, 2005

Malmö Konsthall   *BETYG: 4*   *PRISVÄRDE: UPP*
MAT: UPP   *DRYCK: -*   *SERVICE: -*

Konstnärlig pretention är livrädd för att ens snudda vid gulligt. Det märks på Smaks miljö, som är mycket mer hårdbarkad än pyntad, med massor av räta vinklar och kala ytor. Dekorationerna inskränker sig till några konstaffischer på den grå långväggen, samt en blomma i provrörsvas på vart och ett av de många borden.

Så vill nog den tongivande delen av gästerna ha det, för här häckar många som betraktar sig som kulturbärare. De ger en air av orubblig självbild och en hövlighet som är förbehållen dem man känner igen. Personalen är ändå hur älskvärd som helst, vilket är skäl nog att beundra dem. Här är visserligen självservering, så den mesta servicen står gästerna själva för.

Namnet Smak ligger förvisso nära till hands för en krog, där det framför allt är gommen som ska skämmas bort. På en konsthall påminns man om ordets andra mening, den som exempelvis åsyftas i Svenska Akademiens föga blygsamma motto "snille och smak". Krogen lyckas förträffligt med att uppfylla båda betydelserna. Anrättningarna här är artistiskt tillredda och så välsmakande att man måste kalla dem läckra. Dessutom är de paradexempel på förfinad stil, såväl i sina kompositioner, som råvaror och presentationer.

Se bara på salladsbordet. Det består framför allt av olika bönor med varierande men alltid avmätta marinader – progressivt både ur nytto- och krogmodeaspekter. Man kan med fördel äta sig mätt och nöjd på blott vad detta bord bjuder.

Varje vardag erbjuds på lunchen en soppa för 65 kronor och en vegetarisk rätt för 75, vid vårt besök saffransgurkor med timjan och potatistarte. Dessutom är det en fisk- och en kötträtt, som varierar några tior i pris beroende på vilka råvaror som ingår, i regel mellan 85 och 105 kronor. Denna dag kostar fiskrätten 105 och består av griljerad havskatt med senapsbröd i lime-portersky. Köttdito är en gryta på högrev och sviskon med spenat och sherry för 85. På helgerna är det brunch för 125 kronor.

Tyvärr har Smak inte kvällsöppet och därför ingen a la carte. Den begränsade öppettiden hindrar inte att här finns ett hyfsat sortiment av öl och vin. Det går att hitta några ovanliga ölsorter bland flaskorna i disken. Utbudet av vinbuteljer är ganska begränsat – det får plats på en griffeltavla – men tillräckligt genomtänkt för att även en kräsen gäst ska hitta något passande.

Också vad gäller sötsaker är krogen välutrustad. Disken är proppad med frestande bakverk och diverse puddingar. Här klarar de förstås av att få till en espresso, men då vanligt brygg-kaffe ingår i lunchpriset är det inte så ofta de behöver bevisa sig. Det bryggda kaffet är riktigt trevligt, det också.

När man står vid kassan för att betala det beställda, har man fri sikt genom köksluckan, där kockarna i full färd med matlag-ningen ändå hinner att oblygt blicka tillbaka.

Vi prövar grytan på högrev och sviskon, som serveras i en gigantisk, helvit djup tallrik, stor nog att rymma en julskinka. I den har anrättningen lagts tillrätta på det mest dekorativa vis, och det strålar om den att priset 85 kronor är rena allmosan.

Högreven som tronar på tallriken är stolt och rejäl, av skön kvalitet, hur saftig och mör som helst, utan att för den skull sakna en fasthet värdig att sätta tänderna i. Sviskonen, med sin fruktiga sötma och sofistikerade smak, fungerar med självklarhet till köttet och dess relativa kärvhet. De stora spenatbladen har nog inte så mycket att addera med sin smak, snarare med sin visuella prakt. Sherryskyn är däremot alldeles nödvändig, likaså de grönsaker al dente som delvis gömmer sig under köttet.

Det är en snitsigt komponerad måltid, raffinerad utan att vara ett dugg konstlad. Man har inga problem att gå till botten med den generösa portionen – som bara ger en illusion av litenhet på den tilltagna tallriken. Och har man det minsta plats kvar i magsäcken är det lika fröjdefullt att fylla på av marinerade bönor från salladsbordet.

Det är sannerligen uppfriskande att ta sin lunch här.

Skeppsbron 2, 2005

Malmö   BETYG: 4   PRISVÄRDE: -
MAT: UPP   DRYCK: -   SERVICE: -

Den snitsiga krogen med det vackra läget vid kanalen borde bara genom sitt vackra läge vara proppfull för jämnan, men det är nog många tänkbara gäster som helt enkelt inte kommer sig för med att traska över bron.

Den korta promenaden lönar sig – speciellt när det nu börjar bli dags att njuta stort av utomhusborden, några steg från kanalkanten och med en rent turistisk ögonfröjd utbredd på andra sidan om den. Men smakar det så kostar det – priserna är inte blygsamma, varken på kvällarna eller lunchen.

På kvällens a la carte ligger förrätterna runt hundralappen, varmrätterna halkar en bit över 200 och desserterna kostar nästan lika mycket som förrätterna.

På lunchen finns en dagens för 86, vid vårt besök gryta med kyckling, bacon, purjo, äpple, ris och currysås, samt dagens sallad för 82, bestående av potatis, gravlax, zucchini, morötter och saffransdressing. Dessutom erbjuds en veckans husmans för 145: kallrökt lax med skånsk potatis, grön sparris, sockerärtor och örtsallad.

Detta nogsamma listande av ingredienser är en tydlig policy på krogens meny, som blir aningen tradig i längden. Man får inte riktigt klart för sig vad som är huvudsak och bisak på tallrikarna, eller för den delen på vilket sätt ingredienserna hanterats.

Affärsmenyns två rätter är musselsoppa med gräslök och grillad entrecote med kronärtskocka, sparris, spetskål, vitlökssmör, sky och pommes, dessutom ingår i de 255 kronorna kaffe med chokladtryffel. Därutöver finns en liten lunchmatsedel med två förrätter, varav musselsoppan från affärsmenyn är en, samt två varmrätter, entrecoten för 155 och en ångkokt hälleflundra för 220, samt en dessert utöver tryffeln, chokladmuffin med camparisorbet och bär för 65.

Vinlistan är hyfsad men inte överväldigande. Buteljerna hamnar oftast över 300 – ibland en bra bit över – och är kunnigt valda, men vill man ha ett rött som nått ädel ålder blir det snålt med alternativen. Det gäller även den exklusivare vinlista som kallas Källarviner, med priser på de högre våningarna.

Salladsbordet är det enklaste tänkbara – blott en stor skål innehållande mestadels isbergssallad – samt några sorters dressing att välja på. Det känns lite futtigt, med tanke på krogens stil och priser. Kanske tänker köket att det ändå är så många grönsaker i anrättningarna, att ett rikare salladsbord är överflödigt.

Ångkokt hälleflundra med pepparrot, hackat ägg, green shellmussla, citron, dill, skirat smör och kokt potatis kostar 220 kronor, vilket är en hel del såhär på lunchen – men fisken är så fin man kunde önska. Hackat ägg är ett friskare och säkert sundare alternativ till äggsås, dessutom blir det på tallriken en skojsam kommentar till traditionell matlagning. Den ståtliga musslan är imponerande njutbar med sin mjällhet och fint framträdande smak – ett slags ränta på insatt kapital. Jodå, maten är värd sina pengar.

Med kaffet är det sämre ställt. Vi tar en espresso för 20 kronor som inte gör ett dugg intryck på oss. Förbryllande omodernt av en så snitsig krog att inte vara duktigare på espresso. Å andra sidan är det delikata tryfflar de erbjuder för 15 kronor. En sådan med vanligt bryggkaffe är inte fel.

Inredningen är i det närmaste avskalad med sitt nakna trämöblemang och inga särskilda dekorationer – men det behövs inte alls, när utsikten genom fönsterväggen är så betagande.

Servicen är förstås kunnig och skicklig, men vi upplever den även som distanserad, rentav lite kall. Detta trots att gästerna inte uteslutande är affärsmän med firmakortet. Kanske skulle fler gäster strömma till om krogen vågade bli lite mer familjär.

Korrapong, 2005

Drottningg. 2, Malmö   *BETYG: 3*   *PRISVÄRDE: NER*
MAT: UPP   *DRYCK: -*   *SERVICE: -*
I samma lokal som Malmös allra första thaikrog huserade, har en krog med samma inriktning nyss öppnat efter betydande om-

byggnad och nyinredning. Korrapong satsar på att vara en finare thaikrog, såväl vad gäller miljö som mat, vilket de ska ha heder för. Malmö behöver en spännvidd också bland thailändska restauranger, som annars oftast är snabba och billiga – förvisso inte fel, det heller.

Visst kostar det på när ambitionerna höjs, men kanske är det lite väl mycket dyrare här än på andra thaikrogar, utan att man känner det helt motiverat på tallrikarna. Eller så är vi bortskämda av de andras förbryllande låga priser.

Inredningen är ovanligt ren och sober för att vara på en thailändsk restaurang. Kala väggar, sofistikerat ordnad belysning, snyggt dukade bord, en behärskning i färgskalan. Det är stiligt men också lite stelt, något som kanske mjuknar när normalt slitage får verka en tid.

Krogen har också några utomhusbord, men det får allt till att bli högsommar innan det är angenämt att sitta på Drottninggatan, där vinden och biltrafiken har fritt spelrum.

Matsedeln har en handfull förrätter för dryga femtiolappen, varmrätter från ungefär hundra upp till 169 för oxfilé, två desserter för 45. Dessutom finns färdiga menyförslag upp till en femrätters för nästan 500 kronor. Alltihop är thailändska anrättningar, om än en del ingredienser blir ganska europeiska.

Här finns ett hyfsat antal öl på flaska, däribland också en thailändsk sort. Vinlistan är lite snålare med blott några röda och endast tre vita, fast sistnämnda egentligen kan vara alldeles utmärkt sällskap åt thailändsk mat, även när den har distinkt kryddning. Också av avecer är utbudet begränsat. Man får ändå vara glad för att denna thailändska krog alls har alkohol, vilket många kollegor helt undviker. Å andra sidan är vitvinet rumsvarmt när det serveras.

Servicen är inte precis driven men ödmjuk och rar. Kocken kommer gärna ut och växlar ord med gästerna – och frågar med ett lurigt leende på läpparna hur stark vi vill ha maten.

Tom Yam Goong är en klassisk thailändsk soppa med svamp,

tomat och stora räkor. Vi får den som en lagom liten förrätt för 69 kronor. Den har kraftig smak, stark men inte så värst het. Chilin ger tyngd och djup, som en fransk fond ungefär. De skalade räkorna är spänstiga.

Laab Gong för 69 är en liten elegant förrätt med ett par jätteräkor och en markant men inte brännande kryddning. Det är sällan man får något så återhållet i thailändska restauranger – än mer renlärig hade upplevelsen varit om det konventionella grönsaksinslaget av isberg, tomat och gurka hade utelämnats.

Laab Moo för 159 är fläskfilé i skivor med lime och en skarpare, hetare kryddning – inte eldig, men bra nära. Både röd och grön färsk chili finns i den. Köttet har en antydan till panering. Fläsk fungerar alldeles förträffligt med denna gnistrande kryddning. Såsen är något av en marinad för köttet, som bidrar till att göra det saftigt och trivsamt för gommen. Till detta en generös kulle av vitt ris, fylligt och välsmakande, riktigt imponerande. Limebladen har en förmåga att avlägsna sötman från fläsket, ungefär som en vinäger. En balanserad anrättning, smakfullt komponerad.

Ghaän phed bed yang för 149 är en gryta med bland annat ankkött, lychee och tomat. Den soppa det hela badar i är både len och mustig. Blott i längden låter den ana sin bakomliggande kryddstyrka. Ankköttet i ganska otillräckliga småbitar är inte behållningen, faktum är att det hade varit roligare om ankan fått en mer dominerande plats. I stället är det soppan som är mest glädjande, tillsammans med den snälla sötman i lycheen.

Det är blott två desserter på menyn, dessutom ganska likartade, och för samma pris om 45 kronor. Den ena är vaniljglass med jordgubbar, kokos och sprutgrädde, den andra samma glass med kokos, skivad kiwi och banan, samt chokladsås. Inga pärlor att avsluta med. Glassen är Ok, inte mer. Frukten är i och för sig frisk, men något mer exotiskt eller i alla fall ambitiöst hade varit på sin plats.

En fyndig finess är att de flesta rätterna dekoreras med violetta thailändska orkidéer, som går att äta – faktiskt med viss behållning. Vackra är de också.

Mrs Brown, 2005

Storg. 26, Malmö	*BETYG: 4*	*PRISVÄRDE: UPP*
MAT: UPP	*DRYCK: -*	*SERVICE: -*

Davidshall blir ett alltmer koncentrerat krogområde – och alltmer intressant. Senaste tillskottet har det familjära namnet Mrs Brown, vilket i retsam folkmun riskerar att förvanskas till tant Brun.

Inredningen visar ett litet avsteg från det sterila ideal som härskat på krogar under alltför många år. Golvet är sten och väggarna kala, men på en sida är väggen täckt med brunmönstrat kakel, kanske för att anknyta till krogens namn. Dock är borden nakna och stolarna hårda, så det återstår en del innan snits blir gemyt.

Trots att här bara varit öppet i några veckor vid vårt besök dräller det av gäster, många av dem med en air av att redan ha gjort detta till sitt stamställe. Det verkar som om Mrs Brown redan från sitt öppnande har blivit riktigt inne.

Populariteten får vara ursäkt för att servicen stundtals verkar lite förvirrad och ibland blir långsam. Sistnämnda gäller också då och då leveranserna från köket. Det får de säkert fason på, när tiden givit dem rutin.

Menyn har fyra avdelningar med en handfull rätter på varje. Ett urval enklare smårätter kallas barmeny och kostar runt femtiolappen. Lite till kostar förrätterna och desserterna, medan huvudrätterna svävar mellan hundralappen upp till 165 – inte blodigt alls för en krog med denna ambitionsnivå. Kökets karaktär är europeiskt kulinarisk med vissa små fyndiga poänger.

Vinlistan är hyfsad, spretande över flera världsdelar. Där kunde finnas plats för åtminstone någon butelj född före detta millennium, i synnerhet på den särskilda avdelning av listan som innehåller lite exklusivare märken.

Till maten serveras automatiskt rekorderligt grovt, välsmakande mörkt och vitt bröd i en rar liten korg, tillsammans med kryddbestrött smör.

Bland förrätterna prövar vi variationen på svenska kräftor för 70 kronor. Vi tycker egentligen att variation borde innebära minst tre olika tillredningar av matvaran i fråga. Här är det dock två, och knappt det: en soppa i liten skål på det avlånga fatet, samt två kokta kräftor där bredvid. Inte särskilt mycket till variation. Soppan är len och ganska elegant, dock med aningen för påträngande sötma. De kokta kräftorna är förvånande bleka i smaken – så gott som bara vatten. De är knappt värda besväret att skalas.

Tallriken rymmer också en delikat skiva knäckebröd, ett par bitar ost, samt lite udda grönt som smakar särdeles friskt med den närmast syrliga dressing de har blandats i.

Grillad kronärtskocka för 60 är en härlig förrätt, Den underbara grönsaken har grillats precis lagom och ackompanjeras perfekt av en citroncreme, samt avlånga skivor av ett läckert rostat bröd. Ståtligt att beskåda är det också.

Huvudrätten stekt rödtunga kostar 165 och är en rejäl bit fisk med vacker stekyta. Sistnämnda syns ha varit vad köket prioriterade, eftersom fisken legat i pannan en smula längre än dess kött tjänade på. Det har blivit lite torrt och styvt. Vi blir också aningen besvikna av att se samma grönt som serverades till kräftorna, medan svampen är ett rent glädjeämne – såväl skivling som kantareller i trevligt skick. Lika angenäm är klicken av palsternackapuré. I egen liten bytta finns smörslungad potatis.

Glacerat revben för 149 är skojfriskt. Köttet är så saftigt man kan tänka sig, och farligt läckert med sin glacering. Spänstiga brytbönor serveras därtill, samt en fylligt smaksatt potatispuré i egen liten bytta.

Desserten choklad i fyra texturer för 75 sviker inte sin titel. På det långsmala fatet finns en ypperligt fyllig och rik chokladglass, en intressant liten sås bestående av chokladsmaksatt kondenserad mjölk, en mousse, samt en närmast kvadratisk liten bit av en smältande, komprimerad chokladkaka. Till detta några jordgubbshalvor och ett hallon. Det är festligt gjort och en chokladdessert som inte är så mastig som man skulle kunna tro.

Det är lite upp och ner med maten vid vårt besök, men krogen kan nog med lite mer rutin bli hur bra som helst.

Mando, 2006

Skomakareg. 4, Malmö   *BETYG: 2*   *PRISVÄRDE: NER*
MAT: NER   *DRYCK: -*   *SERVICE: -*

Den populära restaurangen Mando är en grillbar i lyxförpackning. Inredningen är begåvat formgiven och kostsam, med en varm atmosfär och trivsel, samtidigt som den på något sätt signalerar vad för mat som gäller här: pannbiff, pommes, plankstek och dylikt.

Mando har blivit lite kult vad gäller grillmat utan konstigheter. Menyn är densamma genom decennierna. Ända sedan 1975 har Mando hållit räkning på hur många plankstekar som sålts – till dags dato en god bit över en halv miljon.

En annan näst intill relikförklarad klassiker är anrättningen Nöttvåan, en pannbiff med 150 gram malet oxkött, friterade lökringar, mixad sallad och pommes för 98 kronor. Till dess ära har ett sällskap bildats – Mandologerna, som kommer varje fredag för att äta denna rätt. Deras manifest finns inom glas och ram på väggen.

Väggarna och bardisken täcks av koppar, ljussättningen är nedtonad och mild, de snitsiga stolarna väldigt sköna att sitta i. Bordsserveringen är hyfsat uppmärksam men kan ibland halta rejält. Man kan också slå sig ner vid bardisken och beskåda matlagningen som sker där innanför. Baren har dock byggts om för att ge plats för fler bord, och därmed förlorat några av restaurangens mysigaste sittplatser.

Här säljs nog mest öl, av vilket de har några sorter på fat och flaska. Det finns också en vinlista, där det lilla urvalet flaskor presenteras ganska mångordigt fast det inte precis är några stjärnor. Urvalet känns ändå rimligt och förnuftigt för denna krogs inriktning.

Menyn står att läsa på färgsprakande bordstabletter. Förutom rödspätta med remoulade för 89 och några sallader är det idel kötträtter, mestadels grillade. Det finns så billiga anrättningar som 90 grams hamburgare för 42 och en liten lövbiff om 100 gram utan tillbehör för 44. Den storsäljande planksteken med 250 grams ryggbiff är dyrast på menyn med sina 179 kronor. Desserterna kostar mellan 41 för fransk chokladkaka med vispgrädde och 46 för friterad camembert med hjortronsylt.

Här finns inga egentliga förrätter, så vi prövar i stället Mandosallad för 26 kronor, som är en särdeles krämig variant på coleslaw, med ananasbitar blandade i vitkålen och mycket majonnäs. Den serveras i en glasscoupe, vilket är passande eftersom den är ungefär lika söt som glass. Gott och friskt, hur som helst.

Filet Mignon Mando kostar 144 och består av två skivor oxfilé, peppar-chilisås, Roquefortsås och pommes. Köttet har nog tyvärr bankats en del, för det är två ganska platta och motsträviga skivor. De kunde gärna ha fått en mer markerad stekyta och ett blodigare innanmäte.

Tillbehören är inte mycket till tröst. Peppar-chilisåsen är förvånande blek i smaken, inget sting alls, och det är inte någon framträdande roll för Roquefortosten i dess krämiga sås. Mest förvånande på denna restaurang är att dess pommes frites är ganska tråkiga. Ingen vacker färg, inte särskilt frasiga, inte så praktfulla stänger. Det känns lite andrasortering.

Något bättre är det med klassikern Nöttvåan för 89. Pannbiffen är saftig och kan mycket väl göras om till en finfin burgare, även om man ibland måste stå på sig. Personalen kan konstigt nog knorra då man beställer bröd och ostskiva till anrättningen – det är väl Mandologernas renläriga manifest som spökar. Som en lite besynnerlig kontrast till de något underfriterade potatisstängerna serveras för dagen lökringar som tillbringat alltför lång tid i fritösen.

Bland desserterna prövar vi vaniljglass med varm hjortronsylt för 43. Det är en generös portion av anständig men inte ett dugg märkvärdig glass. Hjortronsylten är bedrövligt vattnig, som om den kokats sönder eller spätts ut. Inte ett dugg kul.

Kaffet har förutsättningarna att glädja, eftersom här finns fem olika fina kaffesorter, upp till 49 kronor koppen för det exklusiva Blue Mountain från Jamaica. Tyvärr kan de inte få till en espresso, så även detta nobla kaffe kommer bara delvis till sin rätt.

Den här trivsamma miljön och dess välfunna koncept förtjänar ett bättre genomförande. Kanske har det, som med planktstekarna, alltför mycket blivit fråga om kvantitet.

Kulturkrogen, 2006

Kulturen, Lund	BETYG: 4	PRISVÄRDE: -
MAT: UPP	DRYCK: -	SERVICE: UPP

Efter några år av förfall till trist slentrianmässighet fick Kulturens krog ny regi förra året, som har inneburit ett glädjande lyft. Nu är både inspirationen och ambitionen uppenbara, och denna pittoreska paviljong med detta sköna läge hanteras efter förtjänst.

Inredningen är lågmäld, så att lokalens arkitektur får tala för sig själv. Bordens nakna träytor känns rimliga, medan de inramade affischerna här och där inte är särskilt spännande. Blicken lockas hellre till Kulturens lilla park, eller snarare trädgård, utanför fönsterrutorna.

Under den varmare delen av året har krogen en spatiös utomhusservering i denna trädgård, som i allra högsta grad gör den charmigare och mer inbjudande.

Inomhus sitter man mysigast i det rundade rummet som utgör husets ena ände, men också i den långsmala stora matsalen är det numera sittvänligt möblerat. Den långa bardisken hjälper till för att ge salen rimliga proportioner. Det är vilsamt med den tystlåtna inredningen. Ändå undrar vi om inte någon ytterligare dekoration är på plats, om inte annat så för att ge krogen en egen profil.

Mer talande än inredningen är personalens entusiastiska servicesinne och glada bemötande. De trivs uppenbarligen med sin krog och då är det lätt för oss gäster att känna detsamma.

Krogen har generösa öppettider, från 11 till allra minst midnatt, endast söndagarna undantaget, då de stänger 17. Vi gör vårt besök en vardag på lunchen, som här är ordnad med en fast meny där varje dag har sin rätt, vecka efter vecka, för 69 kronor inklusive salladsbordet.

Sålunda är det varje måndag fläskkarré med gremolata, ädelost och kumminbakad morot, varje tisdag fiskgryta på lax och makrill i citronbuljong med savoykål, och så vidare fram till fredagens köttfärslimpa med syltad svamp och rostad rotfruktspuré.

Det kunde vara en lite väl bekväm ordning, om inte ansträngningen i stället lades på att göra varje dagens rätt extra finurlig och njutbar. Därmed finner vi en poäng i den fasta menyn – dessutom en ödmjukhet hos krögarna, eftersom det därmed blir uppenbart att ingen gäst förväntas ta vareviga lunch här.

Också veckans special, kalventrecote med potatisterrin och rödvinssky för 98, samt det vegetariska alternativet örtpannkaka med rosmarinrökta champinjoner och grillad polenta för 69, är ständigt på menyn. Kanske borde de ändå kosta på sig att variera dessa två – åtminstone det vegetariska alternativet, så att gäster med denna preferens lockas till tätare återbesök.

Salladsbuffén har den där rustika och näringsstinna karaktären som känns igen från exempelvis Smak på Malmö konsthall och Salt & Brygga. Här finns bland annat en syrlig sallad med rödkål, samt ett par blandningar med i huvudsak couscous och rotfrukter i ett spänstigt tillstånd. Bröd finns såväl mjukt som hårt av fin kvalitet.

Vid vårt torsdagsbesök serveras kycklingfärsbiffar med lökchutney, chili och päron. Färsbiffar låter så lagom ambitiöst, men dessa är veritabla delikatesser med smeksamt fluffig konsistens, skönt finstämd smak och en frestande gyllenbrun yta.

Anrättningens chutney har en påflugen syrlighet som egentligen är lite bullrig mot den fina färsbiffen, sammalunda med de ståtliga rostade potatisklyftorna, men de medverkar å andra sidan till att måltiden inte ett ögonblick blir enahanda.

Det märks att köket både kan och vill.

Däremot såg vi gärna lite mer crema och arom i deras espresso, som kostar 20 kronor för en enkel. För övrigt kan vi bara le förnöjt efter den behagliga lunchen i det som återigen har blivit en skön oas i Lund.

Volym, 2006

Kristianstadsg. 7, Malmö BETYG: 4 PRISVÄRDE: UPP
MAT: UPP DRYCK: - SERVICE: -
Strängt taget – det enda som inte är retro på Volym är toaletterna. Frågan är bara hur retrotoaletter skulle se ut? De har i alla fall en liten vestibul som kör retro både i tapeterna och möblemanget.

Krogen har inretts med näranog ett frosseri i passerade decenniers trendigheter. Loungen har en spegelboll i taket, som är belyst så att den sprider vita fläckar över såväl inredning som gäster, vilka sitter på låga kuber och cylindrar vid nästan lika låga bord. Tapeterna är skojigt mossiga. Matsalsdelen har nätta bord på rund fot och extremt snygga stolar av formpressat trä i randigt mönster. Än längre tillbaka i tiden sträcker sig det förstorade fotografiet på kortväggen. Det är taget på Möllevångstorget för sisådär hundra år sedan.

Menyn är inte ett dugg bakåtsträvande, dock. Här råder snarare ett purfärskt köksideal med råvaror som sammantaget bildar nyttig men ändå klart njutbar mat, där kött eller fisk kombineras på faten med ett antal näringsstinna tillägg. Priserna är helt klart kamratliga. Förrätterna och desserterna kostar runt femtiolappen, huvudrätterna knappt ens i närheten av 150, flera av dem under

100. Man ska ha råd att äta här, även om man är en kämpande kulturarbetare som väntar på erkännande.

Vinlistan är också rätt snäll i prisnivån. Här finns en liten klase röda buteljer och ovanligt nog några fler varianter på vitt vin. Urvalet är gjort med tydlig eftertanke, men vi skulle inte kalla det fyndigt. Även med ölsorter och avecer är sortimentet måttligt.

Bland förrätterna prövar vi morot för 49, som i själva verket är små puffar invirade i tunt skurna morotsskivor, innehållandes i huvudsak den snälla italienska osten ricotta. Här finns också det sofistikerat söta innanmätet från fikon, sensuella små pinjenötter, samt de stränga smakerna av rå bladselleri och dito kålrot. Kontrasten är stor mellan de sistnämnda skarpt hårdnackade ingredienserna och det övrigas mjuka sötma. Kanske en krasch, men sådant håller gommen vaken.

En annan originell förrätt är sidfläsk och tomatkompott beströdd med sesamfrö, för 56 kronor. Det stekta fläsket i två rejäla skivor är förvisso en läckerhet i sig, intressant men burdust ställt mot den tungt smaksatta kompotten.

Huvudrätten röding för 138 kronor serveras med rotfrukter, en grönsaksfamilj som verkar lika älskad här som hos forna Petri Pumpa. Såväl grönsakerna som fisken vilar på ett lite väl tilltaget berg av potatispuré. Det gör också ett välfunnet inslag av puylinser, som med sin försiktiga sälta och torrhet blir utmärkt sällskap åt såväl purén som fisken. En inställsamt rosa sås plaskar vid bergets fot. Den stora behållningen är de två sköna bitarna av rödingfilé, tillredda till sin absoluta toppunkt, med spänst och saftighet men också tydlig karaktär av stekningen.

Ankan för 144 serveras med chevresås, äpplechutney, olivtapenade, apelsin, samt förstås små bitar av rotfrukt. På tallriken ryms också en nätt liten gratäng i eget krus. Skivorna av ankbröst är vackra men aningen sega – vi föredrar när de har något knapriga kanter. Såsen är intressant men inte ideal tillsammans med detta kött – här fungerar äpplechutneyn betydligt bättre. Det hade också varit muntert med ett tydligare apelsininslag.

Desserten mjuk pepparkaka för 49 kronor serveras i ett rymligt cocktailglas tillsammans med vaniljglass och björnbär. Bitarna av kakan, som strötts ovanpå glassen, är snarare sega än mjuka, och har inte så särdeles mycket av pepparkakssmak. Det hade nog blivit en festligare dessert med vanliga hårda pepparkakor.

Mer glädjande är det mixade dessertfat för 55, som består av en mörk och fyllig choklad-creme brulee, valnötbrownie med en skopa vaniljglass, tärnad ananas, samt kakaodoppade mandlar. Ett lustigt potpurri där ändå de mesta smakerna håller sig inom ett slags tema – också till den bruna färgen.

Espresson, som inte kostar mer än 17 för en enkel, gör inget större intryck på oss. Lite skarp och lite vattnig. Det är snopet på ett så chict ställe.

Hipp, 2006

Kalendeg. 12, Malmö   *BETYG: 5*   *PRISVÄRDE: -*
MAT: UPP   *DRYCK: UPP*   *SERVICE: UPP*

Under detta millennium är Hipp en av de krogar i Malmö som ständigt imponerat mest på oss. Den klassiskt och svulstigt inredda lokalen med majestätisk takhöjd rymmer en vaken och ungdomligt inspirerad krog, där köket är flitigt med att överväldiga. Numera serverar de även luncher, så det är vad vi prövar denna gång – och vi blir inte ett dugg besvikna.

Lunchen är något av en skärseld för ett krogkök med hög ambition och varsamhet med maten. Här ska det gå undan, gästernas gommar är inte lika experimentella som på kvällarna – och deras börser inte alls lika toleranta. Med sådana hinder är det inte lätt att få till något utöver det vanliga.

Hipps kök koncentrerar ansträngningen på några få rätter. Dagens finns i två varianter, vid vårt besök den präktiga husmanskosten stekt fläsk med löksås och rårörda lingon för 85, och forell med tomat, musslor och dragon för 95. Här finns också veckans soppa och vegetariska rätt – en jordärtskockssoppa smaksatt med tryffel för 65, respektive rårakor med linser, ratatouille och dragonyoghurt för 75. Det är allt, och det torde räcka.

Ingår i lunchpriset gör hembakt bröd, till vilket man kan välja smör eller olivmargarin, dessutom salladsbuffé, måltidsdryck och kaffe.

Salladsbuffén är gedigen, med vackra grönsaker av hög kvalitet i raffinerade smaksättningar. Vi blir särskilt förtjusta i den fina rotfruktsblandningen, likaså blomkålen i aromatisk dressing. Även krogens variant på coleslaw är rolig. Det är idel näringsstinna grönsaker, med det rustika ideal som känns igen från flera av de intressantare krogarna i staden.

Vinlistan är betydligt längre. På lunchen ska man kanske passa sig för att botanisera i den, ty den har sina sköna frestelser. Ett dugligt antal viner serveras även per glas, i och för sig. Möjligen kan man undra varför den långa listan har så snålt med flaskor av röd Bordeaux, å andra sidan är det rikligt med Toscana, så vi anar ett medvetet vägval hos krogens sommelier. Bland de vita ligger tyngdpunkten på Alsace, som nog passar kökets spirituella matlagning.

Servicen är exemplarisk, med stort engagemang och uppenbar förtjusning i det kulinariska. Vi blir lika omsorgsfullt ombesörjda som om det vore galamiddag på kvällen.

Vi prövar forellen med tomat, musslor och dragon för 95, som serveras med en egen liten karott av ljuvlig nypotatis, beströdd med havssalt. Potatisen är genomkokt, så att den har blivit ganska porös. Det får oss först att rynka på näsan, men faktiskt passar det dess milda och rika smak, så det kan nog vara avsiktligt. Modigt, i så fall.

I den stora, djupa tallriken ligger forellens fina och tunna filébitar i en liten klunga med skinnet uppåt, som om de gemensamt värjde sig för besticken. De smakar förträffligt och går galant ihop med den finstämda såsen. Musslorna är visserligen pikant marinerade, så att de bryter lite mot fiskens och såsens milda toner, men vi hade blivit ännu gladare om de varit lite fylligare och saftigare. Annars kan vi inte komma på något alls att knorra över.

Det skulle väl vara att portionen kunde vara aningen större – men det är gommen mer än magen som står för den önskningen.

Bryggkaffe ingår i måltiden, men vill man ha en espresso kostar det 30 kronor, vilket svider till en aning på lunchen. Å andra sidan är det en espresso som inte skäms för sig.

Inredningen på Hipp är som sagt ståtlig. Rena palatset. Här är också spatiöst, med gott om utrymme mellan borden – kanske lite för gott om det. Borden känns som öar i ett hav. Det borde vara förträffligt för varje sällskap som är sig självt nog – ändå gör det att atmosfären blir aningen ödslig. Fast man inte gärna medger det, vill man nog trängas lite på krogen.

Niklas, 2006

| *Helsingborg* | *BETYG: 5* | *PRISVÄRDE: -* |
| *MAT: UPP* | *DRYCK: UPP* | *SERVICE: UPP* |

White Guide lyfter fram två Helsingborgsrestauranger som de bästa i Skåne: Gastro och Niklas. Förvisso två prima krogar, men vi är inte överens med Guiden – varken när det gäller deras plats bland skånska krogar eller inbördes.

Niklas restaurang ser lockande ut från gatan med många fönster som ger insyn på båda sidor om hushörnet, och huset i sig självt har både dignitet och ålder. Möblemanget får tala för sig självt här. I entréplanet dominerar trä och den generösa bardisken, på ovanplanet som blott är några trappsteg högre upp klär tyg både bord och stolar.

På nedre planet serveras bistromenyn och på det övre den noblare avsmakningsmenyn för 795 kronor, som visar sig innehålla mer än de sju rätterna på listan. Till den finns en vinmeny för 595, som varje gäst absolut bör unna sig – den är prisvärd med flera exklusiva inslag, dessutom så välkomponerad att den då och då överträffar maträtterna.

Det är inte undra på – vinlistan är imponerande, med många nobla buteljer, ofta i värdig ålder och av prisade årgångar. Det är klart att priserna är därefter, men listan har också flera flaskor för under 300.

Först serveras en amuse med tre inslag på varsin porslinssked. De säger en hel del om kökets smakideal – dämpat, eftertänksamt, med mer av nyanser än effekter, där ingredienserna tyglats till en gemensam linje.

Första rätt är lättrökt torskrygg "vichyssoise" med löjrom. De fina torskskivornas friska och jungfruliga kött känns som sashimi, vilket övriga ingredienser städat underordnar sig.

Därnäst halstrad anklever med citronglacerade rödbetor och grönsalladscreme, assisterat av ett härligt bärnstensfärgat vin med lagom sötma. Anklevern är perfekt, klickarna av salladscreme sedesamt fogliga och rödbetorna den nödvändiga syrliga brytningen. Men det är vinet som verkligen skapar sensationen.

Sedan kommer en överraskning, oannonserad av menyn. Den inleds likt ett trollerinummer med att kyparen lägger en servett på bordet och beströr den med curry. Dess doft tjänar som en introduktion till en liten rätt bestående av tre sorters tomat, pilgrimsmussla och en bit av fisken uer. För att balansera currykraften serveras också en liten sorbet på tomat.

Fiskrätten är sjötunga och havskräfta med inkokt morot och nässelskum. Fiskfilén har vikts, vilket något minskar den exklusiva upplevelsen för såväl öga som gom, och av havskräfta är det föga mer än en dutt på en inkokt morotsskiva. Det är inte särskilt imponerande, med undantag för nässelskummet som sitter mitt i prick och återger sjötungan dess värdighet.

Smakbrytaren före kötträtten består av fårmjölksgelé och granité på harsyra – en stor smakupplevelse i sig. Den lena gelén är en dröm och harsyran ger en sofistikerad klang.

Huvudrätten är bringa och bräss av svensk kalv, med persiljerot i form av en creme, samt toppmurklor och tryffelsky. Det är distinkta smaker, vilka matchas värdigt av vinmenyns ofiltrerade och sturska rödvin. Dock är brässen ganska lamt tillredd och bringan lite väl motspänstig. En kontrast, i och för sig, men inte helt lyckad.

Osten är Bredsjö blå i närmast en röra, med utmärkt ackompanjemang på hjortrontema – såväl på fatet som i glaset. Men osten är inte tillräckligt intressant eller myndig för att leva upp till sammanhanget.

Den söta desserten är en rabarbersymfoni med sorbet och sallad, samt chokladfondant och kardemumma, roligt ordnade på fatet. Ett lakritsinslag är pricken över i och smakerna leker glatt med varandra. Mest imponerar ändå den sensuellt mjuka bit rabarbermarmelad som serveras på en egen assiett.

Det är utan tvekan storartade rätter här, och än mer imponerande drycker. Men det är också lite väl städat. Något mer djärvhet, rentav tokighet, hade gjort den i och för sig utmärkta måltiden än mer minnesvärd.

Gastro, 2006

Helsingborg   *BETYG: 4*   *PRISVÄRDE: NER*
MAT: UPP   *DRYCK: UPP*   *SERVICE: UPP*

Gastro har en helt annan busighet, vilket märks redan i den märkligt brokiga inredningen, som tillsammans med lokalens utformning starkt påminner om restaurangerna på Tysklandsfärjor. Det är en rörig miljö, inte ett dugg elegant i våra ögon, dessutom ganska bullrig. I och för sig är det djärvt att inte inreda finkrogstypiskt, men vi skymtar ingen särskild annan poäng med det.

Poängerna ligger i och för sig vid viktigare aspekter: servicen är varm, rask och kunnig, menyn synnerligen lockande och vinlistan imponerande. Men under middagen blottar sig fler tillkortakommanden än miljöns.

Gastro har en bistromeny som börjar med ett par smakfullt kombinerade stenugnsbakade pizzor för blott 79 respektive 85 kronor, samt en tapastallrik för 95. Bland varmrätterna märks lättgrillad gulfenad tonfisk för 175 och entrecote Café de Paris för 235. Deras ständiga trerättersmåltid för 395 börjar med en svensk delikatesstallrik, därefter Wallenbergare och creme brulee.

Avsmakningsmenyn ser ståtlig ut med sina totalt nio rätter – tills vi upptäcker att här dräller av "eller" i listan. Man ska välja blott en förrätt, en varmrätt, ostbrickan och en dessert. Det är inte mycket för en avsmakningsmeny. Priset är i och för sig städade 625 kronor. Paradnumret på matsedeln kallas Mat & Vin i harmoni och består förutom en inledande amuse av sex rätter med tillhörande viner för 1495 kronor. Vinmenyn skapar sådär lagom harmoni med maträtterna, det blir några fullträffar men också ofta rätt slätt, bara pliktskyldigt.

Amusens tre små smakprov är förvånande spretiga. De ger ingen tydlig bild av vad köket har för ideal eller estetik. Inte heller tillhörande livliga Champagne ger intryck av något tema. Första förrätten – sallad på svensk krabba med krassecreme, terrine på sticklök, äpple, olivoljeemulsion och hummerkrutonger – är lika förvirrande. Krabbsalladen är nästan vulgär, ackompanjemanget inte särskilt välfunnet. Intressantast för gommen är den barska krassecremen.

Just som vi undrar om krogen alldeles har tappat sansen, lyfts det på locken till den andra förrätten och ljuvliga rökångor slår emot oss. Det är de sköna dofterna av en ypperlig bit lättrökt tonfisk "otoro", en perfekt halstrad pilgrimsmussla från Kristiansund, confit och gazpacho på pärltomater, samt citroncreme. Mussla och fisk är perfekta, verkligen storslagna, och gör tillbehören överflödiga – rentav tveksamma.

Fiskrätten är sjötunga beurre noisette med mandelpotatisblanquette, bräserade röd- och gulbetor, spenat och kaprisemulsion. Fisken i rektangulär bit har fått ett ganska styvt tillstånd, vilket har en poäng men ändå känns som ett tveksamt sätt att hantera just denna nobla fisk. Övrigt på tallriken är rätt skojigt men också lite väl burdust för sjötungan. Vi är inte riktigt övertygade.

Då kommer en extrarätt: lasagne på färsk tryffel och tagg-svamp med timjanstekt vaktelbröst och tryffelskum. Kyparen river mycket generöst av färsk tryffel över våra anrättningar. Det är en dröm. Smakerna går ihop alldeles självklart, den lilla biten vaktel är rent obegripligt saftig och mör. Också vinet därtill, ett myndigt och rustikt rött, är såväl njutbart i sig som mitt i prick – även för nästkommande rätt, som det också assisterar.

Menyns kötträtt är pärlhönsbröst med halstrad anklever, svartrotsgalette, sichuankryddad pak-choi och fikon, samt aigre-doux. Här samsas djärvt karaktärsfulla smaker. Fågelköttet i stram cylinderform är behagligt i både smak och konsistens, men det är den lilla biten sturskt halstrad anklever som gör våra gommar riktigt lyckliga.

De utvalda ostarna är franska och serveras med pain d'epice och spisbröd. De är utmärkta men inte så särdeles minnesvär-da. Vi får sedan en glad pre-dessert med skön tahitivaniljglass, därefter en vanilj- och karamellbakad ananas med mousse på rostad kokos och Jivaracreme, samt ananas-yoghurtsorbet. Den kompakta kokosmoussen har en rolig smak, men desserten som helhet är ganska anonym.

Visst förmår Gastro överväldiga då och då, men däremellan är det lite tunt. Krogen är långt ifrån Skånes bästa, tidvis känner vi att den knappt spelar i högsta ligan. Var är artisteriet, var är fingertoppskänslan i hur smaker tas fram och kombineras? Där har de en hel del att lära av sin nära granne Niklas.

Hai, 2006

Davidhallst. 5, Malmö   BETYG: 4   PRISVÄRDE: -
MAT: UPP   DRYCK: -   SERVICE: -

Den lockande japanska restaurangen Hai håller stadigt sin kva-litet och charm, dessutom djärvs den pröva nya utmaningar. Det finns numera en filial i Höllviken, och menyn är ett flersidigt fyr-färgshäfte på blankt papper med bilder på alla anrättningar – en motsvarighet till den österländska traditionen med vaxmodeller av rätterna.

Annars är det mesta i lokalen på Davidhallstorg sig likt. Den ganska trånga baren innanför entrén med möblemang i ljust trä, den lilla passagen till den bakre, större matsalen med ett saltvattensakvarium som främsta utsmyckning. Kul är också de lätt kinky svarta servetterna.

Här är utsikten inget att hänga upp sig på – en bakgård där man ser föga mer än alla de olika tunnor som hör modern sopsortering till. Barens utsikt över torget är en helt annan sak, och än närmare det kommer man på trottoarens rymliga utomhusplatser. Nu fattas bara att torgets stora bilparkering förvandlas till något mer bildskönt.

Japansk mat äts med fördel i småplock, ungefär som tapas eller svenskt smörgåsbord. Hai har föredömligt mycket att välja på för en sådan måltid. Här finns förstås ett ordentligt sortiment av sushi och sashimi, alltifrån enstaka bitar till stora färdigkomponerade tallrikar. De har också tre nudelsoppor för enhetspriset 88 kronor, ett dussin smårätter för 20 till 79, samt åtta huvudrätter från yakisoba för 130 till halstrad tonfisk med wakamesås för 185. De fyra desserterna kostar omkring 60.

Vinlistan är ganska mager, vilket är förlåtligt på en krog med japansk mat – möjligen skulle de kosta på sig fler än två sorters Champagne. De har japansk öl, bland annat en burk på hela två liter för 240 kronor, och ett trevligt sortiment av sake där flaskornas poetiska namn översatts till svenska – vad sägs till exempel om att "Klarhetens rena väsen" kan fås för 578 kronor?

Misosoppa finns i två versioner, dels i vanligt utförande för 20 kronor och dels med grönmussla för 30. Det är en fyllig och välsmakande soppa, där det inte har snålats med ingredienserna. Sushin är också angenäm. Fiskbitarna har anständig tjocklek – något som det fuskas med på flera andra håll – och riset är härligt tjockt och gräddigt. Även övriga ingredienser är som de ska vara.

Bland smårätterna prövar vi sake- och chillistekta pilgrimsmusslor, räkor och grönmusslor för 75. Pluralet är vilseledande, eftersom det vackra fatet blott innehåller en av varje sort, på en bädd av tångsallad med söt och skojig smak. Fina skaldjur, tillredda med finess. Chillin har hållits tillbaka så att deras egna smaker får breda ut sig.

Kimchimarinerad ljus tonfisk för 79 serveras även den på en bädd av tångsallad. Fisken har skurits i klädsamt tjocka skivor – men dessa flankeras av två ganska osköna kanter, som ett japanskt kök med självaktning aldrig skulle släppa ut. Konsistensen är inte heller perfekt. Här har det nog slarvats lite i köket.

Kokta sojabönor i sina baljor serveras kalla i skål för 45 kronor. Det är intressant att uppleva dessa i Ostasien notoriskt använda bönor i sin naturliga form. De påminner till både utseende och smak om den i västerlandet välbekanta gröna bönan. Här har de blott beströtts med saltflingor, och ackompanjeras av en citronklyfta. Enkelt och angenämt.

Av huvudrätterna prövar vi den misomarinerade tilapiafilén med soyabalsamicocoli, sallad och ris för 165. Riset som serveras i egen skål är lika överväldigande gräddigt och skönt som i sushin. Fiskfiléerna har stekts med både kärlek och munter djärvhet. De ser lika läckra ut som de är. Colin därtill ger med sitt mörker och djup ett utmärkt ackompanjemang till fisken, sammalunda med den behärskade grönskan på tallriken. Anrättningen är lika enkelt stilfull som den är aptitlig.

Bland desserterna prövar vi chokladkakan med halloncoli och vanilj-creme fraiche för 69. Det är en rejäl bit av den dryga kakan, som också är stinn på kakao. Halloncolin utformar ett litet "splatter" bredvid, som om en klick av den släppts från hög höjd. Festligt.

Krogens namn betyder helt enkelt "ja", och det säger man gärna till dess prestationer.

Södra Skolg. 30, Malmö BETYG: 5 PRISVÄRDE: UPP
MAT: UPP DRYCK: - SERVICE: -

Tempo är en Malmöklassiker som spelar helt i sin egen liga, och hur än åren går vallfärdar gästerna hit med samma ogrusade förtjusning. Efter sin nyliga ombyggnad är lokalen lite elegantare rakt igenom och skillnaden mellan bar och matsal inte längre särskilt stor. Dessutom är det numera fri passage mellan dem. Hela menyn är tillgänglig var i lokalen man än sitter. Också till utomhusborden serveras mat.

Fast det är gott om stolar såväl inne som ute har Tempo sällan särskilt många platser lediga. Krogen är omåttligt populär, med en övervikt av unga och ytterst talföra kulturpersonligheter bland besökarna. Man får tidvis ha en myndig stämma för att göra sig hörd i sorlet, och skarpa öron för att höra sitt eget bordssällskap. Men det är ofta minst lika intressant att lyssna till grannarnas konversationer.

Kyparna har en alldeles egen stil här, som hör till kärnan i Tempos karaktär. De är raljerande, på gränsen till nonchalanta i tonen och ändå hur trevliga som helst. Man har som gäst ingen chans att sätta sig själv på piedestal, vilket förstås är nyttigt för själen att erfara. Servicen rullar på ändå, så det finns inget att klaga på.

Menyns modernt fyndiga rätter är uppdelade i kött, fisk och vegetariskt. Det finns inga förrätter alls, men priserna på varmrätterna är inte högre än andra krogar på samma nivå tar för sina förrätter. Billigast är en vattenmelonsallad för 55, och dyrare än 110 kronor för entrecote med äggula, kapris och pepparrot blir det inte. Priserna är så snälla att man som gäst nästan skäms. Rimmad torsk med avocado kostar 80, lammgryta med potatiskompott 85, musselsoppa 75. Desserterna kostar mellan 50 och 65.

De kallar sina portioner för mellanrätter – mitt emellan förrätt och huvudrätt – men vi tycker att de är alldeles lagom. Har man mer plats i buken kan man fylla på med potatis för 20 kronor eller stekt polenta för 35.

Vinlistan är lika bussig i pris. Det genomtänkta urvalet av buteljer kostar mellan 195 och 310. Här finns förstås inga majestäter. Också av öl finns flera intressanta alternativ, såsom den belgiska Leffe i flera varianter, och Newcastle Brown Ale på fat. Avecer har Tempo också ett anständigt sortiment av, däribland en handfull olika grappa och några fina sorters rom.

Vi prövar oliv- och chilibakad filé av havsabborre med fänkålsgratinerad potatispuré för 90. Havsabborre är en läcker fisk, utmärkt hanterad här. Rätten har fått ordentligt med chilikrut, vilket märkligt nog ändå inte gömmer fiskens diskreta smak. Purén har både behag och karaktär, ett välfunnet komplement till både chilistinget och den mjälla fisken.

Den knapriga svinryggen med söt rosmarinchili och haricots verts kostar 85 kronor. Det är vackra skivor fläskkött med lagom knaprig svål på en bädd av robusta och vitaminstinna grönsaker. Skyn med rosmarinchili är ganska diskret i tonen, alldeles lagom för att pigga upp måltiden utan att skymma dess ingredienser. Vi får fin kokt nypotatis därtill i egen skål – utan att behöva betala extra.

Desserten melon i folielag med vaniljpannacotta för 65 är en rejäl portion, där ståtliga tärningar av melon är hur läskande som helst i sin lätt syrliga lag och pannacottan de skyler under sig är ovanligt gräddig och len. Pannacotta är annars inte mycket att yvas över, men här har den en särdeles skön smak som möter frukten utmärkt.

Krogens crème brûlée för 50 serveras i stället rent spartanskt, utan något som helst tillbehör. Blott den prydliga brûléen i sin lilla bytta, med en distinkt och knaprig karamelliserad yta. Den klarar sig utmärkt i detta renläriga skick.

Tempo förmår förstås espresso i olika varianter, med den äran. En enkel kostar snälla 17, dubbel 22 och andra varianter några kronor till. Man kan också få ett glas O'boy för 22, om man är på det humöret.

Man kan knappast vara annat än förtjust efter ett besök på Tempo – maten smakar, dryckerna likaså, servicen är skojig, klientelet lätt att bli nyfiken på, miljön och stämningen skön. Och ändå kommer man riktigt billigt undan.

Smak vid havet, 2006

Scaniapl. 2, Malmö   *BETYG: 5*   *PRISVÄRDE: UPP*
MAT: UPP   *DRYCK: -*   *SERVICE: UPP*

Konsthallskrogen Smak har med sin nyöppnade filial i Västra Hamnen fått ett upphöjt, rentav majestätiskt läge. Det är som sig bör, eftersom krogen på många sätt höjer sig över sina konkurrenter.

Visserligen är Smak några meter längre från vattnet än de andra restaurangerna här, men i gengäld med en verklig paradutsikt över såväl badlivet som havet och bron. Den både snygga och trivsamma uteplatsen stänker också något av sin praktfullhet på oss gäster, där vi sitter nästan som på en teaterscen och skäms bort som primadonnor av den ytterst engagerade, för att inte säga förtjusta personalen.

Inomhus är stilen sobrare och signalerar exklusivitet. Borden är få och pedantiskt dukade, lokalen luftig trots att den är liten, och öppnar sig vällustigt mot uteplatsen och utsikten. Så länge vädret tillåter är det ändå dit ut söker sig.

Här serveras under lunchtimmarna diverse enkla och snitsiga läckerheter till ganska rimliga pengar, men det är kvällsmenyn som det gnistrar om. Bara vid en genomläsning vattnas det i våra munnar, och vi blir verkligen inte besvikna när vi får detsamma på tallrikarna.

Här finns två fyrarättersmenyer för 435 respektive 535, samt en à la carte om tre förrätter för dryga hundralappen, lika många huvudrätter för mellan 155 och 255, och samma antal desserter för 65 till 125. Ingen enda kötträtt, däremot spännande variationer på fin fisk.

Vinlistan är kompetent med hyfsat men inte imponerande omfång. Det är lite väl ungt bland rödvinsbuteljerna, vilket må förlåtas en krog som specialiserar sig på fisk och därför har koncentrerat sig lite mer på de vita flaskorna. Urvalet är hur som helst intressant.

Vi börjar med piggvar, krassespad, pumpa och pepparrot för 115, som är en alldeles perfekt förrätt. Kyparen häller på det delikata krassespadet från en något anakronistisk och tilltagen tillbringare. Fiskbiten är det centrala och det allt överskuggande. Den är makalös i både konsistens och smak. Övriga ingredienser förstår att precis bara lyfta upp piggvaren i ljuset.

BB med kantarellpuré och spröd parmesan för 135 visar sig med bokstavskoden avse den djärva kombinationen av bräss och bläckfisk. Det låter tokigt men visar sig vara mitt i prick – framför allt genom att bläckfisken är så ovanligt mör och behaglig, vilket gör dess svamppuréfyllning överflödig. Kalvbrässen är ganska burdust stekt, men det fungerar och den har en skönt mörk, tung smak. De försiktigt stekta parmesanflarnen passar särskilt väl till brässen.

Varmrätten helgeflundra i brynt fisksky med färskpotatis, anklever och stenmurklor är dyrast på menyn med sina 255 kronor, och värd allihop. Det är en stor bit fisk, oklanderligt tillredd, ackompanjerad av den brynta skyn, svampen och den stekta anklevern så att det minner om en kötträtt. Helgeflundran är förstås ändå mjäll som vispgrädde, vilket skapar en lustig kontrast till den liksom köttiga inramningen.

Tonfisk med rödbetor, limesky, pinje och grönpeppar för 205 stoltserar med en tonfiskfilé som visar sig vara alldeles utmärkt, fast den syns ha varit grillad i en överdrivet försiktig anda. Rödbetorna har i kokningen givits en sälta som får dem att accentuera en härlig smak av hav. Skyn med pinjenötter och peppar bildar en välfunnen brytning.

Den stora desserten för 115 innehåller skapelser på tema kakao, vanilj och jordgubbar. Det är en festlig liten symfoni på avlångt fat, men det spretar lite osorterat med smakerna och de olika beståndsdelarna har inte riktigt var och en för sig någon självklart förklarande egenskap.

Desserten Sött till kaffet för 65 visar sig även vara salt genom en av chokladtryfflarna. Dessutom en vaniljkräm i högt glas och söta grissini. Det är gott men aningen tråkigt trots den överraskande sältan.

Så där är Smaks enda lilla svaghet. Desserterna är bra men inte lysande som allt det föregående. Å andra sidan kan det delvis bero på våra smaklökar, som helt enkelt till slut inte orkade jubla mer.

Klostergatans vin & delikatess, 2006

| Klosterg. 3, Lund | BETYG: 4 | PRISVÄRDE: - |
| MAT: UPP | DRYCK: - | SERVICE: UPP |

Den snirkliga typografi som krogens namn är skrivet med passar perfekt på de välvda skyltfönstren och vyn som syns innanför dem. Detta skulle kunna vara en parisisk bistro från förra seklets barndom. Hur som helst skiner det av patina fast krogen är ung – om än själva fastigheten har varit med i många år.

Det är inte mycket plats på trottoaren för utomhusborden, som blott är några stycken runda och nätta saker. Inte heller inomhus är det så värst gott om plats, eftersom en stor del av lokalen fylls av en disk, bakom vilken delikatesser finns till försäljning. Trångt är det ändå inte mellan de snygga borden av oborstat stål med infälld träskiva, och man ser en hel del av det schackrutiga golvet. Det är riktigt trivsamt och betjäningen är lika kunnig som skicklig.

Krogen specificerar vin & delikatess i sitt namn, vilket förpliktigar. Vinlistan är inte så väldigt lång men i gengäld smakfullt sammansatt, med värdiga representanter för diverse distrikt, druvor och så vidare. Vi hade nog ändå sett att listan berikats med några majestäter till buteljer och fler röda som åldrats lite till.

Delikatesser är inga överord för den aptitliga sammansättning av sköna råvaror i respektfulla anrättningar, som erbjuds på kvällsmenyn. Det är sex förrätter från 85 till 145 kronor, sistnämnda för en halv hummer med toast och aioli. De fem varmrätterna kostar mellan 145 för Caesarsallad med majskyckling och 215 för halstrad hälleflundra. Desserterna är lika många och kostar mestadels 65. Här råder en ganska traditionell kokkonst, med koncentration på råvarornas kvalitet och hur de bärs fram. Det märks redan på brödet av två sorter, som redan det är en fröjd för smaklökarna, utan att för den skull ha någon spretig eller exotisk kryddning.

Bland förrätterna prövar vi hummersoppan med lax- och kräftstjärtstartar för 85, som i och för sig är behaglig men för vår del gärna fick ha en större koncentration av hummersmaken. Det är roligt med lax- och kräftstjärtsbitarna men bitar av själva hummern hade känts mer på sin plats.

Rårakor med löjrom, creme fraiche och rödlök för 110 är en traditionell tallrik med undantag för inslaget av ruccolasallad, som också är helt överflödigt för att inte säga störande. Rårakan är riktigt läcker med sin balanserade örtkryddning. Löjrommen är det måhända lite snålt med – men får man någonsin nog av den?

Huvudrätten lammentrecote med ramslökssky och rostad sparris för 190 beledsagas i god enlighet med traditionen av en potatisgratäng, som är finstämt mild och gräddig. Köttet är i två stora och sturska bitar, vilket är lite udda men också en festlighet. Dessutom gör det att upplevelsen av köttet blir sammansatt, om än det inte rakt igenom är så lättuggat. Den gröna sparrisen passar särskilt bra till dessa udda och kanske något för försiktigt tillredda köttbitar.

Den halstrade hälleflundran för 215 serveras med en lite väl tilltagen mängd brynt smör, samt rödbetor, kapris och pepparrot.

Också detta en tämligen klassisk komposition – möjligen rödbetorna undantagna, men de är också tveksamma här med sin kärvhet på gränsen till beska. Den i och för sig fina fiskbiten har svårt att hävda sig bland alla distinkta smaker.

Desserten chokladmousse med rårörda hallon kostar 65 och är en lika enkel som förtjusande avslutning. Moussen är föredömligt krämig medan hallonen gärna hade fått vara något mer råa än rörda.

Krogens creme brulee för 65 serveras med samma rårörda hallon och de fungerar förvisso även i denna kombination. Bruleens skal är ovanligt tjockt och hårt, medan innanmätet är lite mjukare än vårt ideal. Den kontrasten är lite väl tilltagen, men annars är smakerna som de ska.

Det är fin mat här, och vi uppskattar den traditionellt förankrade kokkonsten – men vi önskar en än större omsorg om detaljerna, för krogen har säkert den kapaciteten.

Metro, 2006

Ängelholmsg. 14, Malmö *BETYG: 3* *PRISVÄRDE: -*
MAT: - *DRYCK: UPP* *SERVICE: -*

Brunch är ett skönt sätt att slå ihjäl några timmar på helgdagarna och något av ett kulturfenomen. Den exklusiva söndagsbrunchen på Waldorf-Astoria i New York är smått legendarisk, och vem kan spendera en helg i den europeiska konstmetropolen Berlin utan att slå sig ner vid någon av dess många caféers lika ymniga som prisvärda bruncher, för att bara nämna ett par exempel. Också i Malmö har det dykt upp en och annan brunch på sistone.

Metro vid Möllevångstorget har både lokalen och adressen för att få till en närmast berlinsk brunch. Den kostar 89 kronor och då ingår förutom all maten även juice, frukt-slush, kaffe, så mycket man får i sig.

Brunchens anrättningar fyller två bord vid entrén – det ena för kall mat, det andra för varm. Förstnämnda består framför allt av några ganska gräddiga sallader på till exempel ägg, potatis och nudlar. Där finns också en frejdigt rustik sallad på tomat och lök, samt kokta ägg som ståtar med sin oefterhärmligt rena enkelhet.

I varmrättsbordets pannor, skyddade under staniolfolie, finns fina kycklingklubbor, en röra på bacon och lök, stekt falukorv, en utmärkt äggröra, ganska genomstekt potatis, samt pannkakor att avsluta det hela med. Alltihop är vällagat och gott, i synnerhet imponeras vi faktiskt av äggröran, som är så len och skön att den står fram, dessutom med en märkligt behaglig smak. Kycklingklubborna är också trevliga med sin yppighet och sin sturska stekyta. Det är en ordentlig buffé och här har man inga problem med att bli både mätt och belåten.

Ändå tycker vi att det fattas inslag. Här finns bara två sorters bröd, i båda fallen skivat, och endast en ost – dessutom inte särskilt märkvärdig. Nog borde en brietårta höra till? Och det borde absolut finnas plats för åtminstone någon sill.

Likaså tycker vi att det söta skulle behöva stödjas med frukt, antingen naturell eller som exempelvis sallad. Metros brunch har förutom juice och slush inget annat sött än pannkakorna med vispgrädde och sylt, där tyvärr grädden känns ungefär lika tråkig som den som kommer ur sprutmoj och sylten är lite väl enkel, för att inte säga banal.

En brunch ska innehålla ingredienser från såväl frukost- som lunchbord. Här är det förra något försummat till förmån för det senare. Inga pålägg utom nämnda ost. Det är skralt. Här finns i och för sig frukostflingor men bara en sort utan något särskilt ackompanjemang.

Som vi uppfattar brunchens idé ska det vara en mångfald och ett överflöd, som besökaren helst ska häpna inför. Dessutom bör det finnas några inslag som man inte alls hade väntat sig på förhand – upptåg som krogen i fråga är ensam om, eller i annat fall tagit ett steg till med. Även om Metros brunch imponerar med vad den har blir det också uppenbart att det är en hel del den inte har.

Det kanske kommer med tiden, speciellt framemot hösten, då en vissnande natur pockar på mer prunkande bufféer till tröst.

Drycker är krogen tämligen välförsedd med. Här finns flera prisvärda ölsorter såväl på fat som flaska, ett anständigt sortiment av viner, samt en hel del avecer och andra starkvaror. Krogens kvällsmeny är sådan att den kräver det, med sina begåvat komponerade och gediget tillredda anrättningar.

Metro är populärt, såväl på brunchen som i än högre grad på kvällarna, då det ofta är packat med folk både i den rustikt inredda matsalen och vid utomhusborden, med god utsikt över Möllevångstorget och folkmyllret som ständigt rör sig mellan de många krogarna här. Dessutom har Metro de flesta kvällarna särskilt inbjudna DJ:s, som spelar egensinnigt utvald musik på oblyg volym.

Så visst förtjänar krogen ett besök, men kanske hellre på kvällarna än på helgbrunchen – i alla fall om den inte fylls på till en annan grad av ymnighet, även om det rimligen måste betyda att det bussiga priset 89 kronor får höjas en aning.

La Roche, 2006

Larocheg. 5, Malmö   *BETYG: 4*   *PRISVÄRDE: -*
MAT: UPP   *DRYCK: UPP*   *SERVICE: UPP*

Fast Lilla Torg svämmar över av krogar har La Roche sin egen lilla kant, några steg bort på gatan med samma namn. Här kan det därför finnas lediga bord även när torget är som allra folktätast. Man bör söka sig hit även vid andra tillfällen, för att njuta av välsmakande tapas och den intressanta vinlistan med idel spanska buteljer.

Matsalen har inte särskilt många bord men i stället en atmosfär av hemtrevnad. Utomhusserveringen på Larochegatan är en betydligt lugnare plats att sitta på än torget blott ett stenkast därifrån. Det är lite som en gränspostering mot gamla Väster.

Ännu lugnare är det på gårdsserveringen, som är sin egen lilla skyddade värld.

Temat är ihärdigt spanskt och tapas. Matsedeln innehåller blott en huvudrätt, oxfilé för 225 kronor. I övrigt är det de spanska smårätterna i ett rikt urval från sisådär femtiolappen till hundralappen. Ingredienserna på dessa håller sig också troget inom det spanskt igenkännbara.

Vinlistan är ganska tilltagen, i synnerhet vad gäller röda buteljer, med många spanska vindistrikt representerade – likaså många prisklasser, ända upp till den berömda Vega Sicilia för tusenlapparna. Detta vin ser man sällan ens på betydligt mer omfattande vinlistor.

Vår servitör är inte bara uppmärksam och angelägen om vårt välmående, utan visar sig även besitta goda kunskaper i spansk mat och dryck. Det är tydligt att krogen finner glädje i att sköta sitt tema på bästa vis.

En spansk klassiker är den kalla soppan gazpacho, som här kostar 64 kronor och är en alldeles lagom portion. Smaken är frisk, mustig och skickligt avvägd i sin syrlighet. Vi är i och för sig förtjusta i traditionen att ingredienserna även serveras hackade på ett fat bredvid, ej blott i soppan – men har inga invändningar när resultatet är så här välsmakande. Dessutom har soppan dekorerats med några stora och smakrika räkor.

Än större räkor är det i deras gambas för 89, med ett markant vitlöksinslag men i övrigt behärskat kryddade. Vackra räkor, som genom den måttliga peppigheten får tala tydligt med sin egen smak. Rätt oljigt är det förstås, vilket gör den lilla portionen lagom.

De sherrybräserade blåmusslorna för 79 serveras i sina skal och i riklig mängd. Den lagom gräddiga skyn är smaskig, varför skeden som kommer till är på sin plats. Fina musslor, klassiskt och ändå muntert presenterade.

En lika skojig som välsmakande kombination är sardiner upplagda på potatischips, med havssalt att strö över dem i egen liten bytta, för 55. Ett perfekt tilltugg till öl, som krogen dock blott har några få märken att välja på. En annan fyndighet är potatiskroketter med serranoskinka för 57. De två stora kroketterna är ljuvligt gräddiga i konsistens och smak, med en vackert gyllengul yta. Det lilla inslaget av skinkbitar inuti dem känns överflödigt, medan den knapriga skiva som serveras bredvid är ett läckrare sätt att skapa kontrasten till de lena kroketterna.

Lammkotletter är en klassiker i många sorters kök. Här är det tre saftiga sådana tillsammans med en delikat mango chutney för 89 kronor. Ganska rejäla i formatet är de också, så detta i sig kan bli ganska mättande. De har hanterats med berömvärd lätthet i köket, såväl vad gäller kryddning som grillning, så det är en njutning att sätta tänderna i dem.

Fatet med tre olika spanska ostar kostar 95 och är även det en glädjande smakupplevelse. Trion har lagom spännvidd i smaker och konsistens. Det finns ostar i vår värld med mer intrikata smaker, men dessa är absolut angenäma och rödlöksmarmeladen därtill känns ganska lagom.

Här finns också några desserter, såsom en utmärkt creme brulee på katalanskt vis för 69 med härlig krämighet, en myckenhet vanilj och en lyckad spetsning med apelsin. Vi prövar också hallonmoussen med melonkompott för 65. Själva moussen är trevlig men inte särskilt minnesvärd. Vi imponeras i stället av den friska och sköna melonkompotten, som man gott kunde avnjuta i alldeles eget majestät.

Trots att vi prövar ett antal tapas blir vi inte besvikna på en enda av dem. Det är starkt. Inte blir vi ruinerade heller.

Samtliga toppbetyg

Här är alla krogar som fick högsta betyg (tre stjärnor eller 5) av
mig som Bong.

Malmö
1 r.o.k., 1999, 2001, 2003
Anno 1900, 1995, 1998
Atmosfär, 2005
Bloom, 2004, 2006
Brogatan, 1997, 2000, 2003,
2005
Brokrogen, 1997
Casa Mia, 1996
Gazpacho, 2005
Gröna Fisken. 1998
Hipp, 2004, 2006
Interpool, 1995
Konsthallen, 1998, 1999
La Couronne, 1996, 1999
Le Beau Monde, 1999
Min Bror's krog, 2000
Måns på Hamngatan, 2000
S:t Markus, 2001
Smak vid havet, 2006
Tempo, 2006
Trappaner, 2004, 2006
Värnhemsskolan, 1996
Årstiderna, 2000

Lund
& bar, 2004
Bantorget 9, 1998, 2006
Grand, 1999, 2003
Kulturen, 1997
Spot, 2001
Tabemono, 1997
Skåne
Häckeberga slott, 2007
Niklas,Helsingborg, 2006
Mötesplats Österlen, 2003
Skanörs Fiskrögeri, 2001
Albinslunds krog, 2001
Östarps gästgivaregård, 1999
Hotel Kullaberg, Mölle, 1999
Sofiero slottsrestaurang, 1998
Svaneholms slott, julbord, 1995

Köpenhamn
Kommandanten, 1996, 1998
l'Alsace, 1999
Fu Hao, 2001
TyvenKocken..., 2002
Grönnegade, 2002

Samtliga bottenbetyg

Här är alla krogar som fick lägsta betyg (överkorsad stjärna eller 1) av mig som Bong.

Malmö
Cyrano 1997
Harry's 1998
Interpool 1998
Kaffepetter 2000
Kockska krogen, Malmö 1995
Kungsparken 2000
Kycklingköket 1999
Malou 1997
Matrisen 1995
Meaning Green 2000
Mikes Corner 1998
Mongolian Bbq 1995
Nya Tröls 2005
Piccolo Mondo 1996
Ribersborg 1998
Steakhouse 1997, 1999, 2000
Sushibaren 1999
Teaterrestaurangen 1997
Tomaten 2001
Triangelo 1995
Wega 2003

Lund
Fellini, 1996
Kulturen, 2003
Petri Pumpa, 1995, 1997

Skåne
Family, Gårdstånga, 1995
Grand Hotel, Mölle 1996
Hammenhögs gästg. 1996, 2000
Hvellinge Gästg. 1997
Rondellen, Sjöbo 1995
Scandic Inn, Löddeköpinge, 1995
Örenäs slott 1997

Köpenhamn
Café and Bar, Scala-huset 1995
Nationalmuseum 1998

Samtliga Bong

Här är alla krogar som recenserades av mig som Bong. De är ordnade efter år och vecka, med angivande av lunch (L) eller middag (M), samt betyget. Krogar utanför Malmö och Lund listas separat i slutet.

1995

7   M Hipp *
8   L Le Mirage, Saluhallen *
9   M Petri Pumpa, Lund X
10 L Café Konsthallen **
11 L S:t Gertrud *
12 M Thai *
13 L Gräddhyllan, Lund *
14 M Konstrundan * – **
15 M Brogatan **
16 L Pizza Hut *
17 M Azteken *
18 L Aptiten, Mobilia *
19 M Nr 5, Lund *
20 L Skånska Bosse **
21 M BoA **
22 L Burger King *
23 M Louisiana *
24 L Johan P **
25 M Mongolian Bbq X
26 L Kulturen, Lund *
27 M Times *
28 M Elysée, Lilla Nygatan 1 *
29 L Terrassen, Triangeln *
30 L Izakaya Koi *
31   Barrunda Lilla Torg X-**
32   FESTIVAL
33 M Retro *
34 L Les Fines Herbes *

35 M Lundia, Lund *
36 L Wega, Malmö mus *
37 M Kramer *
38 L Elverket, Lund **
39 M Kockska krogen X
40 L Werners **
41 L La Caravelle, Limhamn *
42 M Årstiderna **
43 L Anno 1900 ***
44 M Philippine *
45 L Matrisen/Bodoni X / *
46 M Balzac, Lund *
47 L Interpool ***
48 M Thott's *
49 L Spot *
50 M Triangelo X
51 L Café Finn, Lund **
52   DANMARK

1996

1   M Möllan **
2   L Ikea *
3   M Mando *
4   L Mercury **
5   M Grand Hotel, Lund **
6   L Le Colisé *
7   M Skeppsbron 2 **
8   L Krokodilen **
9   M Herr Gårman *

10 L Clemens, Lund **
11 M Tempo **
12 L Carolus *
13   KONSTRUNDA
14 M Fellini, Lund X
15 L India **
16 M Tsar *
17 L Pentryt *
18 M Plaka *
19   DANMARK
20 L Alfredo Lund *
21 M Le Concert *
22 L Sturehof **
23   KONSTRUNDA
24 L Piccolo Mondo X
25 M Rådhuskällaren *
26 L La Barca *
27 M Stäket Lund **
28 L B&B **
29 M Spår 14 **
30 L Norell's Nr3 **
31 M Anders *
32   FESTIVAL
33 L Stortorget, Lund *
34 M El Patio **
35 L Casa Mia ***
36 L Nya Veras *
37 M Mello Yello *
38 M JP:s *
39   DANMARK & CD
40 M Frappé, Lund *
41 L Vår tids mat (Meny) **
42 L Värnhemsskolan ***
43 M Le Coeur *
44 M Via Veneto **
45 L Savoy *
46 M Bellman, Lund **
47 L La Casita **
48 M La Couronne ***

49   DANMARK julbord
50 M Aten *
51 L Saluhallen, Lund *
52 M La Trattoria **

1997

1 L Brokrogen ***
2 M El Meson *
3 L Malou X
4 M Botulfs, Lund **
5 L 4 Kök, Burlöv *
6 M Zorba **
7 L Hemma hos grek., Lund *
8 M Bishop's Arms *
9 L Lilla Frej *
10 M Petri Pumpa, Lund X
11 L Glad-Mat **
12   KONSTRUNDA
13 L Den blinda åsnan **
14 M Olgas **
15 L Översten **
16 L Kro Linné, Lund *
17 M Victors *
18 L Fregatten *
19 M Teaterrestaurangen X
20 L Perssons **
21 M Atmosfär *
22 L Tegnérs, Lund **
23   SKÅNERUNDA
24 L Pizza Time **
25 M Cyrano X
26 L Cornelias *
27 M Steakhouse X
28 M Tabemono, Lund ***
29 L Becky's bar *
30 M Siesta *
31 L Buffén *
32 M G *
33 L John Bull, Lund *

34 L Reginas *
35 M Natalie/Pers krog *
36 M Gigi, Lund **
37 L Johan P *
38 M Yasso *
39 L El Patio **
40 M Don Quijote **
41 M Champs *
42 M Thotts *
43 L Kulturen, Lund ***
44 M Hipp *
45 L Loftet *
   ÖRESUNDSBILAGAN
46 M Brogatan ***
47 M Retro **
48 L Aq-va-Kul *
49 M Rauhrackel, Lund *
50 L Tokaj *
51 M Zarathustra *
52 L Glada Laxen *
   BOK Mats Gellerfelt

1998
1 M Gourmet(Osaka) *
2 L McDonalds *
3 M Mikes Corner X
4 M La Luna, Lund **
5 L New York Pizza *
6 L Hamlet *
7 M Le beau monde *
8 L Konsthallen ***
9 M Interpool X
10 M Årstiderna *
11 L Carolus **
12 M Lundia, Lund *
13 L Grönafisken ***
14 M Nyströms gastronomi **
15 KONSTRUNDA
16 L Aves, LU ND **

17 L Stallmästaren **
18 M 1 rum och kök *
19 L Brödkakor&stekta rovor **
20 M Escape *
21 L Pronto *
22 M Anno 1900 ***
23 L Café Finn, Lund **
24 M Godset, Lund **
25 L N:o 1 *
26 M Cornelias *
27 L Krua Thai **
28 M Ribersborg X
29 L Wega *
30 L Kajutan *
31 M Jensen's *
32 DANMARK
33 M Times *
   FESTIVAL
34 L S:t Gertrud *
35 L Big Bowl **
36 M Azteken *
37 L CC House, Lund **
38 M Skeppsbron 2 *
39 L Terrassen *
40 M Sturehof **
   KRÖNIKA vinflaskor
41 M Nr 5, Lund **
42 L Indian Haweli **
43 M Tempo **
44 L Broderstugan *
45 M Hilda's *
46 L Meaning Green *
47 L Wrap House, Lund *
48 M Savoy *
49 L Figaro *
50 M Louisiana *
51 L Bantorget, Lund ***
52 L Indisk Fast food **
53 M Harry's X

1999

1   M Lemongrass 4
2   L Brofästet 4
3   L SushiYa 3
4   M Grand Hotel, Lund 5
5   L Rådhuskällaren 3
6   M Adelgatan 3
7   L Bromans, Lund 4
8   L LaEmpanada 4
9   M Petri P bak, Lund 4
10 L Normans deli 4
11 M Beau Monde 5
12 L Kropp & Själ 3
13   KONSTRUNDA
14 M Atmosfär 4
15 L Kycklingköket 1
16 M No Name 2
17 L Krog Clemens, Lund 4
18 M & Bar, Lund 4
19 L Ego 3
20 M Kramer 2
21 L Rooseum 4
22 M 1 rok 5
23 L Izakaya Koi 3
24 L Kylhuset 3
25 M Petri Pumpa 4
26   SKÅNERUNDA
       SERVICECENTRA
27 L Mediterranean, Lund 3
28 M Cl & Gr 2
29 M Steakhouse 1
30 M Dodekanisa 4
31 L Wok kitchen 2
32   KÖPENHAMN
       FESTIVAL
33 L Stortorget, Lund 3
34 M Tempo 4
35 L Petpailin 3
36 M Paddy's 4

37 L Sushibaren 1
38 M La Luna, Lund 3
39 L Thai 3
40 L La Casita 4
41 M Perssons 3
42 M La Couronne 5
43 L Kwai Tsan 4
44 M Fellini, Lund 3
45 L Del Ponte 3
46 M Möllan 4
47 L Sveas Deli, Lund 2
48 M Venedig 4
49 L Arken 4
50 M Romans 3
51 M Tabemono, Lund 3
52 L Konsthallen 5

2000

1   L Chick-King 2
2   M Mello Yello 4
3   L Hang Zhou 2
4   M Meaning Green 1
5   L Brogatan 5
6   M JP's 4
7   L Rinaldos 3
8   L Petri Café Lund 3
9   M Louisiana 4
10 M Kramers 4
11 M Mando 3
12 L Blinda Åsnan 4
13 L Lilla Köket 3
14 M Lundia Lund 3
15 L Thai Tamarind Lund 3
16   KONSTRUNDA
17 M Victors 3
18 M Casa Mia 4
19 L Årstiderna 5
20 M TrappaNer 3
21 L Gränden 3

22 M Mor & Son 3
23 L Tandoori Lund 2
    REPORTERJOUR
24 M Min Bror's krog 5
25 L Azteken 4
26 M Kulturen Lund 2
27 L Target 3
28 L Reginas 3
29 M Måns på Hamngatan 5
30 L Malou 3
31 M Le Reflet 3
32 L Kaffepetter 1
    FESTIVAL
33 M Moosehead 4
34 L Spot 4
35 M Annas Tapas 4
36 L Kungsparken 1
37 L Queen Fish 2
38 M Qvarterskrogen David 4
39 L Botulfs Lund 2
40 M Hipp 4
41 L Skeppsbron 2 4
42 M Atmosfär 3
43 L Cl & Gr 4
44 L Café Siesta 4
45 M La Trattoria 3
46 L Steakhouse 1
47 M Bengtssons ost, Lund 4
48 L Carolus 3
49 M Ekmans 3
50 L 4 kök, Lund 2
51 M La Cantina 4
52 L Escape 3
    ESLÖV

2 0 0 1

1 L Stippes 3
2 L Creperie Bretagne 3
3 M Bayerisches Bierhaus 3

4 L Grand Hotel, Lund 3
5 L Los Arcos 3
6 M Brogatan 4
7 L Figaro 3
8 M 1 r.o.k. 5
9 L H. hos greken Lund 2
10 L Översten 2
11   DANMARK
12 L Lo Spaghetto 4
13 L Lekot 3
14 M Godset Lund 4
15   KONSTRUNDA
16 M Lemongrass 3
17 M Broderstugan 4
18 MÖLLEVÅNGEN
19 L Buona Pasta 3
20 M Le Beau Monde 3
21 L Tegnérs Lund 3
22 M St Markus 5
23 L Ingelsta kalkon 3
24   BO01
25 L Royal India 3
26 M Spot Lund 5
27 L Veras 2
28 M Le Beau Monde 4
29 L Vår tids mat 4
30 M Cornelia's 4
31 M &bar Lund 4
32 L Glorias 3
33 M Siciliana 4
34 L Gustav Adolf 3
35 M Rauhrackl Lund 4
36 L Anno 1900 2
37 M LaRoche 4
38   CHRISTIANIA
39 L Stäket Lund 3
40 L Smaklöken 2
41 M Årstiderna 3
42 L Café UB Lund 3

43 M Sturehof 4
44 L Mandarin 4
45 M Hipp 4
46 L ToMaten 1
47 M Bantorget 9 Lund 4
48 L Sushi Ya 2
49 M Mai Thai 4
50 L New York Slice Pizza 3
51 M Interpool 2
52 L Normans deli 3

2002

1 M Darrband 3
2 L Pimpas 3
3 L Henrics o Lucias Lund 2
4 M B&B 4
5 L Mor & Dotter 3
6 L Gräddhyllan Lund 3
7 M Paddy's 4
8 M Två Krögare/Bullen 4
9 L Calles Pasta&Potatis 4
10 M Trappaner 4
11 L Smak, Konsthallen 4
12 M Bengtssons Lund 4
13   KONSTRUNDA
14 L Heartbreak 2
15 L Lundia Lund 4
16 M Dionysos 3
17 L Greken 3
18 M La Couronne 4
19 M Ekmans 3
20   LUNDAKROGAR
21 L Café Pontino 3
22 L The Hot Cow 3
23 M Petri Pumpa 2
24 L Mejeriet Lund 3
25 M Davidshall 3
26 L Shortstop 3
27 M Yasso 3

28 L Indian Side 2
29 M Elysée 4
30 M Stortorget Lund 2
31 L Ciao's 3
32 L Spot 4
33 M Godset Lund 3
34 M Perssons 3
35 L Hai 3
36 L Falafel N.1 4
37 L Möllan 4
38 L Habanero Haci., Lund 2
39 M Target 4
40 L Jensens Böfhus 3
41 L Glad Mat 2
42 M Bloom 4
43 M Lean Grill 4
44 L Speedy Lee Lund 2
45 L Thap Thim 2
46 M Johan P 4
47 M Tabemono Lund 2
48 L Gazpacho 4
49   KÖPENHAMN
50 M Aten 4
51 L AO Thai Lund 3
52 M Skolgatans Ölkafé 3

2003

1 L Baronessan 2
2 M Cutty Sark 3
3 L LejonLunden 3
4 M Kramer 3
5 L Mui Gong Lund 4
6 L Thott's 3
7 M 1 r.o.k. 5
8 M Mor & Son 2
9 M Grand Lund 5
10 L Brogatan 5
11 M Krua Thai 4
12 L Gloria's 2

13 L Delikatessen 4
14 M India 3
15 M Katalpa Lund 4
16   KONSTRUNDA
17 L Flame 3
18 M Louisiana 3
19 L Ikizukuri Lund 3
20 L Victors 3
21 M Siesta 4
22 L Times 4
23 M La Roche 4
24 L Piccolo Mondo 2
25 M Kulturen Lund 1
26 L Kungens 2
27 M Margaretapaviljongen 3
28 L Wega 1
29 M Ha Noi 2
30 M C'est la vie 3
31 M Botulfs Lund 3
32   ÖSTERLENRUNDA
33 L Miso Vegokök 4
34 M Moosehead 2
35 L Sandra Lund 2
36 M Sturehof 4
37 L Center Syd 3
38 M Vanilj 3
39 L S:t Gertrud 3
40   GOLFRESTAURANGER
41 M Atmosfär 4
42 L Tegnérs Lund 3
43 M Grappa 2
44 M S:t Petri 3
45 L Siesta på MAS 3
46 M Skeppsbron2 3
47 L Mosaik 3
48 M Carlssons Lund 4
49 M Tex Mex bar 2
50 L Indian Flavour 3
51 L Pentryt 3

52 M Casino Cosmopol 3

2004

1   M Olgas 3
2   M Röda Kran 4
3   L & bar Lund 5
4   L Lilla Köket 3
5   M Hipp 5
6   L Norman's deli 2
7   L Kaspers krog 3
8   M Basilika Lund 3
9   M Hai 4
10 M Årstiderna 3
11 L Korvhuset 3
12 L Any Time 4
13 M Le Colisé 3
14 M Tempo 4
15   KONSTRUNDA
16 L Gräddhyllan Lund 3
17 M Frans Suell 4
18 L Musashi 4
19 M Mello Yello 3
20 L Intermezzo 4
21 M Bantorget 9 Lund 3
22 L Gökboet 3
23 M Escape 2
24 L Mediterranean Lund 2
25 M Salt & Brygga 3
26 L Becky's 2
27 M Lemongrass 2
28 L Café Finn Lund 2
29 M Casa Mia 4
30 L Retro 4
31 M Italia Lund 4
32 L Sakura 3
33 M Rådhuskällaren 3
34 M Trappaner 5
35 M La Empanada 3
36 L & bar Lund 4

37 M Turasund 2
38 M Parea 3
39 M Husmans 3
40 L Syltan 4
41 M Green Mango 3
42 L Kattesund Lund 3
43 L Nama 3
44 M Le Fil du Rasoir 4
45 M Bloom 5
46 M Metro 4
47 L Hamn & Peppar 3
48 M Godset Lund 3
49 L M/S Dockan 3
50 M La Couronne 3
51 L The Roots 4
52 L Saluhallens Fisk Lund 3
53 M 1 r.o.k. 4

2005
1   M Möllan 4
2   M Izakaya Koi 3
3   M Retro 3
4   L Smak 4
5   M St. Michel Lund 2
6   L Kolga 3
7   L Ambiance 4
8   L Översten 3
9   M Nya Tröls 1
10 L Grand Lund 4
11 L Vår tids mat 3
12   KONSTRUNDA
13 L Carlssons Lund 4
14 M Gazpacho 5
15 M Spot Lund 4
16 L Skeppsbron 2 4
17 L Sapla 3
18 M Sturehof 3
19 M Korrapong 3
20 L Nobel 3

21 M Gozzip 3
22 L Tabemono Lund 3
23 L Vegegården 4
24 M Cl.&Gr. 3
25 M Kramer 4
26 L Gränden 2
27 M Lundia Lund 3
28 M Ankara 4
29 M Aten 3
30 M Stortorget Lund 3
31 M Atmosfär 5
32 L Harrys 2
33 L Nilssons sushi 2
34 M Wester 2
35 M V.E.S.P.A. Lund 4
36 L Via Veneto 2
37 M Buddha Lounge 4
38 L Skogströms 3
39 M Mrs. Brown 4
40 L Bellman Lund 2
41 M Caramello 4
42 L Maguro sushi 2
43 M Basilika Lund 2
44 L Sultan Palace 3
45 M Just like mama's 4
46 L Konst & Kökken 3
47 M Brogatan 5
48 L AndréeLunds 3
49 M Amore per il cibo 3
50 L Bodoni 2
51 M Wasabi Lund 3
52 M Interpool 3

2006
1   L Kniv & gaffel, Caroli 3
2   M Mando 2
3   L Kulturen Lund 4
4   M Chili bar 3
5   L Café Ceder 3

6   M Babas 3
7   M Volym 4
8   L Norman's 4
9   M Gräddhyllan Lund 2
10 L Hipp 5
11 M Dekadens 4
12 M Trappaner 5
13 L Tegnérs Lund 3
14 L Moonlitlounge 3
15   KONSTRUNDA
15   HELSINGBORG
16 L Kaféer
17 L B&B 2
18 L Slagthuset 3
18   ÅRETS GLASSAR
19 M Bloom 5
20 L Tapatio Lund 3
21 M Röda Kran 4
22 M Hai 4
23 L Årstiderna 4
24 M Bantorget 9 Lund 5
25   SKÅNERUNDA
25 M Tempo 5
26 L Salt & Brygga 4
27 M Moosehead 2
28 M Kattesund Lund 4
29 M Piraja 4
30 L Spot 3
31 L Smak vid havet 5
32 M Klostergatan Lund 4
33 L Metro (brunch) 3
33   FESTIVAL
34 L Sachi sushi 2
35 M Epicuré 4
36 M Lean Grill 2
37 L Filip & Matilda Lund 2
38 M La Roche 4
39 M Siesta 3
40 L Thott's 4

41 M Elysée 3
42   SKÅNERUNDA
42 M Stäket Lund 2
43 L O'Learys 2
44 M Lotus 3
45 M Paddy's 4
46 L Fellini Lund 3

2 0 0 7

1   M Sankt Markus 3
14   KONSTRUNDA
25   SKÅNERUNDA

Skåne

Konstrundan 1995
Branteviks Bykrog *
Brummers krog, Skåne Tranås *
Måns Byckare, Simrishamn *
Brösarps Gästgifveri *

Vägkrogar 1995
Rondellen, Sjöbo X
Scandic Inn, Löddeköpinge X
Skåne-Rasta, Glumslöv *
Ekerödsrasten, Hörby *
Family, Gårdstånga X
Ingrids restaurang, Svedala *
Fars Hatt, Skurup **

Julbord 1995
Tröls Jins Kru, Malmö *
Kulturens restaurang, Lund *
Svaneholms slott, Skurup ***
Olgas, Malmö **

Konstrundan 1996
Trydegårdens gästg. *
Karlaby kro, **

Hammenhögs gästg. X
Kåseberga fisk **

Hammenhögs gästg. 1
Rusthållargården, Arild 3

Sommarrunda 1996
Kaptensgården, Falsterbo **
Grand Hotel, Mölle X
Dalby gästis **

Konstrundan 2001
Skanörs Fiskrögeri, Skanör 5
Albinslunds krog 5
Karlaby kro, Tommarp 3
Oscars Trapp, Helsingborg 3

Konstrundan 1997
Hökarn's krog, Simrishamn **
Hedmans krog 1813 **
Rut på Skäret, Nyhamnsläge **
Örenäs slott, Glumslöv X

Konstrundan 2002
Maritim, Simrishamn 2
Ängavallens Örtagård, Vellinge 4
Kävlinge värdshus 2
Gastro, Helsingborg 4

Sommarrunda 1997
Norell's, Höllviken **
Hvellinge gästg. X
Dannegården, Trelleborg **

Konstrundan 2003
Mötesplats Österlen, Löderup 5
Olof Viktors, Glemminge 3
Hammenhögs gästg. 2
Niklas, Helsingborg 4

Konstrundan 1998
Skillinge hamnkrog, Skillinge **
Kattegat gastronomi, Torekov **
Sofiero slottsrestaurang ***

Österlen sommar 2003
Scilla gård, Tomelilla 3
Kabusa, Köpingebro 4
Kåseberga fisk 3
Branteviks bykrog 3

Konstrundan 1999
Hotel Kullaberg, Mölle 5
Tunneberga gästg. 4
Häckeberga slott 2
Brösarps gästg. 4

Konstrundan 2004
Örenäs slott, Glumslöv 3
Sofiero slottsrestaurang 3
Sjöbo gästg. 4
Thomas Ställe, Smyge Bykrog 3

Sommarrunda 1999
Röstånga gästg. 2
Skanörs gästg. 4
Häckeberga wärdshus, Genarp 3
Östarps gästg. 5

Konstrundan 2005
Ingelsta kalkon, Tomelilla 2
Dalby Gästis, Dalby 4
Rusthållargården, Arild 4
Mötesplats Österlen, Löderup 4

Konstrundan 2000
Hvellinge gästg. 3
Rådhuskällaren Ystad 2

Konstrundan 2006
Wallåkra Stenkärlsfabrik 4
Östarps Gästg., Blentarp 2
Dannegården, Trelleborg 3
Rätt vid havet, Kåseberga 4

Sommarrunda 2006
Farbror Elofs skafferi 3
Gula boden, Viken 3
Buhres fisk, Kivik 4
Kamskogs krog, Simrishamn 2

Höstrunda 2006
Spångens Gästg., Ljungbyhed 2
Brösarps Gästg., Brösarp 3
Stora Herrestad gästg. 2
Skanörs gästg., Skanör 4

Konstrunda 2007
Ingelstorp, Glemmingebro 4
Häckeberga slott, Genarp 5
Vikens Hamnkrog, Viken 3
Store Thor, Ystad 4

Sommarrunda 2007
Niklas i Viken, Viken 3
Kabusa Konsthall 2
Rut på Skäret, Nyhamnsläge 4
Strandpaviljongen, Barsebäck 3

Köpenhamn
1995
Restaurant Wiinblad **
Café Sorgenfri **
Peder Oxe *
Café and Bar, Scala-huset X

Våren 1996
Kong Hans *
Kommandanten ***

Hösten 1996
Nyhavn 17 *
Hereford House **

Julbord 1996
La Coupole på Illum **
Gammel Mönt **
Den Sorte Ravn **

1998
Kommandanten ***
Nationalmuseum X
Amadeus ***
Brasserie Albert & Co *

1999
Den gyldne fortun 3
l'Alsace 5
Sushitarian 3
Era Ora 4

2001
Rebétiko 2
Da Nino e Franco 4
Shezan 3
Fu Hao 5
Christiania 2001
Morgenstedet 3
Spiseloppen 4

2002
Hercegovina 4
Brasserie Degas 2
TyvenKocken..., 5
Restaurant Grønnegade 5

www.ingramcontent.com/pod-product-compliance
Lightning Source LLC
Chambersburg PA
CBHW030356130626
46549CB00004B/1511